国家出版基金项目
NATIONAL PUBLICATION FOUNDATION

"十三五"国家重点
图书出版规划项目

中华印迹
——中国印章功用和美学通史

下

周晓陆　王锐　主编

广西美术出版社

◎目录

下

下 印体艺术、印材及相关资料

印章印面之外的一些讨论

中国玺印文化或中国印章艺术，具有其独特的物化表达形式：首先，印面上的文字和图形部分，这当然是玺印文化和印章艺术的"核心部分"所在。人们将玺印内容作为文献遗产的一种也好，将印章文字作为汉字资料的一种也好，将中国印章作为具有独特魅力的东方艺术品也好，主要都是注目于印面上的内容与表现，这没有什么错处。其次，印章物质本体——印材，印章的逆向传形受体，印章的钤色乃至印泥，印章的特殊传本——印谱，等等，这些也是中国玺印文化、印章艺术的必然组成部分，将它们称为玺印文化和印章艺术的"非核心部分"也是可以的。总体看来，所谓的中国印章文化艺术"核心部分"与"非核心部分"是不可分割的。中国印章文化和艺术流传久远，内容厚重，载体丰富，在充分地研究其"核心部分"之后，也应当讨论其"非核心部分"，这样也有助于对"核心部分"更为深入的认识和把握。

如果说在《中华印迹——中国印章功用和美学通史》的上卷、中卷，我们是按照中国古代实用印章和文人流派艺术印章分别进行表达，是对中国玺印文化、印章艺术的"核心部分"的历史发展和大体内容性质的巡礼和讨论，那么《中华印迹——中国印章功用和美学通史》的下卷可以看作对其"非核心部分"的讨论，这部分在玺印文化中占有很大的比重并有着重要的影响和作用，以至于在研究中国印章文化艺术时其也是不可或缺的重要部分。本卷分为上、中、下三篇，这种安排和本书的上卷、中卷有所不同，从这里可以看出本卷的内容有一些无可避免的"驳杂"之处，详略不一、轻重不一的状况都是存在的。

本卷的"上篇"开宗明义地讨论中国"印体艺术"，"印体艺术"是人们比较陌生的一个概念。"上篇"从表现形式的区别谈起，介绍印体艺术的基本定义、创作品类与历史发展。首先，我们对印体艺术的"品类"进行分析，从印体的体形，包括印面、印体和印钮等部分，讨论它们实用性的存在和审美适合性的表达；讨论印体艺术门类和各种题材，包括印钮、线刻、薄意、款识等。其次，在印体艺术简论的章节，讨论印体艺术和人及其他造型艺术表现的关系，这是一个新颖的课题，我们的讨论难免会有生拙之处。再次，在有关章节中，还对有关不同材质印章的制作方法和艺术表现进行了讨论，这个讨论和本卷"中篇"的讨论在侧重点上是有所区别的。最后，"上篇"还对印体艺术的历史发展进行了分期的讨论，这也是一种新的尝试；总体上来说，是对中国印体艺术就表现形式的不同，对印体艺术的创作与发展，从实用印章的印体艺术谈到文人流派印的印体艺术，以分期分节的方式加以俯瞰性的论述。

在"上篇"之中，有些着力较多的文字：

例如中国玺印从出现起，创制者就出于实用的目的，比较刻意地追求印体的艺术趣韵。千百年来特别是文人流派艺术印章发展起来之后，在金属、玉石的印体上，尤其以其钮制为最经意部分，铸造或雕镂出了龟、鱼、竹、木、花、草、泉货、器用、亭台、楼阁、海山、云霓、龙、凤、螭、麟、人物等难以尽述的钮式。有与实用性密切结合的装饰手段，也有寓意民俗祥瑞于其中的艺术语言；有具体而微的写实作品，也有变形夸张的大胆创制品。有以小型圆雕进一步向半圆雕、透雕、浮雕，直至中国艺术印章上特有的浅浮雕——薄意的发展。有从汉唐以来印章上的具有文献意义的款识，向纯粹的文人艺术实践的印章边款的书刻创作发展。这些都极大地丰富了中华民族的艺术语言。

例如对实用的固体材料，人们除以审美的眼光指认其内在美外，还会寄托某种情趣的思动。玺印大部分能把玩于掌中，与人们的视觉距离最短，焉能不雕饰之？印体艺术创制由印身发展到上部，进而集中于印钮，再由钮退还于上部，最后发展到全体。其表现由抽象到具象，又由具象到抽象；由与实用性密切结合，发展到与实用性分离而成独立的艺术。又受其他艺术门类的影响，向纯粹的印章艺术发展，印体艺术的发展亦由此形成了自身的规律。于是人们对印材是以艺术的眼光去寻觅的。"印体艺术"由是发轫，印体艺术的创作则倾注了更多主观的艺术追求。"上篇"试图对这种规律做些初步的探索性记录，以期对当今及以后的印体艺术创作与研究有所启迪。

例如到了现代，一些治印学著述中也有列标题论及印体艺术，但大部分语焉不详，少量线图、少量印体艺术的墨拓也使人难得要领。对印体艺术进行系统研究的著作寥若晨星，即便见到，也以缺少彩图为憾。比诸玺印文化，印章艺术的间接、直接载体，二者著录研究的多寡详略，形成了巨大的反差，令人感到本末倒置。所以这部分以图文相应、互为表里的形式论述印材与印体艺术，以期弥补这方面的不足。

例如对治印者来说，所选取的是适宜奏刀、能很好地表现艺术企图的印材。如进行钮制或薄意的创作，对石材的色泽花纹也有刻意的选求。对印章的使用者来说，所钟爱的除印面文字美观外，也尽可能地追求材质、材色典雅，称心可人，手感温润可亲，印体雕饰悦目赏心。对印章的收藏者来说，除却对印面要求是名家好手刊治，恐怕就是要求印材的珍稀、印体艺术的精美了。

在本卷的"中篇"之中，笔者试着以大系的形式，系统地介绍历代中国印章各种质地的印材，主要包括玉石类印材、"四大名石"及其他叶蜡石类印材、动物植物类印材、无机材料类印材、其他材料类印材。这些既是印体艺术的基本载体，也是印面文化艺术的直接载体，舍此就不能成为印章。尽管我们付出了多年的努力和反复修改，但是显然，印材古今选择的比例，某些印材的详尽历史，选录上出现的遗珠之憾，等等，这些是笔者能够预知的问题与不足，有待大家批评补正。

在"中篇"里，有些我们自认为着力较多的文字：

例如从玺印发源起，人们就不断摸索用何种物质材料更利于制作与使用印鉴，同时更能体现其艺术美。随着商周时期青铜冶炼与制造技术的成熟，青铜被选为最重要的一种玺印材料，沿袭时间最长，在早期的公私印章中使用最多。在秦汉魏晋以前的中国文献中所称的"金"往往指的是青铜，《墨子》一书在描述大禹铸九鼎时写道"使蜚廉采金于山川，而陶铸之于昆吾"，这里所说的"采金"就是指开采铜矿取得铸鼎所需的青铜，而"吉金"则是精纯而美好的青铜。宋代欧阳修在《集古录跋尾·韩城鼎铭》即有所谓："坚久吉金，用作宝尊鼎。"在中国印材史上，青铜在相当长的时间内，之所以被选作最重要的玺印材料，首先是因为其珍贵且坚固，不易损坏；其次，是因为秦汉之前的工匠们已经对青铜材料的配比及其铸造加工积累了极为丰富的经验，尤其是失蜡法的创造发明与普及后，青铜材料的精细铸造与加工更为经济而不再困难。

在中国古代实用印章的巅峰时期——秦汉，印章还有用金、银、玉、水晶、玛瑙、煤精、石、牙、角等材质制作，但是，从目前考古发现的实物资料来看，这些材质十分珍贵，然而少见，因此它们的数量不是很多，不能构成印章印体的主流材料。近年陕西咸阳出土的玉质"皇后之玺"，江西南昌海昏侯墓出土的"刘贺"玉印，广东广州南越文帝陵出土的金质"文帝行玺"，江苏扬州出土的金质"广陵王玺"以及同墓所出的玛瑙印，还有明清时代的例如四川成都张献忠金印、蜀王世子金印，明清帝室金玉玺印，都是不可多得的珍世之宝。秦汉魏晋时代的石质印章数量相当有限，一般用于陪葬。

例如在宋元之后，文人流派印趋盛，选辨印材有了制作和审美的更为精湛的要求。因为青田石、寿山石、昌化石等具有特殊质地及适合的硬度，所以这些叶蜡石类美石自然被相中。这些天然生成的石色、石纹、石冻，以及其敷设的绚丽幽远、澄澈明净的种种意境，使治印家们不仅求得了适宜治印的材料，而且为这些本无生命的印材赋予了生命，更赋予了其雅洁温润的君子之风，最后形成了以"四大印石"为主干的中国特有的艺术印章的印材文化。在此情形下，在中国文人流派艺术印章发达之时，青铜作为曾经的主流印材渐渐退隐，而层出不穷的美石则如繁花锦簇，蔚为大观。这是印章材料艺术美的物化展现，也是印体艺术之美别开生面的新发端。

例如在历代文献当中，有对于公印各种严格的等级规定，但这并不能视作对"印体艺术"的专门研究。就像唐代陆羽的《茶经》那样，在论茶的时候不经意间成为论及中国古代瓷器艺术最早的经典著作，这些对于公印的规定，也在不经意间成为古代政治权力美学在"印体艺术"之上的反映。清代之后，出现了研究印材的著作，但是一般偏于某种石材，如寿山石、青田石等的欣赏研究，而忽略其他诸多种类的印材，包括金属、竹木、牙角类材料的系统研究，我们在试图做一些补缺的工作。

在本卷的"下篇"之中，实际上更多讨论的是中国印章文化和艺术的"附丽物"，即用印痕迹，也就是中国印章表达得以实现的某些方面。至于用印痕迹，它们直接与间接不一，材料与受体不一，质感与敷色不一，坚硬与柔软不一，存世方法与途径不一，其重要性也不一……更加显得"驳杂多端"，还一定会有"挂一漏万"的现象。这可能也是想从更多的方面反映中国印章文化和艺术的汪洋恣肆、博大精深吧。

"下篇"的有些章节值得注意：

例如对于印章用于沙粮盐等颗粒物上的讨论，尽管这些印迹几乎保存不下来，但有关印章的实物以渊默之态告诉我们曾经的存在，现代的许多场合还原了这种古老的用法。关于制作古代泥封之泥——真正意义上的"封泥"的讨论，别有意义。如印章用在陶瓷上的戳印反应，如在金属器制作上的反应，如在灼烙应用上的反应，等等，有关讨论可能具有不同的意义。

例如本篇特别讨论了中国的钤印和印泥等问题，这个问题看似简单，可是在印章的应用、分期上，在中国印章之所以成为纯粹的艺术品上，在与世界大部分地区印章用法的接近或趋同上，等等，都大有文章可做。至于专门服务于钤印的中国各色印泥的创制，在不经意间成为重要的传统工艺美术品，其制成技术成了重要的非物质文化遗产。

例如本篇以专门的章节，比较深入地讨论中国历史印章以及中国艺术印章的特殊载体——印谱。印谱是历史印章内容以及印章艺术表现的"传本"，包括墨拓本，其显现的对象有印面文字或图形，包括泥封以及各类物质器物上的抑印、戳敲、灼烙痕迹，以及各类印体的艺术表现；还有朱墨钤盖本，亦称"打本"，如众多狭义上的印谱，从艺术展示把玩的角度；还出现了"印屏""印扇"等。非印面的印体艺术的线图、印面文字或图形的墨摹本、照片等，这些所谓的"非核心部分"通过其特殊的表现形式，将玺印文化或印章艺术的许多重要部分，也以谱录的形式流传于世，也应当属于广义的"印谱学"的一部分。到了现代，"印谱学"成为一种专门的学问，不仅是中国印章学的重要分支，也成为中国文献学、中国版本学的一个独具特色的分支。

显而易见，作为中国玺印文化、印章艺术的直接载体或直接附丽物——印材及印体艺术，间接载体或间接附丽物——各种用印表现乃至印谱，即印学的"非核心部分"，都是很值得玩味和考究的。在玺印文化史、印章艺术史的研究中，对"印体艺术"的讨论和研究，要晚于对印面文字、图案艺术的研究，也显得比较零碎，不成系统；印体艺术的著录，尤其是刊出逼真图像的著录，也是少于众多印谱、泥封及陶文等的著录；众多印谱、泥封及陶文等的著录，也是粗精并存，有的付梓而由于多种原因失真，有的盛名之下其实难副，大多数应了"无谱不伪"的评价。以上这些不尽如人意之处，都要在新的时期，在充分尊重前人工作的基础上重加评价，再做工作。

长期以来，印章的材质与艺术创制相结合，与其他文物遗产一样，久而久之形成了其特殊的欣赏习惯，体现了特殊的欣赏价值，甚至形成了其特殊的收藏欣赏学术理论。随着印材的日益稀缺、艺术的精美程度的提高，它们的鉴赏收藏价值也日益提高。珍贵的印材以及精良的"印体艺术"创制作品都将获得坚挺、稳定的保值系数。所以，无论从治印、使用、欣赏乃至收藏或保值的角度上看，社会上都有对于印材、印体艺术的图典类书籍的需求，于是本卷应运而生，但是首先是真心征求社会的批评，以求获得更加科学的认识。

在这里我们要强调一个问题，由于中国古代玺印的学术价值，由于中国印章的独特艺术魅力，所以国内各地乃至在世界许多地方，普遍存在着用中国印章作立体或平面装饰、作logo（标志、商标）等的现象，还有的以书写形式仿字印章，例如碑石上刻出来的印迹（图0.1），明清瓷器底部毛笔书写的仿印章款识（图0.2），等等。它们有的参考的是印史名品，有的是大师佳作，有的只取中国印章的形式与意趣。例如浙江省平湖市叔同公园印章艺术墙（图0.3）、众多的单位标识以及商标（图0.4）、日本福冈志贺岛金印公园（图0.5）等。这些是印章的社会作用的外延，它们作为广义的"印迹"也是可以的，但是本书只是表达印章实物以及印章的直接使用痕迹，上述类似的例证就不多提及了。当然，中国印章学术研究、艺术欣赏等的使用外延，有关中国印章的多种元素走入装饰、设计领域，这是很值得关注的，也会成为别开生面的研究方向，但本书无暇顾及了，只期为此奠定坚实的基础。

如若将《中华印迹——中国印章功用和美学通史》上卷、中卷比喻为完整壮丽的成匹锦缎，那《中华印迹——中国印章功用和美学通史》下卷或

图 0.1
碑石仿印章刻痕

图 0.2
瓷器仿印款

图 0.3
平湖市叔同公园印章艺术墙

可看作锦上添花。作者撰写此卷的目的是期望它与图谱结合，对中国印体艺术遗产做一些必要的总结，这将有助于推动中国印章文化的研究，促进印章艺术的发展。我们的这些工作，期望能够有益于当今这门民族艺术的创作者、研究者、使用者与收藏者，引起进一步的探讨。既然是所谓的"锦上添花"，那我们一定是添不完全、添不完整的，我们热切希望各位先生、同好和读者们不仅能指出我们的缺点、错误，而且能以更多的热情，浓墨重彩地补充、完善中国印章文化和艺术的内容。

图 0.4
各种仿印章标志以及商标

图 0.5
日本福冈志贺岛金印公园

上篇　中国印体艺术

　　无论是在中国还是在世界其他地方，印章作为文物的重要组成部分，在历史、科技、艺术上都有其自身独有的价值，抽取其艺术价值来考察，可以认为印章皆是艺术品。我们将印章艺术分为印面艺术和印体艺术，印面艺术包括印面文字或图案艺术，一般印面文字或图案（称肖形印或画印），或雕或铸于印的下面，也有两面或两面以上的印文、图案在印章的其他面，这些都不包括在印体艺术的范畴内。简而言之，印体艺术与印面艺术是统一于印章艺术之内的艺术表现形式。就具体的物质附丽物来说，二者是同一的。印章有着不容忽视的物质载体，也就是本章要讨论的印体艺术。

　　"印体艺术"是本书提出的新概念，在许多读者看来可能有杜撰之嫌，但我们表达的意思是印章是完整的艺术体，印章艺术的主体部分在印面，印体艺术作为必要的附丽物，在讨论印章艺术时也是不可或缺的。印章体积一般不大，制作、使用、收藏印章的人很多。长期以来，人们对印体艺术的组成部分有比较明确的称谓。印体艺术包括以下几个方面：印面的面积和面型的规定、印章体积（主要指高度）的设计、印章从实用到级别区分到艺术欣赏和把玩的各种钮式。中国印章在文人印章创作中还出现了浮雕、薄意、款识等世界其他地方印章中少见的艺术形式。以上内容将在本篇的第一章进行一定的讨论。

　　本篇的第二章将简要论述印体艺术。印体艺术的物质组成部分，包括其材质选择、颜色、硬度，是否利于刊刻，这涉及矿物学、冶铸学、动物学、植物学的一些基础知识。谈到艺术印章的全体，还要提到其特殊的用材，如泥封之泥和前涉之印钮印泥，本书将其纳入广义的"印材"之中。

　　由于印章本身乃至印体艺术都是一种历史存在，一个历史发展演变的过程，因此这里面有对材料的选用，对新材料的试探，以及具有中国特色的文人印章。本篇第三章也试图对中国印体艺术做出历史的分析。总体上，中国印体艺术可以分为几个时期：实用印的前段相当于从中国玺印的出现到魏晋南北朝后期，其印体艺术的变化不像印面艺术表现得那么鲜明，其中公印的印体艺术脉络清晰，私印相对变化模糊，更大程度上受到的个人喜好影响严重。此段大致可分为两个时期：第一期育成期，时代跨度从玺印出现到战国后期；第二期古典期，大致从战国秦到魏晋南北朝时期。实用印章的后段从魏晋南北朝后期、隋唐时期直到近现代，也可以分为：第三期变造期，第四期定式期。

　　作为文人流派印章，其印体艺术分期比实用印章的分期要复杂，我们试分作几个时期：第一期史前期，大致从中国玺印起源到唐代，严格地说这个时期的印体艺术不是文人有意识的创作，但工匠不自觉的印体艺术表达为后世提供了艺术借鉴，其艺术风格和印钮品类在本套书上卷实用印章部分以及中卷的引言部分已经做了一些讨论。第二期凸显期，大致处在宋元时期。第三期发达期，大致相当于明清时期。第四期繁盛期，从清后期到现在。

需要说明的是，无论是实用印章还是艺术印章印体艺术的分期，随着历史的发展，有些期还可以再细分为段，这部分内容在后文中将有更为细致的讨论。分期分段只不过是后人对客观存在的印体艺术遗产（包括现当代的印体艺术创作）做出的具有一定规律性的总结梳理，其中不免带有个人判断的部分，但是印体艺术客观发展到今天再不进行分期，更是会有眉毛胡子一把抓的混乱。我们坚持认为这是一种必要的尝试。既然是尝试，就请允许其中不当和不准确的地方。

其中又牵涉分期中的细分小节，如款识的出现，款识在不晚于两汉就出现，至隋唐出现新气象，在宋辽金公印上普遍使用款识，在宋以后私印上出现艺术款识。由于印材、印钮、款识、薄意等在实用性和艺术性上分节不一致，因此本篇在叙述上也不一致。印体艺术的表达丰富而复杂，这一点实际上超过了印面的表现程度，本篇的讨论只是一种尝试，尝试是否成功还有待于印体艺术的制作者、使用者、欣赏者、收藏者提出进一步的意见。应当指出，在谈历史实用印章的时候，我们离不开对部分印体艺术的表达，例如古代用印钮式，其形态丰富和多变，既有表达级别的意义，相当于文献的实证，也具有审美的意义。又例如文人流派印的款识暴露了创作者不同的艺术意趣和具体的创作方法，体现在字体、刀法、行款的不同上，甚至文体的选用、名款、记事款、文赋款等。这一点在本套书的上卷、中卷多少会有所涉及，也可能与本篇内容有重复，可是讨论的重心有所区别，希望读者给予谅解，以便于在将来的编撰中进一步进行科学的取舍和讨论。

印体艺术在印章艺术中的地位是突出的，虽然不能说比印面的艺术价值或历史价值更高，但其涉及的历史、艺术、工艺、民俗等问题，要比印面艺术更为宽泛，受其他艺术形式的影响更大。在一般情况下，印体艺术与印面艺术统一于印章，是密不可分的。而在特殊情况下，如自西汉以来就有一些印面不予雕刻的，应当说只有印体艺术而无所谓印面艺术了。

就印面艺术与印体艺术被人们重视的程度而言，长期以来自然是重前者而轻后者。和印材的情况相仿，印钮、薄意等常尾附于治印的综合著述中，成为一个不甚重要的章节；印形等或混于印史叙述中，或混于印材的章目中；至于款识艺术，则混于治印技法或印人介绍之中，囿于认识，造成了印体艺术研究支离、浮浅的状况。这种状况也有碍于印章艺术的发展。

由于印史资料中几乎没有专门、集中的印体艺术论述，所以唯有在现有资料的基础上，尽可能地说得准确、科学些，目的是将印体艺术相对独立地表达出来，以期引起创作者、研究者、使用者、收藏者的兴趣，进一步加以探讨。

第一章

印体艺术的品类分析

中国印体艺术是一个巨大的宝库，人们能够从中发现许多历史的、艺术的、宗教的、民俗的或其他方面的传统遗产。印体艺术的品类，大致包括印面、印体、印钮等几个方面。

第一节　印体体形

印体的体形分析是指印体主要包括哪些部分，对这些部分人们又做了怎样的外形处理，而人们为何接受了这样的处理。

一、印面

印面上所铸、刻的文字或图形，属于印面艺术。印体艺术意义上的"印面"，是指铸、刻文字或图形的平面之处。印面相背之处为"印背"，双面印为合背，多面印、印体异形者不好说明其印背。

（一）方形

方形（图1.1.1）是四角为直角、四个边长相等的形状，是人类最早认识的形象之一。在中国，儒家有"地方"之说，与"天圆"相对。方形安详稳重，也最适合汉字——"方块字"的经营安排。秦汉时代有所谓"方寸玺"制度，即边长为当时一寸的方形印面。

玺印，是取信于人的信物。其印面用方形，的确是最佳选择，所以无论是中国古代实用玺印、文人流派艺术印章，在它们发展的漫漫数千年中，一直恪守着以正方形为宗的印面结构，换言之，中国印章以方形印面占最多数。

（二）长方形（"半通"，长条，横长方）

长方形或条形是方形的纵向或横向演变。长方形或条形在商周时期就有出现，例如商代有的玺印就是偏长方形（图1.1.2），东周燕国玺印中有长条形的（图1.1.3），颇具特色。

这里要讨论一下"半通印"，又称之为"半印"，汉扬雄《扬子法言·孝至篇》："不由其德，五两之纶，半通之铜亦泰矣。"注："皆有秩啬夫之印绶，印绶之微者也。"《后汉书·仲长统传》："身无半通青纶之命，而窃三辰龙章之服。"注引《十三州志》："有秩啬夫，得假半章印。"清桂馥在《札朴·少内印》记述秦印时云："仓库诸官印皆长而小，下吏卑职不得用径寸方印也。"半通印大小略相当于"方寸玺"竖剖的一半。半通印源自东周时期，秦汉公印中用长方形做低级用印，或下级官吏所

图 1.1.1
方形印面，宛朐侯执

图 1.1.2
商代偏长方形印

图 1.1.3
燕国长条形印

图 1.1.4
秦半通印

图 1.1.5
桥奋

图 1.1.6
条形关防

用，或重要官署中较不重要的人使用。（图1.1.4）私印亦有仿照公印"半通印"规制的，常常比公印小一些。（图1.1.5）

宋以后常变更的临时用印如"关防""戳记""条记""钤记"等，常常呈条形。（图1.1.6）在一般使用中，竖长方形、竖条形布局要占绝大多数，横长方形（图1.1.7）印章偶有为之。长方形印面，其稳定性不如正方形，但其灵活性比之要强一些。

（三）圆形，椭圆形

圆形也是人类最早认识的形象之一，后来儒家亦有"天圆"之说。圆形印面在中国印章中也比较多，较早见于东周时期（图1.1.8）。大多数圆形印章内部文字还是服从方形结构，如"天圆地方"合于一体（图1.1.9），只有少量仿瓦当印才字随圆转。圆形印面，因其体态之美而在流派印中保持下去。

椭圆形，可以视其为圆形的一种变体，能给人以一定的美感。在商周玺印中即有出现（图1.1.10）。

（四）其他

异形。有的是由方形、圆形等基本形嬗变而成，古已有之，如旁凸形、半圆形、折磬形、曲尺形、盾形（一头圆一头方）、双圆形、双椭圆形等；也有如连珠形、心形、叶形、刀币形、布币形、锭形、菱形、葫芦形、琴形、琵琶形、香炉形、花押形、动物形等异形（图1.1.11）；还有全随形曲折凹凸的不定形（图1.1.12）。在萌生期各类玺印形式蓬勃发展之时，在规范期的私印（主要表现在押印）刚摆脱沉寂又登临舞台之际，在流派印章主、亚流并行之中，异形印面都能稍露头角，不乏妙思佳构。

（五）双面印，多面印

双面印，源于东周时期，两汉时较多，全为私印。在印的侧面，常有一穿銴，为系绶带处，故又称为穿带双面印，例如西汉"氾达、臣达"印（图1.1.13）。

多面印，即除印面外，在印的侧面还附有印文，战国时期已出现五面印（图1.1.14），汉代有三面印（图1.1.15），东晋时有六面印（图1.1.16）。北朝晚期的煤精制楷体独孤信多面印，印身近球体，被磨出十八个面，其中十四个近方形的面上有印文，极为罕见。（图1.1.17）近现代有刻多面印的，但与历史上的多面印有很大不同。

无论是双面印还是多面印，印面布局在印体上分布都与普通印面不同，形成了不同的艺术效果，展现了多面和立体的美感。

图 1.1.7

横长方形印，正行，铜质，鼻钮

图 1.1.8

东周"专室之鉨"

图 1.1.9

天圆地方印

图 1.1.10

商周椭圆形印面

图 1.1.11

异形印

图 1.1.12

不定形印面

图 1.1.13

"氾达、臣达"印

图 1.1.14

战国五面印

图 1.1.15
汉代三面印

图 1.1.16
东晋六面印

图 1.1.17
独孤信多面印印面

二、印体

印体分无钮、有台有钮、无台有钮、与器用结合等几种情况。印台与印钮构成了印体，即完整的印身，依几何形状可分片状、台状、柱状和异形等几种情况。

（一）片状，台状

片状印体指印体形如薄片，片状印体出现最早，在西周印中就已经见到。（图1.1.18）早期玺印中，印体均不高，一般印体厚度在1厘米以下就基本视为片状。

台状印体（图1.1.19），即印体形如高台，还包括坛钮、台钮等。早期的台状印体见于一些陶印，无钮，印体为下大上小的台体或锥体。台状印体有一定的厚度，西周之后印体由片状逐渐变厚，除去某些长柄钮、背带穿鋬的，印体与印面宽度之比约为1：1。更变期之后，随着人们坐姿改变，印体之比增大，反映在印台上的情况比较复杂，公印泥古，印台升高并不多，印钮主要是鼻钮迅速由块状升高，最后变为柱状，而私印中则是印台迅速升高，印钮（主要是兽形或人形钮）与印面的相对比例并未增大。

六朝以前的印钮以鼻钮、龟钮为主，鼻钮紧贴而低矮，龟又是匍匐运动着的，单从这些条件看，当时印体较矮、印钮比例也较小，其印体给人的感觉是适宜的。

到明清之后，出现了无钮的高印体（图1.1.20），这种高印体与印面宽度之比在3：1到4：1之间。这种比例使人在视觉上感到舒适，这是人们由箕坐或跪坐姿势变为端坐姿势之后，印体必然加高的结果。

清代中期之后，人们觉得印台上面的线条过于平直，便在印台与印钮接合部模仿建筑结构做出装饰锦纹带或凹线。之后，又将印台上的平面做成如山岗之起伏状、如海涛之漫卷状，试图使印、钮结合成一体。也有在印台的一面或两面耸起后背，做山状围屏，再以高浮雕方式做出主题内容。之后，匠人们在保留印台的同时，有时以兽尾、山脉、枝叶、流云、江流，结合石纹俏色，将钮的一部分延伸向下，以打破印台平面，扩充印体艺术的视觉空间。有的为了珍惜石材，只用锦纹环带隐约托出一点印台，在钮部施以薄意造型。上述种种，都说明匠人们对印钮的创作是苦心经营的，钮式的变化，直接影响了印台、印体的变化。（图1.1.21）

（二）柱状

柱状印体在东周时期就已出现，某些小玺的全身即以柱状出现，其印面有方有圆，有的比较粗短，有的比较长呈柱状，如陕西新见三晋系"女（汝）木府"烙木印（图1.1.22）。在近现代的流派印中，常常可以见到柱

图 1.1.18
平湖玺印篆刻博物馆藏西周龙纹印，
铜质，鼻钮

图 1.1.19
台状印体

图 1.1.20
无钮高印体

图 1.1.21
寿山高山黄石，狮钮浮雕

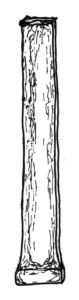

图 1.1.22
柱状，三晋系"女（汝）木府"烙木印

图 1.1.23
柱状石质印章

图 1.1.24
昌化鸡血石，仿生竹印体

状石质印章（图1.1.23）。

（三）仿生

仿生印体从一定意义上来说就是圆雕，但是它和印钮那种置于块状印体、印台之上的圆雕又有所不同。它们的全身，除了雕出仿生的植物、动物、人物形象，不再出现明显的立方体或长方体的印台，其底部直接是印面，所以我们把它们另归于一类。仿生的印体出现在清代之后，是一种别具匠心的创意，用材一般以四大名石、砚石、翡翠或象牙为主。主要被仿对象为植物（图1.1.24—图1.1.26），有的取植物的全体，有的取植物的一段，常见题材有松竹梅或菌类等，也有少数的仿生人物或动物的印体（图1.1.27），在这些仿真形体的下端附有印面。这既不同于有固定印台形体的印体，也不同于下面介绍的不规则的印体，更不同于常常附有薄意制作的台状印体或异形印体。

（四）异形

异形印体指的是除了台状、柱状印体以外的印体形态，这类印体造型丰富多彩。新流期有些无钮的印体是自然形的，只要形态优美，平缓的丘峦或高耸的峰巅都可以，但如上大下小、过于低伏或过于险峻则会给人以不适的感觉。自然形的印体可进一步加工为"薄意"或"线刻"作品。在异形印面的印体中，有些是印面平面与印体不一致的，即在柱体的印体下，设计为异形印面印章；又有一些是一致的，印面的曲折凸凹反映到印体之上，这对视觉或手感都是合适的。明清之后，在印体上，常将最美的一面留在印体正面（钤印时向己的一面），又常于印体上保留一些石皮（常在印体顶面），既显示自然意趣，又可反衬某些印材的高贵。治印时对印体的截裁选择是有讲究的，一般印材，得当的印体常使之增色不少；如遇特别珍贵的印材，就不能苛求其印体之比例十分得当了。（图1.1.28）

另外还有一些难以具体概括的印体形态，多是印体与器用结合，如烙马印、烙木印、臂钏印、戒指印、带钩印、角觿印等，其印体造型与实用器物别无二致。或是特殊的玺印形态，如双面印、多面印、拼合印、套印等。这些讨论见下文。

三、关于印钮的讨论

印钮即印台以上凸起部分，原为系带处，后在演化中具有装饰及表示等级的用途。关于印钮的讨论，主要是指印钮在体形上的位置，依其有无又可分为无钮印和钮印。

（一）无钮印（戒指印、臂钏印、角觿印等）

中国古代玺印中，有一部分为无钮印，如早期的陶印和前文所述的双面印、多面印。另外还有一部分无钮印常以实用物与玺印结合的形式出现，如戒指印、臂钏印、角觿印等。

柱状印，战国时某些无钮呈柱状的小玺印，印面有方有圆。楚国时期用的"郢爯"印（图1.1.29），用来敲抑于战国楚国金币（又称金版）上，作为货币标识。印面两字过去释为"郢爰"，近年读"郢爯"，另有"陈爯"及其他释法。郢爯戳形如凿，有字端小，上端较大，呈柱状，以供锤砸用力。历史玺印中柱状印较少，但近现代流派印章中，常见柱状石质印章（图1.1.23）。

纳銎印（图1.1.30），战国至两汉时的一些玺印，背上带较大的孔銎，以容纳某种柄子。有的孔銎较深，造成印体为空腹状，如战国燕国"日庚都萃车马"玺。这种印印面往往较大，方圆都有，常用于烙马、烙木印，或用于仓廪印拍子。纳銎印各代皆有。

带钩印（图1.1.31），带钩是古代服饰上革带的联结物，又称"钩䰈""师比""胥纰""犀毗""鲜卑"等，据称是春秋战国时由北方游牧民族传入中原，现知我国商周时代中原地区已有金属带钩。带钩分颈、身、鼻三部分，带钩印的印面置于带钩鼻面。战国时的带钩印见极少量公印，而秦汉带钩印全为私印、画印。南北朝以后，带钩印几乎不见。

戒指印（图1.1.32），戒指为手指上的饰物，又称"指约"，古今区别不大，其上附印于戒面上始自战国，以后各代均有，往往以金、银质地为多见，全为私印。

角觿印（图1.1.33），角觿出现得很早，是用于解绳扣线结的器物，有铜质、银质，也有骨、角、牙质的。它一头尖，一头平，身上常常有一穿銎。东周时期出现角觿印，角觿印全为私印，印面多置于角觿身侧，少量置于平头的一端，印面呈条形；秦汉角觿印印面在它平头的一端，面型为或竖或横的长方形，比较小。魏晋南北朝时已很少见到。

臂钏印（图1.1.34），臂钏又称"条脱"，为套在臂膀上的金属制装饰件，远古时代男女老少皆有佩之。臂钏印印体呈块状，附于臂钏上，面型往往是横长方形，全为私印。行用年代从战国到秦汉，魏晋南北朝时已很少见到。

锥体印（图1.1.35），印体呈上尖下平的锥形，身上有的有穿銎，印面置于下部。战国秦到秦代的一些陶印常用这种形状，战国时少量铜印也用这种形状。此外历代还有骨角牙质、玉石质锥体印，面型有方形、块形、圆形、横长方形等，极不一致。锥体印存世极少，几乎全为私印。

馒头形印（图1.1.36），馒头形印外形简洁，如小馒头隆起，孔銎在印体中下部，有铜、银、金质，也有玉石质。内容以私印为主，也有画印。此

图 1.1.25
田黄石，仿生竹印体

图 1.1.26
青田石，仿生松印体

图 1.1.27
田黄石，仿生人物印体

图 1.1.28
异形印体

图 1.1.29
"郢爯"戳印

图 1.1.30
纳鋆印

图 1.1.31
带钩印

图 1.1.32
戒指印

图 1.1.33
角觿印

图 1.1.34
臂钏印

图 1.1.35
巴林鸡血牛角冻石，锥体印

图 1.1.36
馒头形印

种形状虽然简单，但与中亚波斯地区一些所谓"印珠"很相似，有渊源传播之关系。此类印汉以前较多，后来渐不见。这种印体在东周见有少量公印，秦汉之后全为私印。

权形印（图1.1.37），此种印体为馒头形印体的发展，权为一种衡器，呈半球形，上端带小印鼻或环钮。从战国到秦汉的一些玺印使用这种形状的印章，少量为公印，大部分为私印。

（二）拼合印与套印

拼合印，即由两块以上的印拼合在一起使用，形成完整的印面效果，待拼合的印体上有榫卯结构。最早见于战国楚国，该国有矩形两拼合印，还有三拼合印（图1.1.38），由三枚扇面印拼合成一个完整的圆形印。它们的作用类似兵符，需合并使用方生效，以示严肃郑重。元代押印、合同印中也见到两块矩形印拼合的用法。据文献记载，明代洪武年间的"关防"印也采用两块矩形印拼合的做法。拼合印如用钮制，钮也使用几块拼合并且加以榫卯结构。

套印，是印中有印的一种组合形式。东周秦汉套印的最外面往往是有钮的，例如龟钮、狮钮、辟邪钮等。套印的最里面一枚有的附钮，如附小龟钮、小辟邪钮、小瓦钮等，但也有无钮的，且以无钮居多，内印如扁平的小双面印。套印常见的为两套印、三套印。其最外部的一枚被称为"母印"，两套印在里面的一枚称为"子印"，合称"母子两套印"（图1.1.39）；而三套印在里面的两枚依次称为"子印""孙印"，合称"母子孙三套印"（图1.1.40）。两套印源于战国，三套印源于东汉前期，均沿用到魏晋南北朝时期。套印全部为私印，虽然有的母印印面上有公用内容，但究其性质，应当属于供随葬用的私印。明清之际直到民国，有一种商品化的多层铜套印（图1.1.41），有的印面共有数十之多，内容为闲情逸致、吟月弄花之属，历史价值与艺术价值不高。

（三）钮制

中国古代玺印的钮制，是印体的重要组成部分，也是印体艺术的重要表现，印钮原是留穿系带佩戴用的，如前所述，钮制经历了由实用向审美化、制度规定的方向演变。《说文解字》："钮，印鼻也。"故印钮字从"金"为偏旁作"钮"为正宗。印钮为玺印系带之处，系带为纤维质物，故以"糸"为偏旁，因为玺印质地的区别，又有从"王"为偏旁作"珤"者。

中国玺印从起源之初即附以钮制，但不见其使用级别规定。到了秦汉之后，公印的钮制有了严格的等级规定，据《汉旧仪》《汉旧仪补遗》等文献的记载：皇帝、皇后玺印用虎钮，诸侯王印章用橐驼钮，皇太子、列侯、丞相、太尉与三公前后左右将军、中二千石等的印章用龟钮，千石至二百石以

图 1.1.37
权形印

图 1.1.38
沅陵侯三玺，铜质，纳銎钮（拼合印）

图 1.1.39
西汉母子两套印，臣信－弓信－弓长孙，铜质，瓦钮

图 1.1.40
西晋母子孙三套印，刘广之印－刘广－仲达，银质，辟邪钮

图 1.1.41
后世多层铜套印

上的印章用鼻钮，等等。当然，私印的用钮情况并不如此严格。

古代玺印的钮制之精巧、造型之美丽，受到人们的叹赏。世人公认：玺印钮制蕴藏了珍贵的中华民族美学遗产。其独特的艺术价值，对近现代的治印艺术、雕塑艺术均产生了积极的影响。中国古代玺印钮制虽然丰富多彩，但是并不杂乱无章，而是有一定规律可循。具体情况将在后面的章节进行深入的探讨。

第二节　印体艺术门类与题材分析

本节试谈印钮、线刻、薄意、款识这几类。凡重出者，如同一题材钮中有，薄意中亦有，先在钮中谈及，在薄意中仅存目而已。用于钮称"××钮"，而用于薄意或线刻称"××图"。自有流派印以来，钮式、薄意的题材层出不穷，本文仅能指其大略。

一、印钮

印钮长期以来是印体艺术的最重要组成部分。《淮南子·说林训》"龟钮之玺，贤者以为佩"。《说文解字·全部》："钮，印鼻也，从金，丑声。玊，古文钮，从王。"印钮有着丰富的材质选择和形态，形成了缤纷的印钮艺术。

（一）几何形钮

鼻钮（图1.2.1），即《说文解字》所谓"印鼻"，专门为佩绶系带用，本无装饰性。早期的为一带细孔的凸起，秦汉以后，鼻钮加大加厚，许多钮式是鼻钮的延伸变体。鼻钮沿用至今。

瓦钮（图1.2.2），秦汉以后流行，沿用至今，为鼻钮中孔变大，使印钮从侧面看形似筒瓦，又称"拱钮"。

桥钮（图1.2.3），如瓦钮，但跨度更大，两端与印台边缘齐，又有"弧钮"之称，汉代以后流行，沿用至今。

块钮（图1.2.4），隋唐之后，鼻钮进一步加大变方，宋元之后中间孔失去，系带功能失去，而增加手握功能。又称"矩形钮""长方钮"等，因其不采用鼻、瓦、桥钮的柔和弧形线条，故沿用时间不长。

柄钮（图1.2.5），战国至魏晋的柄钮有长有短，一般有穿孔系绶，可以视为鼻钮加长的变种。这种钮式沿用很少，又称为"柱钮""细柄钮"。明清之后的柄钮，为宋元块钮发展而来，一般无孔，较高，中上部可供手握。

图 1.2.1
铜质，鼻钮

图 1.2.2
铜质，瓦钮

图 1.2.3
铜质，桥钮

图 1.2.4
铜质，块钮

图 1.2.5
铜质，柄钮

图 1.2.6
铜质，环钮

图 1.2.7
玉质，覆斗钮

明代较扁，清代较圆，又称为"械钮""碑形钮""橛钮""柱钮""直钮""印把子"等。因外形简陋，故流派印中不用。

环钮（图1.2.6），直接在印台上做出圆环，战国、西汉有之，之后不多见。

覆斗钮（图1.2.7），在战国、秦、汉、魏晋，常见于玉、玛瑙、滑石料等印材上，像一个无口的方斗，在印台上，形成下大上小的台体，一般有穿孔，也有在上面再附一小鼻钮。又称"溢顶钮"。有的印台及四坡上有线刻云纹等装饰。此钮式稳重庄严，后世有沿用。

坛钮（图1.2.8），它为覆斗钮的一个变体，区别在于坛钮有阶段区分，外观仿佛古时垒起的祭坛。有人以为取形于天、地、社等祭坛。然其印面内容为一般人名，印文线条柔美，与那种庄严的坛庙建筑无关，仍属几何形状。坛钮顶部常附有小鼻钮，战国、秦、汉时使用范围较广，公、私印皆有；两汉以后几乎全为私印，多见于玉印、石印、玛瑙印等。后世有沿用。

台钮（图1.2.9），为坛钮的变体，阶段区分更为明显，依次还可分为"二台钮""三台钮"等。起源于战国，明代公印有以台数来区别官阶的。台钮与覆斗钮、坛钮一样，有的在其上端设小鼻钮，明代还有在上加设柄钮的。因台钮分阶，外观过于直硬，故后世用得较少。

捏钮（图1.2.10），主要在元押印上使用，是鼻钮的一种长扁形变体，只可容两指捏用，又称"扁钮""小钮"。后世用得不多。

提梁钮（图1.2.11），可视为鼻钮升高、线条硬化的一种变体，一说早已有之，现在看到的多为明以后产物。后世有沿用。

近现代有以各种几何形体缀以为印钮的，一般为治印者的自娱之作，而非工场化作品，有一定的欣赏价值，也有一定的发展空间。

（二）自然物钮

自然物钮指用自然界的动植物形象装饰于印钮中，一些神兽形象亦包含其中，因为它们是集自然界动物的形象而成的。

龟钮（图1.2.12），龟为古"四灵"之一，以其高寿、无声、色纹幽黯诡谲，而常被用于卜筮。《尚书·洪范》记："龟筮共违于人，用静吉，用作凶。"龟钮出现于秦汉之际，后世一直沿用，清代王公龟钮金印，已长翅绕云成为神龟。

蛇钮（图1.2.13），蛇在古代被视为长寿动物，螣蛇也为神话动物。荀子《劝学篇》注"《尔雅》云：'螣，螣蛇。'郭璞云：'龙类，能兴云雾而游其中也。'"古又称雍容随顺状为"委蛇"。《诗经·羔羊》咏："退食自公，委蛇委蛇。"在西汉时期，藩属如滇王、委奴国王，臣僚如彭城丞，佩印用蛇钮。蛇钮造型曲折顾盼，是比较美观的，但人们常因畏惧而用

图 1.2.8
铜质，坛钮

图 1.2.9
铜质，台钮

图 1.2.10
瓷质，捏钮

图 1.2.11
琥珀，提梁钮

图 1.2.12
金质，龟钮

图 1.2.13
金质，蛇钮

图 1.2.14
文帝行玺，金质，龙钮，
尺寸 3.1 cm×3 cm

图 1.2.15
五代十国前蜀王建谥宝，龙钮

图 1.2.16
青田塘古白冻石，应龙钮

蛇钮不多。近代以来十二生肖印有用蛇钮。

玄武钮，常作龟蛇相缠交尾状，古代以玄武为北方太阴之神。《礼记·曲礼上》云："行，前朱鸟而后玄武，左青龙而右白虎。"玄武又为天空北方七宿的总称。在东汉印台侧有线刻玄武，玄武印钮出现较晚，一说赵宋之前有之，较肯定的例证是在明代之后的印章上出现。现代印钮或薄意、线刻中也能见到。

龙钮，龙大约是与中华文化关系最密切，而又最不易说清楚的一种神话动物。在新石器时代中晚期，人们就试图塑造龙的形象。直到明代《本草纲目》中才具体描述它："头似驼，角似鹿，眼似鬼，耳似牛，项似蛇，腹似蜃，鳞似鲤，爪似鹰，掌似虎，是也；其背有八十一鳞具九九阳数，其声如戛铜盘，口旁有须髯，颔下有明珠，喉下有逆鳞，头上有博山。"它也被奉为"四灵"之一，在长时期里被视为"帝德天威"的标志。龙钮印最早发现于殷墟，西汉初南越"文帝行玺"印亦用龙钮（图1.2.14），后来五代十国前蜀王建谥宝用龙钮（图1.2.15），清代帝室印也有用龙钮，其造型大体如《本草纲目》所描绘。明清以来，石印设龙钮渐多，其刚强矫健、穿云击浪的形象受到人们普遍欢迎。人们根据神话，还创造出多种多样的龙属神物。十二生肖印中有龙钮。应龙钮（图1.2.16），属龙钮之一种，应龙形象为胁下生翼的龙，明清至今可见到这种钮。蟒钮，实际为四爪龙钮，明清时代，帝王用五爪龙，臣下用四爪龙，明《万历野获编》和《清通志·器服》中都有记载。清代常见蟒钮，可作为印钮断代标志之一。

虬螭钮，虬螭即传说中的无角龙，《楚辞·九章》中有"驾青虬兮骖白螭"。《楚辞·离骚》注曰："有角曰龙，无角曰虬。"而《广雅》言："有角曰虬，无角曰螭。"虬螭钮形象很多，出没云雾间的称"云螭钮"，头大尾翘的称"螭吻钮"。单体虬螭钮在明代已见，清代直至近现代为印钮的主要题材之一。群体的虬螭钮又称"螭虬钮""蟠螭钮""盘螭钮"等。一般组成透雕的群螭绞缠的形状，为清后期发展起来的钮式。（图1.2.17）

夔龙钮，夔为一足神兽。《山海经·大荒东经》记："有兽，状如牛，苍身而无角，一足……名曰夔。"《尚书·舜典》中记夔、龙为虞舜的两名臣属。商周以来，纹样中的一足龙皆称为夔龙。清中期直至近现代，单体的夔龙钮很多，有的仿战国的扁平龙形玉佩，再套饰以环、璧等，典雅美观。群体的夔龙钮又称"蟠夔钮"，形象与"蟠螭钮"极为相似。

龙马钮，龙马即传说上古负河图的瑞兽。《礼记·礼运》记："河出马图。"孔颖达疏："龙而形象马，故云马图，是龙马负图而出。"自清中叶至近现代，印章上常有龙马钮，首、脊、尾、鳞甲等皆龙形，而足、蹄等像马，此钮上必有书函形象，或于颔下，或于背上，或于角间，龙马口吐水，蹄下踏浪。

虎钮（图1.2.18），虎，《易·乾》上记"风从虎"，《说文解字》训为"山兽之君"，白虎被视为西方之神，又为天空西方七宿的总称。汉代起私印上即有坐虎钮，刻画精细，生动威武；明代将虎钮列为将军印钮，形象圆满，但缺乏力度。明清以后石印章上，虎钮或存于十二生肖印钮中，或演化合为螭虎钮，或混入狮钮，被称为"狮虎钮"。

螭虎钮（图1.2.19），《博物志》曰："螭虎形似龙，性好文采。"这是传说中的螭与现实的虎的形象的结合。汉代制度中有用玉、金螭虎钮的规定。西汉初白玉"皇后之玺"用螭虎钮。东汉初广陵王陵中出土的无文玛瑙印用螭虎钮，其形以虎形为主，作伏听状，形象生动传神。明代石印章钮上的螭虎头小而敛，似鳝鳅头，身修长、头不回顾。清早期至中期螭虎钮最为生动，有回顾螭虎、环身螭虎、攀山螭虎、唬螭虎（啸叫状）、饮水螭虎等。群螭虎钮很多，如子母螭虎、子孙螭虎（分大中小螭虎相戏）、三螭虎、五螭虎、群螭虎等。此外还有与其他物形相结合的博古螭虎、汉瓦螭虎、玉璧螭虎、古泉螭虎等，变化多端。清代螭虎钮头部变圆，身段绵柔，腿有力；近现代螭虎钮身子发胖，腿乏力，而身上毛须等刻画得更为精细。

狻猊钮，即狮钮（图1.2.20），《穆天子传》记"狻猊、野马，走五百里"，注："狻猊，狮子，亦食虎豹。"中国不产，秦汉时由西域传入。南北朝后为重要的佛教艺术图案之一。自东汉而后，少量私印上有狮钮。明代石印章上，出现狻猊钮，到清代渐为盛行。明代的狮钮形状粗雄，广目阔口，线条不修光，比较直硬，一般为单狮，无绣球等物。清早期至中期狻猊钮刀法细腻，眉耸目凸，鼻口牙须精致，体形浑圆而健朗，又有了立、卧、跃、扑、食、睡、舔毛、挠耳等生动造型。清晚期狻猊钮除了继承前时的形态，又增加了狮子滚绣球钮、子母狮钮（又称太狮少狮钮，谐音太师少师）、子孙狮钮、群狮钮等。清代门狮石雕对印章狮钮有较大影响，侧首蹲狮钮比较常见，造型流于程序化，末流至今竟以方刀削出简单的狮形，僵硬丑陋。洋狮钮，即清晚期之后，在铜、牙、石等印章上见到完全模刻非洲雄狮形象的钮，神情毕肖，有坐、立、卧、啸等形。

麒麟钮（图1.2.21），麒麟为传说中的瑞兽，又作骐麟，为"四灵"之一。《史记·司马相如传》有："兽则麒麟。"《索隐》张揖说："雄曰麒，雌曰麟，其状麇身，牛尾，狼蹄，一角。"清代始见麒麟印钮，其状与天马钮很接近，有的也口衔玉书，但麒麟为一角，近代还有麒麟送子钮。

辟邪钮（图1.2.22）、天禄钮（图1.2.23）、用端钮、獬豸钮、白泽钮等，都是神话传说中的瑞兽造型，文献记载中详略不一，互有歧义，仅单角双角、有鳞无鳞就莫衷一是。最早的记录，皆语焉不详，都是与麒麟相近似

图 1.2.17
寿山高山石，盘螭钮

图 1.2.18
羚羊角印章，虎钮

图 1.2.19
田黄石，螭虎钮

图 1.2.20
田黄石，狮钮

图 1.2.21
银质鎏金，麒麟钮

图 1.2.22
铜质，辟邪钮

图 1.2.23
昌化石，天禄钮

的形象。辟邪钮在汉私印中即已见到。这几种钮式为清以后常见钮式，制钮的艺人也在这类题材印体上极尽工巧。

熊钮（图1.2.24），上古有大禹化熊的传说，又有周文王梦熊而得姜尚的传说，故熊（古时又写作"能"）亦被视为瑞兽，在两汉私印上，已见熊钮，或蹲，或伏，憨拙可爱。清以后也有用之。

马钮（图1.2.25），中国人用马服驾乘骑至少上溯到两周时代，历史上以武力开辟新朝者，其时各类马的造型总是很多。在魏晋南北朝，赐予兄弟民族的公印有作马钮的，造型浑朴。清以后印钮也常有马钮，马钮为十二生肖印钮之一。近代有与老人形象相配，为"伯乐相马钮"；有与蜜蜂、猴形象相配，谐音为"马上封侯钮"。

驼钮（图1.2.26），汉魏晋南北朝时期，赐予兄弟民族的公印常作驼钮，造型似马钮而显现驼峰。

羊钮（图1.2.27），自秦汉以来，羊因与"祥"谐音，而被视为吉祥瑞兽，汉魏晋南北朝时期，赐予兄弟民族的公印也常作羊钮，绵羊形，体小于驼钮。清以后，羊钮也较常见，为十二生肖印钮之一。又有"羚羊钮""青獬钮"等，皆羊属，与持节老者相配，为"苏武牧羊钮"；有三羊在一起，为"三阳（羊）开泰钮"，这些也是薄意常见题材。

牛钮（图1.2.28），早期印钮不见牛钮，清以后见牛钮，有黄牛、水牛形，为十二生肖印钮之一。犀钮（图1.2.29），战国铜印上见有犀钮。清以后印章上偶见作犀钮，以独角犀为主。

犬钮（图1.2.30），战国铜印中有犬钮。清以后用犬钮不少，有的神情毕肖，有的写意耐玩，狗的各种姿势皆备。《后观石录》记载有"獌钮""貔钮"，以及有些记载有"狼钮"等，恐都是犬钮一类。犬钮为十二生肖印钮之一。狐钮，清以来，有用狐的形象制印钮，造型秀丽生动。兔钮（图1.2.31），汉私印中有用伏兔钮，近现代为十二生肖印钮之一。猴钮，战国时有三猴钮。清以来常见猴钮，神态灵动，为十二生肖印钮之一。印钮中常与蜜蜂配为"觅封（蜜蜂）侯钮"；大猴背小猴为"辈辈（背）封侯钮"。猪钮，印钮造型上用之较晚较少，近现代为十二生肖印钮之一。鹿钮（图1.2.32），西汉私印有卧鹿钮。清以后印钮及薄意常用之，其鹿上加蝙蝠，为"福禄钮"；再加寿星老人为"福禄寿钮"（或称"三星钮"）；鹿旁有松，为"寿禄钮"；鹿旁加鹤，为"六（鹿）合（鹤）同春钮"。猫钮，清以后见猫蝶相戏钮，称"耄（猫）耋（蝶）长寿钮"，耄指八九十岁的年纪，耋指七八十岁的年纪，寓意长寿，如再加牡丹花，则为"耄耋富贵钮"。獾钮，清代以后用獾形制钮，谐音"欢"，如双獾，则称"同欢钮"；如一跃獾，一喜鹊在下，称"欢天喜地钮"；如獾与喜鹊对视，称

图 1.2.24
铜质，熊钮

图 1.2.25
铜质，马钮

图 1.2.26
铜质，驼钮

图 1.2.27
魏率善叟邑长，铜质，羊钮

图 1.2.28
木质，牛钮

图 1.2.29
铜质，犀钮

图 1.2.30
水晶，犬钮

图 1.2.31
寿山石，兔钮

图 1.2.32
铜质，鹿钮

"欢喜钮"。鼠钮（图1.2.33），早期鼠钮不见，近现代为十二生肖印钮之一。松鼠钮（图1.2.34），清以后常用松鼠形象入印钮或薄意，它与葡萄形象常在一起，为"长寿（松鼠寓意）多子（葡萄寓意）钮"；它与古泉形象在一起，为"寿禄钮"。

图 1.2.33
泰宁石，鼠钮

蛙钮、蟾蜍钮（图1.2.35），汉私印有蛙钮，取其高鸣之意。蟾蜍，蛙类动物，古时认为其能辟兵，又以为其是月精，"蟾宫折桂"被比喻为科举得中。汉私印中有蟾蜍钮。明代以来的印章中有不少蟾蜍钮。清以后有与金钱、童子在一起的三足蟾形象，为"刘海戏金蟾钮"或"海蟾钮"，寓招财进宝之意。守宫钮，守宫即蜥蜴类动物，又称壁虎。清以后见有此种钮。

象钮（图1.2.36），战国、汉私印偶用象钮。佛教传入中国后，象成为佛教艺术的题材之一。明清以后用象钮较多，如其脚踏莲花，或生六牙，童子驯象，都为佛教题材。如身铺锦，背负瓶，为"太平有象钮"。蝙蝠钮，清以后有用此，取其谐音"变福"。常与其他形象组成"福寿钮""福禄寿钮""福喜钮"等。薄意也见之。

图 1.2.34
寿山水晶冻石，松鼠钮

朱雀钮、凤凰钮（图1.2.37），朱雀又称朱鸟，为南方之神，也统南方天空七宿，誉为"四灵"之一。《说文解文》记："凤，神鸟也。天老曰：'凤之象也，鸿前麟后，蛇颈鱼尾，鹳颡鸳思，龙文龟背，燕颔鸡喙，五色备举……见则天下大安宁。'"战国、汉印中有朱鸟钮（凤凰钮、凤鸟钮）。清以后，印钮或薄意中能见凤凰形象，或立或翔，有凤立于梧桐太阳旁，为"凤鸣朝阳钮"；有凤翔于牡丹花间，为"凤鸣富贵钮"；有凤与其他禽类在一起，为"百鸟朝凤钮"；有双凤竞翔，为"鸾凤和鸣钮"；有凤与龙相戏，为"龙凤呈祥钮"，造型皆富丽华美。鸡钮，战国、汉印中有的禽钮可能为鸡的形象。清以后有以雄鸡形象入印钮或薄意，称"英雄独立钮"（另，鹰形钮也称此名）。啼鸡钮可称为"高声报捷钮"，寓意科举高中。也有"母鸡育雏钮"，寓子孙昌盛之意。鸡钮为十二生肖印钮之一。鸳鸯钮，清以后印钮及薄意中见鸳鸯戏水的形象。鸠钮、鸧钮，古时传说鸠为不噎之鸟，寓意长寿而健康，战国印及汉印中有鸠钮，鸧鸠同类。清代以后印钮中见有鸧钮，寓意太平祥和。鹌鹑钮，清以后印章中有用鹌鹑钮，寓意平安吉祥。喜鹊钮，清以后在印钮及薄意中常见喜鹊形象，为"欢天喜地钮""欢喜钮"。此外，两只喜鹊形象谓"双喜钮"；喜鹊栖于梧桐谓"同（桐）喜钮"；喜鹊攀方孔古泉形谓"眼前（钱）见喜钮"；喜鹊与梅竹在一起谓"竹梅双喜钮"；喜鹊与豹子在一起谓"报（豹）喜钮"；喜鹊立梅上谓"喜上眉（梅）梢钮"；喜鹊与莲在一起谓"连科（莲棵）得喜钮"；等等。燕钮，清以后印钮及薄意中见双燕穿飞于柳枝杏花间，谓"杏林春燕钮"，寓医病益世之意，又寓科考顺利之意。鹰隼钮，清以后有以鹰隼形象

图 1.2.35
琥珀，蟾蜍钮

图 1.2.36
紫铜，象钮

图 1.2.37
寿山来沾寮石，凤凰钮

入印钮或薄意，谓"英雄独立钮"；雄鹰展翅形象谓"鲲鹏展翅钮"；一鹰一熊谓"英雄（熊）会钮"。鸭钮，清以后有鸭钮及薄意，取其谐"甲"音，单鸭形为"一甲一名钮"，双鸭穿苇丛形为"二甲传胪钮"（也有螃蟹芦苇形），皆寓科举得中之意。鸿雁钮、鹅钮，鸿雁育为家禽则是鹅，先秦因其为候鸟，有鸿雁传书之说。带钩印中，有以鸿雁形象作带钩身形。清以后，有鸿雁印钮或鹅钮及薄意，寓意高远，或怀念亲朋，或寓羲之爱鹅故事。鸥鹈钮，清代晚期以后有用鸥鹈形制钮，常为立鹈形。鹭钮，清以后鹭形为印钮及薄意的常见题材。鹭与莲花在一起，为"一路（鹭）连科（莲棵）钮"，寓科考得中之意，也为"一路清廉（青莲）钮"；鹭与牡丹在一起，为"一路荣华钮"，寓富贵之意；鹭啄鱼，为"一多（啄）十余（拾鱼）钮"，寓富贵之意。鹤钮，清以后鹤形为印钮及薄意中的常见题材。一鹤身衬朝阳，为"一品当朝钮"；鹤与松的形象为"松龄鹤寿钮"，此外，还有"六合同春钮"。白头翁钮，清以后白头翁为印钮及薄意的题材，常见与牡丹相配，为"白头富贵钮"。雉钮，战国铜印中有雉钮，清以后白头翁印钮中也有见之。

鱼钮，战国、秦、汉印中有鱼钮（图1.2.38），取鱼雁传书之意，也可能取鲤鱼为"利余"之谐音，故全为卧鲤形。明清之后，印钮或薄意中常见到鱼形，浪涛间鲤鱼跃起，为"鲤鱼跃龙门钮"，寓科举得中意；鲤鱼与石磬、戟等在一起，为"吉（戟）庆（磬）有余（鱼）钮"；上有龙下有鱼，为"鱼龙变化钮"，寓祝高升之意；鲇鱼荷花形，为"连年（鲇）有余（鱼）钮"；数只金鱼形，为"金玉（鱼）满堂钮"。蟹虾钮，清以后有用蟹与芦苇形象制成印钮或薄意，为"二甲传胪钮"。近现代用石之俏色作蟹虾钮，逼真欲活，十分美观。蚌钮，清以后印钮有蚌形，壳张露珠，寓献宝之意。螺钮，清以后印钮有作螺形，常为佛家八宝（法螺）之形。近现代有用俏色作螺钮。

蜗牛钮，近现代有用俏色作蜗牛形钮。蜘蛛钮，红色长身的蜘蛛称为"蟢子"或"喜蛛"，清以后印钮或薄意中能见其形象，有时结合俏色，突出一点红色，称为"喜从天降钮"。

蚕钮，清以后印钮有蚕形，取其蜕变发达之意。蝉钮，汉私印中有蝉钮，清以后常见蝉钮，如以俏色制之，生动美观。蜜蜂钮，清以后，用其谐音"觅封"而制印钮，其常与马、猴等形象合成钮制。蝶钮，主要与猫形相配。甲虫钮（图1.2.39），近年有以俏色制甲虫钮，主要为金龟子，其壳黝黑油亮闪光，形象逼真。螳螂钮，近年有以俏色制螳螂钮，也是十分精巧生动的。

灵芝钮，清以后在印钮或薄意上常见灵芝形象，有的用俏色，色彩艳

图 1.2.38
铜质，鱼钮

图 1.2.39
翡翠，甲虫钮

丽。灵芝往往与寿石、兰花形象相配，寓美好长寿之意。菇钮，清以后在印钮中见菇形，常为九个菇头，为"天保九如（菇）钮"，"天保"典出自《诗经·小雅》，"九如"为颂祷之词，即如山，如阜，如冈，如陵，如川之方至，如月之恒，如日之升，如南山之寿，如松柏之茂。

　　树木（包括竹）形象，单体制钮不多，常配其他动物形象等，在薄意上则多见。花草形象，其单体制钮也不多，常配其他动物形象等。桃钮，清以后见桃形钮，寓祝寿之意。石榴钮，清以后见，寓多子意。葫芦钮、瓜钮，清以后见，为一串葫芦或数个瓜的形象，寓瓜瓞绵绵、子孙昌盛之意，薄意上也见此形。葡萄钮，清以后见，寓意多子，薄意上也见此形。佛手钮，清以后见，寓意多福，又与石榴、桃等相配，为"三多（多子、多福、多寿）钮"，薄意上也见此形。菊花钮（图1.2.40），取凛秋高洁之意。橘子、荔枝钮，近现代见，取"吉（橘子）利（荔枝）"之谐音。莲荷钮、藕钮，清以后见，取意"连房（莲蓬）多子"与"清廉（青莲）"之意，常与鹭、鹤、喜鹊等相配（图1.2.41），薄意中也常见，有的为藕形。花生钮，近现代见，寓多子之意。

　　日月钮，清中期以后及近现代偶有见到，其下常配海水云气等，喻天下光明。薄意中也有。星辰钮，清以后见到，有时用俏色，形象鲜明，常以北斗七星、三星等形象入印钮，在薄意中也见到。云钮，清以后见到，有的为有印台的堆云，有的为无印台的随形云，近薄意，有的现如意云头。

　　山石钮，清以后见到，一般为寿石，寓长寿之意，常与其他动植物形象相配。薄意中常见。

　　（三）社会人文钮

　　社会人文钮形象有人本身形象（包括神话人物形象）、人造物形象（包括建筑与器用）等，因自然物钮大多有寓意于内，本当属于社会人文范畴，但因其形象为具体的自然物，而一般不含人工物，故不再纳入本类。

　　人物故事钮（图1.2.42），在战国、两汉，即有人形印钮，但其中似无甚故事。清代以后，有人物故事钮出现，据已见者，如"太白醉酒钮"、"渊明爱菊钮"、"伯乐相马钮"、"苏武牧羊钮"、"天官钮"、"钟馗钮"、"东方朔盗桃钮"、"刘海戏蟾钮"、"和合二仙钮"、"罗汉钮"、"观音钮"、"寿星钮"、"关羽钮"、"麻姑献寿钮"、"姜太公垂钓钮"、"达摩钮"、"王子乔钮"、"布袋和尚钮"（又称"弥勒佛钮"）、"福星钮"、"魁星钮"、"牧童钮"（出自"牧童遥指杏花村"）、"羲之爱鹅钮"、"敦颐爱莲钮"等，有些人物形象情节还需辨认。人物故事形象也常入薄意，与钮上人物故事的具体区别在于，薄意有背景场面，人物有时呈群体活动；钮制则无背景场面，人物常为单体造型。此

图 1.2.40
寿山高山红石，菊花钮

图 1.2.41
寿山白芙蓉石，莲鹭钮

图 1.2.42
寿山朱砂冻石，人物驯象钮

图 1.2.43
铜质，亭钮

图 1.2.44
银质，法器钮

图 1.2.45
铜质，古泉钮

图 1.2.46
青金石，博古钮

外还有舞人钮、婴戏钮。八仙钮，八仙指传说中汉钟离、吕洞宾、铁拐李、曹国舅、张果老、蓝采和、韩湘子、何仙姑等八位得道成仙者。除却八仙单体立像钮，还有所谓"暗八仙钮"比较常见，即用八仙所用宝物形象作钮来显示，一般可见扇钮（汉钟离）、剑钮（吕洞宾）、洞箫钮（韩湘子）、阴阳板钮（曹国舅）、葫芦钮（铁拐李）、渔鼓钮（张果老）、花篮钮（蓝采和）、笊篱钮或莲荷钮（何仙姑），并配以海水、云气等。

建筑钮，建筑物形象入钮不多。战国、秦、汉有亭钮（图1.2.43），又可分单层亭、双层亭、三层亭、圆亭、方亭等，精巧美观，可视为当时建筑的一种缩影。清以后见亭钮、塔钮等。

八宝钮，又称"法器钮"（图1.2.44），八宝即佛家八种吉祥物，又称"八吉祥"。清代印钮中一般常见有莲花钮、法轮钮（元明佛家用印上即有之）、法螺钮、宝伞钮、白盖钮、宝瓶钮、金鱼钮、盘长钮等，并配以莲座、飘带、云气等。一些锡杖形钮也可列入此类。八音钮，用古代八种乐器形制为印钮，自清代以来常见：属金类的钟、铎形钮；属石类的磬形钮；属土类的埙形钮；属革类的鼓形钮；属丝类的琴、瑟形钮；属木类的柷、敔形钮；属匏类的笙、竽形钮；属竹类的管、箫形钮；等等。其中古琴钮又隐喻伯牙抚琴高山流水遇知音故事于其中。如意钮，清以后用此形制印钮。

盒形钮，清以后见到，钮为一圆形盒，取"好合"之意。盒中见如意，为"如意好合钮"；盒中见莲荷，为"连年好合钮"。鞋钮，清以后偶见到，为双鞋，寓意"白头偕老"，或以为与"孩子"谐音，寓多子意。

古泉钮（图1.2.45），古泉即古钱，汉代私印中有圆形方孔泉钮。清以后为常见题材，有立钱形，有刀币、布币形，有一串钱，除最上一枚见钱文外，其余皆为钱背面无文，称"辈辈（背背）有钱钮"，古泉又与其他动物形象相配作钮。璏珌钮，璏珌为古代剑具上的佩饰物，明代之后在印钮上即可见之，身平伏，下有扁穿，首端翘起。博古钮（图1.2.46），博古钮内涵很杂，是古代器物的变形，如圭、璧、琮、泉、镜、钟、如意、鼎、爵等，又有古代器物（如青铜、玉器）上的纹样，如龙虎夔凤、云水日月星辰、方胜圆环等。博古钮的上方有圆雕，而更多为高浮雕，面与底部修平，使器物或纹样凸现，博古钮在印台上部、钮的偏下部，常常饰以锦铺纹带，图案常有云彩、海水、忍冬花、缠枝莲、梅朵、方胜、如意、回纹、百结（吉）纹、茱萸纹等。

钮式造型的题材十分广泛，意匠创制也是无穷的，以上所举的各种例子，只是较为常见者。

二、线刻

（一）线刻

印体上的线刻艺术造型，即用线条组成动物肖形，目前最早可以追溯
至商周。如1976年殷墟妇好墓出土的龙钮印（图1.2.47）和2016年陕西澄城
县西周早期墓葬中出土的龙钮玉玺（图1.2.48），可被认为是中国古代早期
图形印的代表。妇好墓龙钮印印体为椭圆形，上雕龙形钮，龙作伏状，口、
眼、耳、鼻等五官清晰，背、尾皆刻有菱形纹；器底面刻"十"字形阴线，
长径上下侧各刻有一组夔纹。而澄城西周龙钮玉玺，龙蹲坐于钮面上，以线
刻表现绕钮边一周的龙尾，背上部刻有回形纹饰，尾部有一穿孔。与妇好墓
龙钮印相似的是，龙钮玉玺底面亦阴刻"十"字线以分为四等份。这说明早
在商周时期，已经出现了以线刻艺术作为装饰的早期玺印。

虽然印体中的线刻艺术出现较早，但在很长时间内发展甚微。近几十年
来，人们始用于自然形印体。印石可以是粗糙幽暗的劣材，用薄刃尖刀依构
思精心剔刻出山水风景的线条，最后施白粉或石青嵌线，鲜明的线条竟能做
出披麻皴、斧劈皴的效果来。其与石色、石纹、石缝等结合而成山水佳作。
目前所见线刻作品不多，题材也大多局限于仿薄意山水。所以，它还可得到
长足的发展，成为印体艺术中有分量的一支。

（二）线刻加镶嵌

古代玺印中除了单纯的线刻艺术，有时还会使用线刻与镶嵌相结合进行
装饰。这种装饰手段主要流行于东周时期到两汉时期，有嵌金、嵌银、嵌绿
松石等，但所见不多。（图1.2.49）

三、薄意（包括部分浮雕）

薄意是指在印体上施以极浅的浮雕的作品（为叙述方便，这节也顺带提
及非印钮部分的浮雕作品），溯源于战国、西汉印体上的线刻作品（当然也
是印体线刻艺术之源）与当时少量的浮雕形钮。明代中后期，寿山印材上出
现真正意义上的薄意作品，大大丰富了印体艺术。本文试分无背景薄意、有
背景薄意、浮雕三类叙述。

（一）无背景薄意

无背景薄意常以动物、植物形象为主题，很少出现人物形象，一般不表
现故事情节。单体动植物形象为主的薄意，主题明晰，线条柔美自然。薄意
图面凹凸起伏自然，不设背景，为欣赏者留下想象的余地；图面布局错落有
致，构图简洁明快，深得中国文人花鸟画之意趣。此种薄意对印体有正反面
之分，正面常巧借似石色、石斑、石纹、石缝等俏色，反面则略施点缀，由

图 1.2.47
殷墟出土"四神"纹印，大理石质，龙钮，
尺寸 4.5 cm×5.4 cm

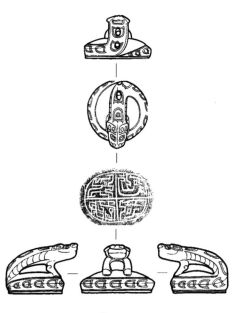

图 1.2.48
陕西渭南澄城西周墓出土龙钮玉玺

图 1.2.49
印体镶嵌

图 1.2.50
田黄石，无背景薄意中的植物形象

图 1.2.51
寿山水坑石，无背景薄意中的动物形象

有形而过渡至无形。

无背景薄意中的植物形象（图1.2.50）。松图，常与其他动植物形相配，如鹤、喜鹊、竹、梅等，寓长寿康健之意。梅图，单独出现为高洁之意，又常与松、竹、兰、菊、喜鹊等相配，参见前节钮式。其与鹤相配，寓高士林和靖"梅妻鹤子"之典故。兰图，有单独出现，或现花或无花，有幽香脱俗之意；也有与梅、竹、菊等相配，如其与芝相配，寓《楚辞》兰芝美人之典。竹图，有的整个印体雕有竹节、叶。菊图，有单独出现，体现其凌霜傲骨；有与竹、兰、梅等相配，如有数根篱竿，寓陶渊明"采菊东篱"之典。枫图，画面枫枝横斜，枫叶扶疏，取谐音"封"，求升达之意；有时与猴相配，谐音"封侯"。桐图，桐干直立，桐叶婆娑，体现清音高标；有与喜鹊相配，谐音"同喜"。牡丹图，牡丹为花王，大富贵之表征，又常与鹤、喜鹊、鹭、白头翁、猫、蝶等相配，参见前节钮式。萱花图，为歌颂母德母恩的象征，又与寿石、如意等相配，寓意祝母亲长寿如意。银杏图，银杏又称白果树，为长寿树种，此寓意长寿。玉兰图，玉兰又名木笔花，其意为歌颂美容与美德，如与牡丹相配寓意"玉堂富贵"，与寿石或绶带鸟相配为"必（笔）得其寿"。桂图，桂花为芳香高洁的象征，桂子又谐音"贵子"，寓意子孙发达，有与兰花相配，为"兰桂齐芳"；又有与蟾蜍相配，为"蟾宫折桂"，比喻科举高中。柿图，柿树上结满柿子，常配以百合花、如意等，寓"百事（柿）如意"。枣图，枣树上结满枣子，寓"早（枣）生多子"之意。石榴图，表现榴花或榴实满树，寓意子孙昌盛。葡萄图，隐喻多子。桃图，表现桃花或桃子满树，寓意多寿，有时配有"东方朔偷桃"形象。天竹图，表现枝密果红的天竹，取其谐音"添祝"，与寿石或绶带鸟相配为"祝寿图"，与芍药、竹等相配，称"华封三祝图"，典出《庄子》，三祝即祝多富、多寿、多子。杏图，常配双燕。莲荷图，或与其他动物相配，参见印钮一节。芙蓉图，为木芙蓉花形象，配以桂花，寓意"夫荣妻贵"。杞菊延年图，画面有枸杞、雏菊、寿石等。连中三元图，画面有龙眼、荔枝、核桃等，寓意科举高中。和合万年图，画面有百合与万年青，寓意美满长久。鸡冠花图，冠谐音"官"，有时下有雄鸡，为"官上加官图"。水仙图，人们誉称水仙清幽无俗，其有与牡丹相配为"神仙富贵图"。

无背景薄意中的动物形象（图1.2.51），有云龙、鱼、鱼龙变化、麒麟、虎、狻猊、马、羊、猴、鹿、獾、松鼠、猫、兔、蝙蝠、朱鸟、喜鹊、鹭、鹤、鸡、鸳鸯、燕、鹰隼、鸿雁及鹅、鸭、喜蛛、蜂、蝶等，其寓意可参见印钮一节。无背景的薄意中，人物形象极少见。

（二）有背景薄意

有背景的薄意内涵比较丰富，人物故事占有较大比重，动植物群体形象也较多，最精彩的为山水人物图，山重水复、田畴茅舍的悠远开阔的场面，一般刻于自然形石块上。取竖形石造出孤峰耸立、危壁千仞、急流飞瀑的绝险景致，如横置则可表现远岫近峦，脉系峰连，幽峡平沙，回转开合的舒缓情趣。背景远约近详，呼应关照，直取中国山水画之真髓。此种薄意也尽量借石之俏色，有正反面之分，正面为主题画面，背面无论故事、动植物、风景，稍加简约，观之整座印体，不啻玲珑剔透或飘逸奔放的立体图画、浅唱婉转或雄豪低昂的无声之诗。下面分人物故事、动植物形象、山水风景等三项做一些介绍。

人物故事又分神话传说故事与历史人物故事。人物造型在清中晚期之后趋于生动、准确。

神话传说故事题材的有：嫦娥奔月图、八仙图（图1.2.52）、女娲补天图、大禹治水图、天女散花图、达摩图、王子乔图、南海观音图、精卫填海图、布袋群娃图（弥勒童子图）、罗汉图、二湘图、巫山神女图、魁星点斗图、洛神图、钟馗图、刘阮入天台图、叶公好龙图、饮中八仙图等。

历史人物故事题材的有：伯乐相马图、太公垂钓图、二十四孝图、三顾茅庐图、高祖斩蛇图、太白醉写图、伏生授经图（或马融授经图）、老子出关图、文姬归汉图、苏武牧羊图、东山报捷图、西施浣纱图、文君当垆图、西厢图、双玉读书图、竹林七贤图、伯牙操琴图（高山流水图）、红叶题诗图、浔阳琵琶图、许由濯耳图、屈原渔父图、西园雅集图、米芾拜石图、梅妻鹤子图、东坡赤壁图、萧史弄玉图、香山九老图、羲之爱鹅图、敦颐爱莲图、程门立雪图、萧翼赚兰亭图、虎溪三笑图、渊明爱菊图、夷齐采薇图、杏花村图、昭君出塞图、桃花源图、商山四皓图、高仕图（图1.2.53）等。一般人物造型风流儒雅，画面充满书卷气。

动植物群体安排于有背景的薄意之中，给人以自然清新、生机盎然的感觉，主要题材在钮式、无背景薄意中已有介绍。还有一些群体题材：八骏马图、柳荫洗马图、群马图、秋艳图、九阳（羊）启泰图、水族图、安居乐业图（群鹅、秋菊及枫叶落地形象）、百鹿图等。

山水风景是有背景薄意的佳制，布局关系常仿自中国山水画，有些作品是仿自名家，因必须循石色石纹的变化，故其仿用皴法并不驳杂，如仿披麻皴，则学董源、巨然、黄公望的山水，此时印石块形不过险、不过缓，较适中，近正三角形，较停匀。如仿折带皴，则学倪瓒的山石林泉，此种印石常取横置，形较缓。仿斧劈皴，则学夏圭、马远、荆浩、关仝、范宽的高山大川，此种印石竖置，气势险峻逼人。仿荷叶皴，则学赵孟頫之开张丘壑，此时印石前后不必整齐，而整个石块线条变化有脉络可循。王维曾云："或咫尺之图，写千里之景；东西南北，宛尔目前，春夏秋冬，生于笔下。"稍

图 1.2.52
寿山朱砂红石，浮雕，八仙图

图 1.2.53
田黄石，高仕图

图 1.2.54
寿山花芙蓉石，双兔浮雕

改一下，"或寸分之石……生于刀下"，不亦可乎。郭熙曾经有山水画的题材题目开列，故摘四季山水于下，因目前观之山水风景薄意，其命题不易出其外者。"一种画春夏秋冬各有初中晓暮之类，品意思物色，便当分解，况其间各有趣哉！其他不消拘四时，而经史诸子中故事，即又当各从临时所宜者为可。谓如春有早春、早春雪景、早春雨景、残雪早春、雪霁早春、雨霁早春、畑雨早春、寒云欲雨、春雨春霭、早春晓景、早春晚景、上日春山、春云欲雨、早春烟霭、春云出谷、满溪春溜、远溪春溜、春雨春风（作斜风细雨）、春山明丽、春云如白鹤，皆春题也。夏有夏山晴霁、夏山雨霁、夏山风雨、夏山晚行、夏山早行、夏山村馆、夏雨山行、夏山林木怪石、夏山松石平远、夏山平远、夏山雨过平远、浓云欲雨、骤风急雨（又曰飘风急雨）、夏山雨罢云归、夏雨溪谷溅扑、夏山烟晓、夏山烟晚、夏日山居、夏云多奇峰，皆夏题也。秋有初秋雨过、平远秋霁（亦曰秋山雨霁）、秋风雨霖、秋云下陇、秋烟出谷、秋风欲雨（又曰西风欲雨）、秋风细雨（亦曰秋雨）、西风骤雨、秋晚烟岚、秋山晓意、秋山晚照、秋晚平远、远水澄秋、疏林秋晚、秋景林石、秋景松石、平远秋景山水，皆秋题也。冬有寒云欲雪、冬阴密雪、冬阴覆雪、朔风飘雪、山涧小雪、回溪远雪、雪后山家、雪中渔舍、舣舟沽酒、踏雪远沽、雪溪平远、风雪平远、绝涧霜松、松轩醉雪、水榭吟风，皆冬题也。……杂有水村渔舍、凭高观耦、平沙落雁、溪桥酒家、修桥钓丝、樵苏，皆杂题也。"

（三）浮雕

浮雕凸起的线条一般较硬，不似薄意那般柔匀，底子一般剔得很平，而不似薄意有自然起伏，浮雕在印材的俏色、夹层、石皮等利用上显得大胆果断。浮雕的做法自明后期出现，与钮式、薄意等结合时，有成功之作，其单独施于印材，仅见到作梅枝、龙、虎等比较成功。有些介于薄意与浮雕之间的如竹、寿石等题材，利用石皮或俏色，竟出现类似剪纸的视觉效果。（图1.2.54）

四、款识

款识为金石学名词，其凹下或称阴文为款，凸出或谓阳文为识。印章上的款识为印章艺术的重要组成部分，也是印体艺术之一支。

（一）款识之发展

印章的款识最早出现在秦（图1.2.55）。后来款识发展长期沉寂，直至隋唐时再次出现。有印款的隋公印皆为刻铸造时间，如"观阳县印"，背部凿款"开皇十六年十月五日造"（图1.2.56）。唐代款识少见刻印时间的记录，而是多为简单的款识"上""下"，用于防止印章颠倒。到了元代，无

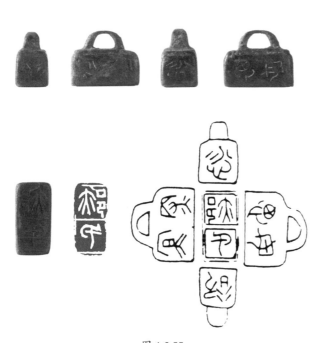

图 1.2.55
秦印"郝氏",边款"毋思忿,罙（深）冥欲",铜质,鼻钮

图 1.2.56
观阳县印,背部凿"开皇十六年十月五日造"款识

图 1.2.57
北宋公印款识"元丰三年少府监铸"

论汉文或八思巴文印，公印的背部都刻有汉文的年月、编号、印面内容、颁发官署等款识。

但是上述这些款识都是文献价值高于艺术价值，直至文人印出现以后，印章款识才逐渐成为一种独立的艺术门类。

北宋公印背有凿款（图1.2.57），为确证不移，皆以一刀凿成，开朗大方，内容有记时记事，款字用楷书，不与印面篆书文字同流，此为印体款识艺术之先河。惜后世公印款识衙门气息日浓，萎靡不振，渐无艺术可言。南宋"张同之印"（图1.2.58），印台四周有款"十有二月，十有四日，与予同生，命之曰同"。此为私印中用款较早之例，与后世印章款识文体无大区别。然其用字略显僵硬，通篇亦无布局可言。据传元赵孟頫在"松雪斋""天水赵氏"等印侧刻"子昂"二字。传款识竟为明代文彭治印常见之物，传他刻的款更是短署长跋，从印体的一面至五面，无例不有，只恐无一可靠。不过，可以从中总结出文彭刻款的大致风格，即先在印体上墨书起稿，然后双刀阴刻，全仿书法。（图1.2.59）何震开始以单刀切刀治款，从字的格局看，当有墨稿于石。（图1.2.60）文、何而后，梁袠、程邃、苏宣、汪关等人刊刻边款，亦有可观者。早期的款识不过记时记名，未有长跋。

至清初"西泠八家"之首丁敬，在何震单刀切刻法的基础上，创制了新的面貌，刻前不落墨稿于石上，随手篆刻，以石就刀，文字笔画之起落，常与书写的运笔方向相反，入刀处尖锐，出刀处方截，古拙之趣盎然。（图1.2.61）自此，印体款识进入了崭新阶段。丁敬之后，印体款识中出现长篇累牍者，各种文体无不具备。款识除了艺术欣赏价值，也作为作者创作风格变迁的重要研究资料之一，不仅为流派印章辨伪的重要依据，而且是待开发的历史文献库藏。

蒋仁以单刀刻行书款，刀行而石不动，即便是长篇作品也显得通篇行气贯然，无错落芜杂之感。（图1.2.62）黄易、奚冈、陈曼生、赵之琛、钱叔盖除善治楷、行书款外，亦善治隶书款；陈豫钟楷书款工整典雅；（图1.2.63）钱叔盖以钝刀斜入，款字浑厚猛拙；（图1.2.64）董洵治款灵秀飞动；金农、郑板桥等人对款识艺术也做出了相当的贡献。款识艺术，至此可算作第二阶段。前人评曰"其精能者颇有晋唐风格"，就文字精妙者言之得当，然其刀锋毕现之处，痛快淋漓之时则表现了独立的艺术品格。

邓石如、吴熙载款用双刀治，隶、楷、行、草，皆飘逸生动，一如他们的书法之美。

款识艺术发展到赵之谦，进入一个高峰，他用单刀冲刻楷书，继承丁敬、蒋仁、钱叔盖诸家之长，而益加苍莽雄浑。（图1.2.65）他将汉碑、魏

图 1.2.58
"张同之印" 款识

图 1.2.59 　　图 1.2.60 　　图 1.2.61 　　图 1.2.62
文彭款识 　　何震款识 　　丁敬款识 　　蒋仁款识

图 1.2.63
陈豫钟款识

图 1.2.64
钱叔盖款识

图 1.2.65
赵之谦款识

碑字体引入款识之中，切冲结合而制，这些都是篆刻石上的文字艺术。他以巨石之作引到细石之上，尤其是他的魏碑字体款识，劲险倔强、端正大度，是成功的范例。另外，他又以汉画像、北朝佛菩萨造像等入印，刀痕毕露，朴质自然，皆为精绝之作。吴昌硕在印面艺术上的贡献是空前的，在款识艺术上的贡献亦是空前的。其作边款，单刀、双刀皆用，冲刀、切刀兼施，取法于石鼓、金文、汉摩崖、魏碑、汉魏画像造像。图形款有完全仿汉画、北朝造像一路如赵之谦所作，更有以自己写意画线条为之者。其篆、隶、草、行、楷、魏款识，天真直率，充满金石气，皆有胜人处。（图1.2.66）但少量全仿金文的作品，又将印面文字依形完全镌于款识中的做法，是否可取，尚可讨论。清晚期黄士陵创单刀、冲刀刻魏体款识（图1.2.67），体宽扁，刀痕凌厉，布局庞博而不壅塞，字取斜势，于肃穆间见顾盼呼应，亦为佳绝之作。到吴、黄之时，大致可算款识艺术的第三阶段。

　　吴、黄之后的近现代，为款识艺术发展的第四阶段，赵古泥（图1.2.68）、易熹（图1.2.69）、李尹桑、陈衡恪、王福庵、王冰铁、齐白石（图1.2.70）、冯康侯、寿石工、张大千、金禹民等人都有款识佳作传世。20世纪50年代而后，治款识艺术的队伍愈加庞大，从甲骨金文到篆、隶、草、行、楷、魏，甚至拉丁文字、阿拉伯数字，无不可以入款。文体也是文言、白话、外文具有。有的能与薄意、浮雕等融合一体；有的借助于印体的人为加工，刻意模仿铜锈斑剥或残砖断瓦的金石味；有的将字迹放大，追求粗放雄豪之气。但总的来说，款识艺术尚未见突破性成就。

　　款识艺术是发展成熟较快的艺术，这与作者的文化修养有密切关系。清代是文人艺术全面成熟的时期，而款识艺术成功的作者无一不在书法或绘画领域有所成就。他们能把握有限的空间，创造出或天真烂漫，或严峻沉雄，或寥寥数字如孤鹤翔天，或长篇大论如繁花绣锦的万千艺术气象。凡善治款识者，自能照顾印石之美，常在有残损或石色较逊的一面多刻，又能顾及印面、印钮的正反顺序，形成其独特的行文规律。款识既饰美印体，又常释说印面的内容，成为印体艺术与印面艺术的联络者和桥梁。

　　（二）款识之题材内容

　　印体款识创制者甚众，内容变化万千，难以全面论之。以下借著名印人的作品，举例介绍，可供了解印面与款识的关系。

　　例一，极简单的作者名、字、号款。如吴昌硕"缶"，邓石如"古浣子邓琰"（图1.2.71）。

　　例二，刻制，又加学仿某种文体。如董洵"小池摹雪渔"。

　　例三，记时记地，记作者籍贯等。如何震"甲辰二月，作于松风堂中。何震"。

图 1.2.66
吴昌硕款识

图 1.2.67
黄士陵款识

图 1.2.68
赵古泥款识

图 1.2.69
易熹款识

图 1.2.70
齐白石款识

图 1.2.71
邓石如款识

例四，记为谁治印，包括为自己治用。如赵之琛"勋伯大兄属，次闲篆刻"。

例五，款识全仿印面内容，只稍加其他文字。如吴昌硕"一狐之白。己卯春日，仓石道人作于苕上"（图1.2.72）。

例六，诗词等内容，有作者自创，也有录别人的作品。如丁敬"微郎清迥切三台，霖雨承天自此陔。遍路薰风舜弦近，一条活水禹波来。致身事业全看气，报国文章始见才。野老蓬门幸堪乐，不须回首怅离杯。右七言近体一首，奉送苕田契友赴中翰之职，即附刻其索余篆刻印石上，砚席间当如时与素心悟对也。己卯四月二十五日，同里丁敬身记"。

例七，论印材质地等。如钱叔盖"石颇温润可爱，余做古亦非率尔，叔盖刻记，端翁司马大人清赏"，石为田黄。吴昌硕"此下乘昌化石，刻罢两臂酸痛，乙酉莫春之初，昌石记"。

例八，结合印面文字，进行文字学方面的研讨。如赵之谦"《说文》无茶字，汉荼宣、荼宏、荼信皆从木，与茶正同，疑荼之为茶，由此生误。㧑叔"。

例九，作古吉语、格言等。如吴昌硕"一耳之听也，不若二耳之听也，吴俊"（图1.2.73）。

例十，记录本人治印、治边款心得等。如陈豫钟"制印署款，昉于文、何，然如书丹勒碑；然至丁砚林先生，则不书而刻，结体古茂，闻其法：斜握其刀，使石旋转以就锋之所向；余少乏师承，用书字法意造一二字，久之腕渐熟，虽多亦稳妥，索篆者必兼索之，为能别开一径，铁生词丈尤亟称之。今漱水大兄极嗜余款，索作跋语于上，因自述用刀之异，非敢与丁先生较优劣也。甲寅长夏，秋堂并记"（图1.2.74）。

例十一，对书画等艺术品评。如丁敬"余主秀峰家出所藏小米山水卷，长二尺余，瘦松破屋，面对云山，溪沙清远，芦荻萧疏，神气超越，不愧神品；后有云林诗题：'结屋正临流水，开门巧对长松；为待神芝三秀，移居华岳西峰。舟泊溪流曲曲，鸟啼烟树重重；独思白鹤遗址，好居五老云峰。'明吴匏庵亦有跋。因摘倪迂诗句以就雅正。乾隆十有七年三月，丁敬识"。

例十二，对印学评述。如奚冈"印刻一道，近代惟称丁丈钝丁先生独绝，其古劲茂美处，虽文、何不能及也。盖先生精于篆隶，益以书卷，故其所作，辄与古人有合焉。山舟尊伯藏先生印甚夥，一日出以见示，不觉为之神耸，因喜而仿此。铁生记"。

例十三，对古董文玩的评述。如金农"两峰贻余唐墨一枚，今日几净窗明，取宣和玉带砚一试之，古色盎然，盖熊鱼自古不能兼，余何幸如之。金农"。

图 1.2.72
吴昌硕款识

图 1.2.73
吴昌硕款识

图 1.2.74
陈豫钟款识

例十四，人物描写品评。如丁敬"雪鸿老友，本籍桐城，移家白门。天资高迈，兼三绝之誉。为人疏放不羁，旷达自喜。既罢官，遍游吴越间，所至人争重之。性嗜酒，好吟咏，酒酣性发，挥洒甚捷，若在歌席舞筵，尤不自觉其气之豪纵、墨之淋漓也。尝以率笔写杂剧三十图，随手钩染，须眉逼真，有简略生动之致。其他游戏笔墨，皆自出机杼，不落时蹊。今以七古一首赠予，并索篆印，作此以供吾友吟咏书画之用。乾隆十二年二月，泉唐丁敬记"。

例十五，怀人寄情之作。如金农"吴山迢递，叹觌面之艰，烟水苍茫，怅知音之远；溯伊人于秋水，渺渺予怀，慨游子之长征，欲言不尽；爰有雁帛鱼书，借申积悃，既手谈之达意，亦目击而心怡；两地暌违，宛如一室，万端心绪，片纸堪陈；又何离别之堪悲，出门之惘惘也哉！因作此印，以慰相思，寿门农并记"。

例十六，风景游历之记。如郑板桥"余家有茆屋三间，南面种竹，夏日新篁初放，绿荫照人，置一榻其中，甚凉适也；秋冬之际，取围屏骨子，断去两头，横安以为窗棂，用匀薄洁白之纸糊之，风和日暖，冻蝇触窗纸上，咚咚作小鼓声，于时一片竹影零乱，岂非天然图画乎？凡吾画，无所师承，多得于红窗粉壁、日光月影中耳。一节复一节，千枝攒万叶；我自不开花，免撩蜂与蝶。板桥道人"。

例十七，有刻画像者。如赵之谦"走马角抵戏形。崇山少室石阙汉画像之一。悲盦为稼孙制"（图1.2.75）。

以上所举十七例，是众多款识中的极小部分，但其文字艺术与精构内涵互为表里，为印体艺术之最为雅训者。此外，也有部分为后来者加刻的款识，其中议论或文字精到者，亦是极富欣赏价值的艺术创制，试举例于下。

王福庵为吴让之治印增款"彊邨得包氏印章，断为吴让老所刻，吴包有子渊伯鱼之谊，是印波磔神妙，深造宛邻，为让老手笔无疑，宝之宝之，福盦记，时丁巳十一月朔日"。

陈豫钟为奚冈治印增款"奚丈铁生自工书画，而篆刻亦与黄司马小松角胜；后笔墨繁甚，而篆刻疏矣。此印为廿余年前所作，奏刀用意绝似丁龙泓先生，寻云孙兄不忍令其淹役，属余附名因记岁月于上，时甲子九月望后五日，秋堂陈豫钟"。

图 1.2.75
赵之谦款识

第二章

印体艺术简论

　　本章将讨论印体艺术与人的关系、与其他造型艺术的关系，以及印体艺术品的制作等问题。

第一节　印体艺术与人的关系

　　文物是人类社会的遗物，所有的文物都和人发生过这样或那样的关系，印章在中国，包括实用印章和艺术印章，都和中华民族的人群发生着频繁的关系，这种关系包括制作的关系、使用的关系、欣赏的关系，以及随之而来的收藏和文物买卖的关系，与人不发生关系的文物是不存在的。同样的，与人、人类社会不发生关系的印章也是不存在的。

一、制作者

　　首先，我们分析一下印体艺术和制作者的关系。印章的起源和制陶确实有关，越来越多的研究者认为，玺印这类器物可能脱胎于源自新石器时代中期制陶俑的拍子、印文陶的印模。在新石器时代的中期，人们为了陶器的致密性和进一步的美观性发明了陶拍子（图2.1.1），陶拍子不仅与后世玺印固体材料的选取原则十分相近，还都为石、木、陶制，其凭拍面刻纹抑盖到另一物质载体上反面留下纹样的印记的方式，也成为后来玺印在多种质地的器物上抑、烙、戳、钤并反向表现出来的滥觞。无论陶拍子本身是否是实际意义上的玺印，它的使用与样式都对后来的玺印产生造成影响，可以说作为印体艺术的组成部分，印面、印体乃至印钮等在这个时候已经产生，这时候的印章艺术纯属实用意义上的美，而不是为了艺术而创造的欣赏性的美。在实用印章发展的上段，由于金属制印的发展，也由于以玉石为代表的比较精细的手工艺品的发展，印体艺术开始走向细化、美观化，制作者利用金属工艺、制玉工艺等，对属于小件器物的印章进行了体形的规划、印面的确定、印钮的创制。卫宏在《汉旧仪》中曾说："以金、银、铜、犀、象为方寸玺，各服所好"，指出了印体材料的自由选择，并初步规定了体形的大小。汉代皇帝所用六玺皆以白玉为材质，皇太子、诸侯王、丞相、大将军、御史大夫、匈奴单于等人所用印章皆以黄金为材质，御史二千石等官员均用银印，千石、六百石、四百石等官员均用铜印的记载则更为明确地规定了印章以材质划分等级，多面印、柱状印、纳鋈印、带钩印等不同印体造型的出现则可见治印技术的高超，这些工作实际上一直影响到后来。这些印体艺术的制作者在印章进入艺术流派印章发展阶段以后，产生了一定的变化。过去

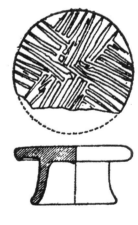

图 2.1.1
陶拍子

的制作者主要是制造印坯和制造印面的一般手工业匠人，这些匠人没有印体艺术创作的专门意识，后来的制作者转变为专门的工匠，他们有意识地进行印材选择和一定的镌刻抛光等一系列工艺，乃至于使印章也成了专门的艺术品。沙孟海曾经指出，北宋伟大的艺术家米芾有着治印实践，也有初步的理论探讨，是流派艺术印章的开山之作者，这是非常之灼见。到了元代，一批较为成熟的印人如赵孟頫、吾丘衍、钱选等人也进行了一系列的治印实践，可见艺术印学趋于成熟。明清以后，出现了福建寿山石东门林、西门林这样的治印、治印体艺术流派，更早的时候，有以丁敬为代表的创制款识出现，甚至可以追溯到文彭、何震时期。以徽（皖）、浙两派此消彼长为主线，大小印派争相出现，诸多印人如星辰冉冉升起，名家辈出。印体艺术很大程度上成了专门的追求和创造，体现在印钮、薄意、款识上，其艺术的表现力甚至超过了印面内容。

二、使用者

其次，我们讨论印体艺术的使用者。印章在不晚于新石器时代中晚期就出现了，适用耐用、用起来顺手等是使用者们最早和最基本的要求，这使得中国的印章在最初就成为适合中华民族使用的一种物品。在不晚于战国时期，印体艺术在各个国家、各个地区之间实际上就有了相应的规定。罗福颐在《古玺印概论》中即指出："传世古玺印是由战国至明清上下二千三百余年的遗物，历史既久，书体自异。"杜佑在《通典》卷六十三《礼二十三·沿革二十三·嘉礼八》中也说："三代之制，人臣皆以金玉为印，龙虎钮，唯所好也。"《史记》中有公孙衍佩带五国相印的故事，苏秦也曾感慨："且使我有雒阳负郭田二顷，吾岂能佩六国相印乎！"从考古发现的东周各国印章可见，印体面型、文字表现以及文字内容的区别确与当时国际政治地理疆界的划分基本一致。从秦至今，至少在公印范围内是比较严格执行用印规定的，历朝稍有变化，但一直沿用到明清。因此在一定的地域范围之内，印章有一定规制的特点，这种情况与欣赏和规定有关，但是主要还是出于使用方便，从古典印章一直发展到现代的艺术印章，既没有特别巨大者也没有特别微小者，印体艺术始终控制在适合人们使用的范围之内。这点尤其值得我们注意，这也决定了印章艺术，包括印面艺术和印体艺术不同于其他文物的重要方面。

三、欣赏收藏者

谈到人们对印体的欣赏，一开始很难说有极其自觉的欣赏，但从"适合就是美"这个原理出发，它首先是适合的：面型是适合的，印体高度是适合的，有关的钮制是适合的。在东周时期出现了印钮形式变化、多种材质出现的状况，除使用意义以外，当和人们审美的追求和区分有关系。秦汉时期公印的钮式材质规定严格，《汉旧仪》记载："秦以前民皆佩绶，以金、银、铜、犀、象为方寸玺，各服所好。汉以来，天子独称玺，又以玉，群臣莫敢用也。"又说"皇帝六玺，皆白玉螭虎纽。文曰'皇帝行玺''皇帝之玺''皇帝信玺''天子行玺''天子之玺''天子信玺'。凡六玺，以'皇帝行玺'为凡杂；以'皇帝之玺'赐诸侯王书；以'皇帝信玺'发兵；其征大臣，以'天子行玺'；策拜外国事，以'天子之玺'；事天地鬼神，以'天子信玺'"，"皇后玉玺，文与帝同。皇后玉玺，金螭虎纽"。又云"丞相、列侯、将军金印紫绶绶，中二千石、二千石银印青绶绶，皆龟纽"，从汉代以后，各个时代都对钮式质地有级别的规定，如龙钮、虎钮、龟钮、鱼钮、驼钮、羊钮等。这种制度规定既符合人们的审美要求，又符合东方政治体制的审美要求，体现了东方独特的政治美学。集权的美、层次的美、等级的美用一种特殊的形式体现出来，在其他国家地区是比较少见的。明清以后的印章印钮和民俗结合得非常紧，比较系统地反映了东方民族的审美意识、中华民族的审美意识，其中的区域特征甚至可以细加辨别出来，比如北京、江苏、浙江、福建等一些民俗艺术的区别。当然，无论是等级的区别还是民俗艺术的区别，都和印章文字本身的区别有关系。

私印的钮式有仿造公印的，也有完全和公印面目不同的造型选择，这里面存在着使用者和欣赏者的美学诉求，这也是印章艺术、印体艺术的审美研究的一个重要范畴，这一现象在宋以后的文人流派印上得到了极大的张扬和夸张，欣赏者决定了以"四大印石"为代表的印体、印台以及印钮的雕琢的走向，其中既有比较高雅的文人艺术欣赏的成分，也有比较通俗的属于民俗范畴类的成分，比如说大头狮子这些表现。

最后谈谈印体艺术的收藏者，这当然是个比较晚起的问题。从历史印章的收藏时间来看，不晚于宋徽宗时期，收藏者除了对印面的文献性的关注，对印钮也有了一定的关注，到了元明以后就越加注重这一点。尤其是文人流派印章的创作与发展，使得印章艺术作为一个整体得到更多的关注，人们关注它的印面艺术，同时也关注它的印体艺术，往往在收藏的时候对材质、钮式刻意加以说明，这种关照呈现出一种愈演愈烈的趋势。清朝后期到现当代以印钮、薄意为代表的印体艺术的高度发展，已经使有些收藏家乃至以故宫博物院、上海博物馆为代表的重要的艺术收藏群体专门关注于此，并且有了专门关注于印体艺术的收藏趋向。我们可以看到在他们的展出当中，像田黄、鸡血、翡翠、水晶等宝石级的印料印面往往没有镌刻，同样的，有一些优秀的印钮、优秀的薄意作品也往往不再考虑印面的有无，甚至有一些原有的印面被磨去，而印材和印钮却作为高档的艺术品被收藏。

随着群众对印章艺术，包括印面艺术和印体艺术的收藏热情的发展，在以拍卖会为代表的印章文物的合理合法的交易当中，印体艺术作为重要的参照因素，对印章文物的价格走向也起到了不可忽视的作用。

第二节　印体艺术与其他造型艺术的关系

印体艺术是美感的物化，指要选适当的形体，要选适当的材质；又是物的美化，指印体上的钮制、薄意、线刻、款识等增饰。就此而言，人们可以将印体艺术视为综合艺术。以下分几个方面谈谈印体艺术与其他立体造型艺术、平面造型艺术的关系。

一、印体艺术与其他立体造型艺术的关系

印体艺术无论其选材如何，它最基本的属性是立体造型艺术，这就决定了它与其他立体造型艺术的密切关系。立体造型艺术主要成型方法有三种：抟塑，主要针对泥、陶、瓷及某些化学材料；浇铸，主要针对金属及某些化学材料；雕刻，针对一切固体物。就印体艺术而言，抟塑的作品见于早期泥、陶印，也见于部分后段的陶、瓷印，但在玺印总数中的比例不大。浇铸造型，对金属印影响非常之大，尤其是青铜铸造，将铜印纳入青铜文化或青铜艺术的范畴，也是不无道理的。雕刻成型对印体艺术成型影响最大，对已浇铸出的部分印坯，包括钮坯，雕刻加工使之最终定型。印体艺术的成型方法，在很大程度上决定了印体艺术的风格表现。

青铜铸造技术在中国发明于新石器时代晚期，至商周时期达到了鼎盛，而在此时，玺印并未放射出夺目的光彩。在青铜艺术开始走下坡的战国、秦、汉时期，大批玺印登上了舞台，但战国以后青铜艺术趋于纤细的作风，利于在体积不大的玺印上施用，所以这时有很精致的钮制出现。古典青铜铸造工艺的失蜡法铸造，用于东汉至魏晋南北朝的辟邪钮二套印、三套印（图1.1.40）上，这种印不仅几套之间严丝合缝、推抽取放自如，而且神兽双目暴凸、鳞片相叠、须牙毕现，威武而生动，为金属印体艺术的最高成就。前段印体各部分很少见焊接现象，均为浑铸，而明清公印有印钮、印体分铸而后焊接的。许多金属铸印需要施刀再加雕刻，不仅是为了去掉铸缝毛刺，也是为了印体更富美感。

雕刻艺术起源很早，旧石器时代人类就以简单的工具雕刻了为数不少的

原始艺术品，在一定意义上可以说，印体艺术是雕刻艺术的派生物。

印章艺术到战国、秦、汉，形成第一个高峰。此时的雕刻艺术，给予印体艺术直接的影响，镜、剑等器物的佩绶处雕刻，影响了印钮制；镇墓兽、虎形镇、刚卯、瑱、琮等造型，影响了印体、印形。总的来说，当时玉石、金属、竹木雕刻的内容题材非常广泛，应用于印体艺术的只占很少一部分，这是因为印体艺术的审美面还只限于很小的范围，往往只限于佩带者本人。再则，这时还强调其实用性，没有提出更高的饰美要求。公私印印体艺术的区别是很有趣的。公印印体造型极为严整，钮制等本属于艺术范畴的产物也由统治者以制度规定其样式与大小，所以很少见到生气勃勃的作品。以龟钮为例，造型都为静止稳定状态，都为完全的轴对称，数百年间其形象虽有发展变化，但至多也是头颈拉长一些，背谷隆凸一些，甲纹刻画精细一些而已。公印中还有如鼻、瓦、鱼、马、羊、驼等钮式，与龟钮同样对称平衡。公印印体艺术中只有极少量的成功作品。讲到印面文字艺术时，曾有"史在官印，艺存私印"之说，对印体艺术而言也是这样。印体艺术之"史在官印"，因为它要符合制度，据此可以起到纠史、补史、证史的作用；而"艺存私印"，则表现了私印在印体艺术方面较少束缚，而尽可能多地吮吸其他艺术的营养，这使印体艺术，尤以私印的钮制出现了有别于公印的生动面貌。动物形钮制中佳构甚多，如辟邪钮二套印，母辟邪的造型，显然取法于战国以后常见的造型，在精致方面更胜一筹，但母辟邪所守护着的小辟邪，则更为独出心裁的创造。

雕刻艺术自唐宋以后一直在发展创新，印体艺术却沉寂了相当长时间。直到流派印兴起之后，印体艺术仿佛复苏一般，才又展示了新的景象。文人在创制印面艺术时，对印体艺术的审美也有了很高的要求，这促使印体艺术向其他雕刻艺术取方索法。中国的工艺美术发展到明清之际形成高峰，这当然也就影响到印体艺术，使之在关注物的美化的同时，基本抛弃了实用性，亦走向了供欣赏的纯艺术范畴。以钮制为例，早先的实用佩绶功能已基本消失，只作为一种装饰附丽于印体上方；薄意更是仅具艺术的欣赏性，还出现了款识等艺术新品类。玉石雕刻对印体艺术的影响最大，这是材料的大小、色泽相近而致。以寿山、青田两地为例，北京玉雕的雄浑厚重、端庄文雅；苏州、扬州玉雕的精湛细巧、玲珑剔透；寿山石雕的主题突出、层次分明、造型完满细腻；青田石雕的线条顺畅、色调明朗、镂雕及巧色利用逼真自然，都对两地印体艺术有直接的影响。有的作品开光、游丝等，直接运用玉雕工艺，以致一印在手，玉石难辨。玉石雕刻题材的影响，也是很明显的，早期印钮中有许多为玉石雕刻的缩影，辟邪钮即为战国两汉石雕品的缩影。到了后段，明清玉石雕刻的题材主要取于纯文学与民间文学、民俗学；同样，印体艺术以钮、薄意等形式再现之。

除玉石雕刻外，木雕（如浙江东阳木雕、广东潮州木雕、福建龙眼木雕）、牙雕（如北京牙雕）、竹刻、漆雕、砖雕等，从艺术手法到内容题材，都对印体艺术有一定的影响。

从古至今，建筑物是人类无法离开的、最密切的物质存在，除了对建筑物本身有审美而饰美的活动，人们也把自己所钟爱的建筑形象，表现在各种平面的或立体的造型艺术中。印体艺术亦如此，如亭钮，有单层的、多层的、圆锥屋面的、四坡屋面的。印台实际上源于台形建筑；某些动物形钮是仿自建筑构件，明清华表顶端的神兽与某些精美神兽钮何其相似。后来，有的狮形钮，干脆称为"门狮钮"，直接点明与建筑艺术的关系。另外从抽象的方面讲，各代印章与人们的起居环境是有着一定对应的比例关系的，建筑空间的相对高低阔狭，影响了多种器物的立体造型，对印体也不例外。印体的高度从多样化—偏矮—偏高—多样化，印体线条从多样化—规整—多样化，这样一些变化，与建筑的一些变化规律也是大致相合的。

二、印体艺术与平面造型艺术的关系

平面造型艺术主要指绘画、书法、织绣等。

明清文人艺术勃兴后，文人绘画创作对印体艺术的影响就更明显了，单以薄意为例，其吸收文人山水画成分之大，是其他工艺所少见的。花鸟画、人物画等，对薄意甚至部分钮制也有不可低估的影响。

书法艺术对印体艺术的影响单纯而直接，基本仅影响了印体款识，款识的作者往往是杰出的书法家。在印体款识中可以说是诸体毕备，有趣的是，当书坛崇尚帖学时，款识字体与章法往往柔美妩媚，似晋唐人小楷，灵秀可爱；当书坛起崇碑之风，款识书体紧随之而上，出现了强健硬朗的气象。有的作品，干脆模仿汉魏摩崖碑刻的字迹，宛若雄碑再现于方寸之间。因为印章款识大多也是石刻制品，所以它向石刻摩崖碑碣的字体靠近是比较容易成功的。款识艺术的浓烈而独特的金石气息，大多得益于此。

织绣对印体艺术亦有一定影响，比较直接的如锦铺纹带，以及各种繁复的结纹带，最精妙者是在缜密的石刻仿经纬底子上，敷现出鲜明的桃花图案。这种影响往往体现在局部（如印钮下方）。

第三节 印体艺术品的制作

一、金属印的铸造与雕刻

春秋战国以来，以青铜为主要材质的金属印，印体印坯是铸造的。

（一）铸造

无论是铜、金、银、铅和铁制印，它们的印体均以铸造的形式完成，成为青铜铸造技术的别枝产物。甘旸在《印章集说》中指出："铸印有二，曰翻沙，曰拨蜡。翻沙以木为印，覆于沙中，如铸钱之法。拨蜡以蜡为印，刻文制钮于上，以焦泥涂之外，加热，泥留一孔，令干。去其蜡，以铜镕化入之，其文法钮形制俱精妙。辟邪、狮兽等钮，多用拨蜡。"

早期印章用印母、砂型而后合范铸造，印面文字的印母已发现有石质、铅质，可能也有铜质（混认作双面印），印体艺术的母模至今未见。当时浇口在印体上端，如有钮则在钮的顶端，完成之后，印体上会留有范缝毛刺，一般均打磨而不见。但在有些桥钮、兽钮的跨下还是可以见到范缝的。浇铸过程中，因其范壁光洁，所以，印体表面一般不见气泡，但印体内部则难免有气泡留存。笔者观察过铜、金、银、铅的龟钮、桥钮印，在其跨下不显处，均见气泡，其直径在1—2毫米。

所谓的翻砂铸印法又称"砂型法"。根据现在已发现的印母来看，这些印母中有以铅块制成的，有以铜块制成的，也有以石块制成的，但目前尚未发现以木制成的，这大概是由于木质材料难以长期存世。

以失蜡法（拨蜡法）铸造青铜器，文献记载始见于宋王溥《唐会要》卷八十九，但近年研究发现其在中国有着悠久的历史。春秋战国之后，即有以失蜡法铸造的青铜器出现。所谓"拨蜡"，又称"失蜡""熔模"，失蜡法是中国古代的一项技术发明，有两周起源说、秦汉魏晋起源说与隋唐起源说，笔者倾向于秦汉魏晋起源说。这种铸印方法并不常见，只见于一些极为精致的套印、辟邪钮印中。在印章上，可以确认为失蜡法作品的，自东汉开始出现，劲秀健美的辟邪二套印、三套印即是典型标本，其身上纹样细腻流畅，姿态曲颈扭身，母套与子块之间密不通风而又抽取顺滑。失蜡法治印还见于元明清一些佛教用印。此法所制印章数量不是很多。到目前为止，绝大多数金属铸印是采用翻砂法来铸造的。

除了用失蜡法制作精美印钮，其他印钮由如下几种方法制成。有的用细洁的砂模直接铸成。这些印钮较浑圆，线条也较简单，不见修雕痕迹。有

图 2.3.1
广陵王玺，金质

图 2.3.2
西汉"武意"印

图 2.3.3
北朝"天元皇太后玺"

图 2.3.4
西汉"王遂疢"印

的先铸成带钮坯的印体，然后再加工成印钮，江苏邗江出土的金质"广陵王玺"（图2.3.1）上的所见痕迹很典型。由此可见，印钮、印台等是经过如下修整成型的：1. 锉磨，在龟钮头部、龟甲下、龟足旁、印台上，都有锉磨痕迹，其锉的宽度约在2毫米；2. 刀刻，在龟甲纹、龟口处见刀刻，龟甲纹较浅，行刀连贯，龟口处刻深，入刀深刻；3. 锤錾，在龟身上，龟腹甲处有小圈纹，又称"鱼子纹"，为专门的金属小管状工具敲錾而成，有的因工具面不平而形成半圈深半圈浅情况，有的打成双环相叠；4. 打光，又称抛光，除了少量锉磨痕迹，印体通体打光，明晃可鉴人。在金属印上，施以锉磨与刀刻是最常见的。

（二）铸字

在玺印的印面文字表现上，有的采用凹下笔道成文字，类似金石学所谓"款"；有的采用凸起笔道为文字，类似金石学所谓"识"，印章文字不称其为"款识"，而称为"朱文、白文"，这种称呼反映了印章抑盖在帛纸上的表现，使用时间较长，但并不完全准确。在魏晋南北朝时期，许多印不是用朱红印色抑盖的，大量印章用于制作泥封，或抑印成陶文，所以，对先秦至西汉时期的各类玺印，也以朱文、白文称呼显然不恰当。我国传统以凸出体为阳，以凹入体为阴，因此笔者认为，将印章印面文字凸出的笔道称为"阳文"，凹下的笔道称为"阴文"比较适宜，而凡是遇到陶文、泥封、烙印甚至拓片、照片等，其上凸现的文字是由"阴文"印章抑盖或烙印而成，下凹陷的文字是由"阳文"印章抑盖或烙印而成，即可说明。历代印章文字阴阳可以分为以下三类：全阴文，印面文字笔道全部凹陷，如西汉"武意"印（图2.3.2）；全阳文，印文文字笔道全部凸出，如北朝"天元皇太后玺"（图2.3.3）；阴阳文相间，即在同一印面文字上，存在一部分凹陷的笔道文字，也存在一部分凸出的笔道文字，这种印章基本上为私印、押印，如西汉"王遂疢"印（图2.3.4）。

金属印面的制造与印体的制造有很大的关联。从战国时期开始，不少金属印的印面文字是连同印体一同铸造出来的。这样铸造而成的文字印一般均匀柔美，阴文印各文字笔画的底部、阳文印所有无文字笔画处的底部，都显得相当平整洁净，文字笔画的壁也比较竖直，印面上一般都不见刀痕。这样铸造出来的画印也非常柔美，因面上所见其阴陷凹下的图像往往起伏凹凸，麟毛毕现，故抑盖在陶坯、泥封上的印样多有浮雕状立体感。

东周时期因地域不同，公私玺印中铸字玺印比例也不同，秦以后直至魏晋南北朝，阳文印基本是铸造出来的，但这种铸印方式在文字印综述中并不多，以此工艺完成的阴文公印则更少。五代和宋以后，在公印中，由中央机构颁布的铸字阳文印数量回升，以至于文字铸造印在公印中占绝大多数。

　　值得注意的是，仅仅靠阅读印谱是难以判定某一枚玺印文字是否为铸造的。在中国古代众多能工巧匠制作的印章中，从打本效果来看，有些凿字印的笔画甚至比铸字印的笔画更为精制细微、流畅劲挺，正因为如此，在判定一枚印章时，必须对玺印实物资料进行仔细观察。

　　（三）镌刻

　　篆刻艺术的审美价值首先体现在对文字的塑造上，字体特殊的规律及丰富的变化形态，充分表达出人们的审美需求。印章制作的工艺技巧是镌刻艺术审美价值的体现。篆字的线条和结构美是篆刻艺术的外在表现形式之一，而印面上的篆字却是依靠字法、篆法、章法和刀法共同完成的，故篆刻艺术的审美价值必须进一步观察这"四法"的艺术表现效果，这样才能从形式进入艺术的内涵。篆刻章法是印章的整体观和全印的布局，根据印的不同，章法也是千变万化，表现出鲜明感、新鲜感、和谐感；字法讨论印章文字书写的准确性，篆法则讨论文字书写的艺术性，篆刻作品最终的艺术效果由刀法来表现。

　　刻印，又称为刊、凿、镌、奏刀等，其意义相近，施用于部分金属印章以及全部其他质地的印章。甘旸在《印章集说》曾讲道："凿印以锤凿成文，亦名曰镌，成之甚速，其文简易有神，不加修饰，意到笔不到，名曰急就章，军中急于封拜，故多凿之，以利于便。"这一说法并不十分准确，从成印效果看，刻印既有"成之甚速，其文简易有神"的，也有运刀徐缓，其文或规整肃穆，或妖娆缠绵的。这种成印效果与玺印的材料也有一定关系，在黄金印中雕刻会显得相对滑涩，不易受刀。从刻法来看，主要分为以下三种：

　　一刀刻（图2.3.5），无论横、竖、撇、捺、点，但凡印面上的文字笔画，均以一刀刻成，不加修饰。刀痕一般不太深，刀痕断面尖锐，文字风格快捷猛利。这种刻法始见于东周，所刻之印均为阴文。

　　双刀刻，是对印面文字笔画无论横、竖、撇、捺、点均以来、去两刀刻成，偶有部分笔画要补施一两刀，对字画稍加修饰。双刀刻的刻痕要比一刀刻更深一些，但深浅不匀，刀痕断面呈"V"形。从文字风格来看，双刀刻酣畅猛利，可以沉稳大度，也可以秀丽纤细。这种刻法始见于东周，多为阴文印，也有少量阳文印。

　　多刀刻（图2.3.6），这是对印面文字大多数笔画以来、去两刀完成，下刀较双刀刻垂直；在一些较长笔画的底部，往往增加一刀剔地；在一些转角和点顿部位还要特别补施刀；这种凿刻方法实际是对双刀刻的加刀或延长。多刀刻常对字画加以较多的修饰，刀痕比较深，深浅比较均匀，刀痕断面为"U"形。多刀刻的文字风格可以严正宽博，也可以妖媚多姿。这种刻法始

图 2.3.5
一刀刻印例，南朝"镇北将军章"

图 2.3.6
多刀刻印例，西汉"广陵王玺"

图 2.3.7
青田老岭石俏色印石

见于西汉，以阴文印居多。

二、石质印的制作

石质印章的制作在明清以前并不复杂，如战国、秦、汉时期的部分石印，用简单鼻钮或坛钮，都是极简单的琢磨。在流派印章盛行之后，在寿山、青田等地，逐渐形成了石印章雕刻的专门程序。除款识外，印体艺术的主要表现形式都在此阶段完成。初步归纳一下，大致可分以下四个步骤：相石与设计、制坯与雕镂、印面镌刻、修光等。不同的工场、不同的艺人，可能对程序有或多或少不同的说明。但大体不出这四个步骤的范围。印体艺术品完全成型后，出于增加美感与保藏需要，有时还要施以油浸或蜡封。

（一）相石与设计

相石，即对石料的分析判断。寿山艺人有"一相能抵九天工"之谚。印体艺术面对形形色色的石材，不能不受其制约，在后面进一步的施刀过程中，还会出现难以预料的变化。如《观石录》云："石理不一，相石为难；肤黄中白，肤白中白，肤苍中黄，中元黄肤黝然，不可以皮相。"相石又可分这几个原则：细辨质地，确定印形，因材施艺。

细辨质地，主要从硬软、冻与非冻、色彩分布、石纹石裂等诸方面细辨。如质纯的上品石材自然很好；如有不理想甚至有毛病的石材，就得构思如何避开病处，或剔除，或隐藏，最好是巧加利用，"俏色"艺术常会引出神奇效果（图2.3.7）。

确定印形，这主要指印体基本造型与前后方向的选定，最好以高、大、方、齐为宗，如石质石色不允许，那只好尽量多留方、齐面。如珍贵石料，或雕钮、薄意等能善加处理的石料，则可选作自然造型。所谓前后，是指印章石料朝自己的一面为前，反之为后；最美的一面要确定为前，凡有差色、差纹、夹砂等毛病的，除"俏色"借用而外，以置后为宜。

因材施艺，这是前两个任务完成之后，向设计工序的过渡。在这一步中，无钮印章、有钮印章、薄意印章、线刻印章等材质得到了最后的肯定。

在相石基础上，对石章进行具体的设计。素体石章，只要它比例适当即可。对一般的、较粗放的或成批量商品化生产的，艺人们一般已有设计样稿，而此时已化为烂熟的腹稿，不再作墨稿了。对印材精品或对石色美丽多彩者，常常做认真的设计，可分图纸设计、泥塑放大样设计、薄墨上石设计等，这要依材质珍贵程度、将来作品复杂程度等条件而定。每一件印章艺术作品，无设计的是没有的，而设计过程则有简繁之不同。但必须注意在施刀创作中，石材内部会出现最初设计时未预料的质地、色泽的变化。所以，要边施工，边更改修正以前的设计，设计往往贯穿于制作过程始终。

（二）制坯与雕镂

制坯是在设计之后，艺人们用凿子（如方口凿、圆口凿、阔口凿、狭口凿）、车钻等工具，对石材进行粗略的加工。

在印坯上进一步加工即是雕镂，艺人用刀具（如平口刀、圆口刀、斜口刀、尖刀、铲刀、勾形刀、三角刀等）将钮制、薄意基本完成。这时，人物形象饱满、眉须交代清楚，动物形象生动、姿态各异，植物则根枝合理、叶脉自然，群体形象则主从分明、情节突出。可以说，印体艺术作品到这一步已基本完成。

（三）印面镌刻

通过较长时间对较多实物资料的观察，笔者认为：东周之后、魏晋南北朝之前，古代玺印文字以刻凿而成者占大多数，包括石质印章在内的非金属印章印文不可能是铸出，而都是由外力广义地"刻"出。刻印的成印效果与材质有关，在刻某些石印时比较干脆如意。刀法与前述金属镌刻一致，分一刀刻、双刀刻和多刀刻。

（四）修光（用油，施蜡）

修光，是印体艺术雕刻的最后一步，这时艺人严格审视钮制或薄意作品，以精细的刀法再加修饰，首先去掉多余的刀痕，使之顺畅自然；其次对不同的内容题材分别处理。如人物，传其心胸之神；如动物，修出其不同种类在不同环境的体态；如花草，则表现其枝柯交叠与叶片、花瓣的正背；如山水，则求其理脉逼近国画作品。此时能充分体现艺人的技法高低。

这些步骤，在实践中是不可能截然分开的，有时边雕边修光，有时在凿制细坯时即部分地完成了作品。

有的艺人或研究者将用油、施蜡等作为最后一道工序。有的石材，开采出来之后，就要用油浸泡。如寿山高山石，因其质地稍松，遇日晒风吹、夏暑冬寒，表面就会起燥甚至出现裂纹，色彩转暗，所以石材或已雕镂成功的印体，要浸泡于油中，称为"油养"，一些需要经常油浸的印材被叫作"财主石"。石质经油泡之后，通灵透亮，色彩分外娇艳。寿山田石（包括田黄石）、水坑诸石、都成坑石等，也常常施以油浸，但无需长时间浸泡；寿山的芙蓉石等，则无需浸泡。寿山石、青田石、昌化石、巴林石印体雕成之后，往往要施蜡处理，方法有两种：一种是印体加热敷蜡法，将印体缓缓加热至100℃左右（切忌急速加热，以免伤石变色），然后以软刷将蜡液均匀涂遍，再以软质布料揩擦抛光；另一种是将印体盛入铁丝筐篮中，放入蜡液浸泡，之后取出揩擦抛光。浸泡时用以下几种油料：白茶油、花生油、菜籽油、液体石蜡等。必须油浸或施蜡的原因是百年以上的印材，因人手摩挲的作用或人油汗等弱酸性脂肪的浸润作用，在印体上形成古色古香、光亮而内敛的所谓"包浆"（这在玉器上也能见到），而新出的印材或新制成的印体艺术品需要追求这种效果。再则，一些石质印材浸油或施蜡之后，使微观结构得到一定程度的改变，从而增加了透明感和光洁度，使得色彩更加鲜明，石质更为通灵。而对一定石质的印体艺术品油浸或施蜡，是收藏者的保藏方法之一。但须切记，真正的"包浆"是人工难以做出的，对长期流传的印章如进行油浸，往往弄巧成拙；对一些石质，如寿山芙蓉石、青田封门冻石，油浸后会造成原色的改变，所以，要进行油浸，也得做到事先心中有数才好。有条件者，可将印材放在连毛兽皮的肉面经常摩擦，其成色呈光效果要比油浸好，但薄意作品或有款识的，要慎重为之，莫使其磨灭。

三、款识的制作

（一）设计

款识制作是需要设计的，一种是艺术家腹稿在胸，对用什么字体，作什么内容，如何表现章法行次，心中有谱，而后奏刀，这是一种不外显的设计；一种是可见的设计，即落墨稿，确定内容，选用字体，对章法布局的安排等。

设计中，要明白款识的行款方向，即款识一般终于印体左侧。如刻二面，则起于向己的一面，终于左侧；刻三面，则起于右侧，经向己的一面，终于左侧；刻四面，则起于背于己的一面，经右侧，再经向己的一面，终于左侧；刻五面，则同于刻四面，而终于顶端。此外，有单在顶端作款识者，也有不依以上基本规则而作的。

薄意、线刻印体款识如跋画，或挪让而照顾正面，或藏于背面，等等。

（二）单刀刻款

何震、丁敬而后，用单刀刻款者渐多，有以下几种情况：

以石就刀，即刻时刀不动，而印石面顺字画方向转动，此时执刀用力向下、用力较重，字画显得朴拙老辣。

以刀就石，印石基本不动，而腕指结合，在石面刊刻，由于进刀口较尖，出刀口较阔，所以它与字顺的书写方向不一定一致，这种刻法可创造出多种气象。

长画以石就刀，短画或转折以刀就石，这是对以上两法的综合，一般将字画的横画（包括捺）先以石就刀刻齐，再将字画的竖画（包括撇）以石就刀刻齐，最后以刀就石，刻齐所有短画（也包括短的撇、捺）与转折。这种做法，既取以石就刀法的生猛之长，也取以刀就石法章法严谨之优。

单刀冲刀法，与治印冲刀法相似，不过更注意刃尖的点、戳、压、推等，其效果灵动潇洒，精品自可似晋唐人小楷，行草笔画虽有断缺，但承接等候，笔意属连安然。

单刀切刀法，与治印切刀法相似，而更注意用力之强度，且基本平入刀。这种刀法刻出的效果严刻深峻，滞重质朴，得摩崖碑碣之金石味。

单刀划刀法，即在墨稿文字上，以刃尖轻轻地将字刻画出，其能肖似书法的笔意，轻重徐疾都能表现。如吴让之作品，其刀口较浅，缺乏金石味。

在款识作品中，有冲刀、切刀并施的，如款识主要内容以切刀，落日月、姓名、字号等用冲刀，也有根据字的需要两法兼用的（图1.2.58）。

（三）双刀刻款

双刀刻款识自文彭始即有创制，而后诸家皆有为之。

双刀冲刀法，如文彭刻刊即用此法，其沿墨稿两面下刀，能较好地表现墨稿效果。

双刀切刀法，后来的诸家用双刀刻款，多以此法。分来、去两刀，雄厚宽博，另，凸起的款识、图案画像等，也用双刀切刀法制成，作品饶有金石趣味。

讲到款识制作时，应当知道，作者往往根据需要，单刀、双刀兼施（图2.3.8），切不可将刀法的分类当作判断艺术品作风的标准。

四、其他质地印章的制作

前面已讲了金属印章、石质印章（以叶蜡石为主体）印体艺术的制作法，这两者是最基本的，其他质地的印体艺术，或依上两项而制成，或依其他相同或相似艺术门类制法而制成。

玉印（图2.3.9）自战国、秦、汉以来，就成为玉雕艺术作品之一。早期粗犷率真的汉八刀，后来剔透精微的游丝工艺，皆可施于玉质印体艺术品中。

其他非叶蜡石质的石质印体艺术品，如摩氏硬度在3.5以上，常以玉雕工艺法为之；而摩氏硬度在3.5以下，则用与叶蜡石印相似的制作法为之。

骨角牙印往往使用象牙雕刻工艺技法为之，或参用石雕之法。

木、竹印（图2.3.10）往往使用木雕工艺技法，或参用牙雕、石雕工艺技法。

人工合成材料印情况比较复杂，有的采用模制法做钮，有的采用夹粘法夹藏，以及夹内雕刻花的，有的采用木雕、牙雕等技法。

陶、瓷印（图2.3.11），一般采用陶瓷捏塑造型技法，有时也采用瓷雕技法为之。

图 2.3.8
赵之谦单、双刀兼施款识

图 2.3.9
东汉"魏霸"玉印

图 2.3.10
南宋"吴越世瑞"木印

图 2.3.11
南宋"沙随程迥"瓷印

第三章

印体艺术的历史发展

自有印章始，人们即不断以多种手段来增饰其美，而愈发展，艺术表现形式愈多样。印体艺术的历史发展可以分为实用印章和流派印章两个部分叙述。实用印章的印体艺术发展大致经历了前后两大段。

第一节 实用印章前段的印体艺术

本段的时间跨度大致从有玺印开始，直至魏晋南北朝时期。这一大段又分为育成期和古典期。

一、育成期（商周）

育成期的时间跨度从玺印出现到战国后期，根据玺印的发展又可分为三段。

（一）育成期第一段

中国的古玺印，祖型是新石器时代的石质、陶质制陶拍子。这些拍子造型极简单，有块状、片状、蘑菇状等，拍子的握手处或捉手处，有表面片状，背后带环的，也有表面或方或圆，背后带短柄状捉手的。这些陶拍子大多比较整齐，面长面宽皆在6—7厘米或稍小一些。拍印面除了圆形、椭圆形、方形、长方形等形状外，不见其他形状；相当于后世雕铸印文图案之处，有简单的刻画纹样，有规律地抑印在陶制品上，形成了印纹陶的装饰效果。

商以前，由于印章还在探索中，我们并不能讲得十分清楚，但是环状钮握手已经在陶拍上出现，可以看作印体艺术养成滥觞的时期。这个时期印面已经由不定型趋向于定型。

（二）育成期第二段

按照目前掌握的资料，将商周时期定为育成期第二段。商代古玺传世多为方形印面（图3.1.1），面宽1.6厘米，长约2.6厘米。商代陶器上的个别模印文字，商代陶器及陶范上的抑印纹块及在铜器上的体现，都表现了近似的印面尺寸，其中有少量长方形或圆形的。

商以前的制陶拍子和商玺，印体艺术主要表现在对形的认识和掌握上，这时的玺印，人工增饰的美还几乎不见。

从发现出土的西周玺印及有关文献透露出有玺印之用的信息，再结合目前的研究来看，可以确认一部分西周的玺印史了。此时期面型已经出现方形、长方形、圆形、椭圆形等多种样式，并且还有连体印。

图 3.1.1
商代古玺方形印面

图 3.1.2
东周，"𡮃"读作"玺"

图 3.1.3
燕国长条形玺，右朱贞鍴

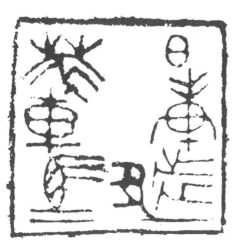

图 3.1.4
燕国方形大玺，日庚都萃车马

这一时期明确出现了以鼻钮作为钮式的主干，商代晚期和西周时期玉饰印章上出现了盘龙钮，印面趋向以正方形为主体印面，但是也有圆形、椭圆形和不规则印面。玺印也在这个时期有了明确的印台。

（三）育成期第三段

育成期的最后一阶段大约相当于东周时期。战国时期，对玺印应用的记载很多，而且已涉及当时社会生活的许多方面。在中国疆域的大部分省市，都出土了战国时期的玺印，加之传世玺印，数量已相当庞大。战国三晋、秦地出现一种小玺，单字，作"𡮃"，"𡮃"即后来的"玺"字（图3.1.2），它透露出了萌生期玺印的许多重要信息，即印体为块状，从侧面看较扁平，有微凸的钮制，使用的作用力向下，抑印在等待烧制的陶坯或泥封上，软泥被压后或陷或隆，形成人们可见的文字或图形。

战国时的治印材料已经比较丰富，金属、玉石、水晶、料器（又称玻璃器）、木、象牙、骨角等均有运用，以金属青铜玺印占据主导地位（以下凡未标明质地的皆为铜玺印）。战国玺印可分为北部区燕国玺印、东部区齐国玺印、中部区三晋玺印、西部区秦国玺印、南部区楚国玺印、西南区巴蜀玺印，印体艺术在诸区间则表现出不同的风格。

北部区燕国玺印，有下述几种：

长条形玺（图3.1.3），面长约6厘米，宽约1.5厘米，面常以朱文，印背常带细长的小柄；方形玺，边长约2.3厘米，面常以白文，坛钮很有特色，台阶形过渡明显，顶端是小鼻钮。

小圆玺，直径约1.5厘米。公印常以朱文，而私印常以白文，带小鼻钮或坛钮。

方形大玺（图3.1.4），印面有的长度超过6厘米，印面有朱文，有白文，从侧面看印体较扁平，有的为鼻钮，有的背后带管状空銎用以纳木柄；也有圆柱形小玺，印面呈圆形，直径1厘米或大一些，带坛钮。还有角觿印，在解结用的角觿下方，刻有印面。

自然雄健是本区基本风格。

东部区齐国玺印，有下列几种情况：

方陶玺（图3.1.5），砂陶制，面呈方形或长方形，边长有超过4厘米的，体呈柱状或台状，无钮。也有一种体为扁平状的，背有环状握手，像陶拍子。

旁凸玺（图3.1.6），边长1.5—4厘米都有，在上边或下边，或者两边带有一块凸起，估计为押画合符之用，从侧面看其身扁，鼻钮。

方形玺（图3.1.7），有的略呈长方形，边长2—3厘米。凡白文的，身扁，带鼻钮；凡朱文的，有身扁带鼻钮的，也有身稍厚而带管状銎用以纳木柄的。

　　小型玺，边长1.5厘米左右。用于私印，鼻钮为多，少量亭钮。

　　粗犷浑厚为本区的基本风格。

　　中部区三晋玺印（图3.1.8），有下述特点：无论公私印，印体皆以方形为主，私印有少量为圆形，印体一般呈柱状，少量呈馒头状。印面不大，边长不超过2厘米，有的仅几毫米。印台与印钮分界清楚，以鼻钮为主，有亭钮、鱼钮、鸟钮、猴钮等特殊钮式，见少量的带钩印（以往称为"带钩钮"，是不对的，它是实用具，柱上附有印文或图案）、角觿印等。基本风格精致灵巧。

　　西部区秦国玺印（图3.1.9），主要有以下若干种：陶玺，印面长方形，体为棱锥体；方形官玺，边长2.3厘米左右，有印台，稍扁，上有鼻钮，这种鼻钮与坛钮之上的小鼻钮并不一样，而是半环形较宽，这是对后来影响很大的钮形。半通玺，长方形印面，有印台，带鼻钮或小环钮。在战国秦私印中，有方形、长方形、圆形小玺，在印台上有桥钮、鼻钮、亭钮等各种钮式，有的印体无印台而呈馒头形，有的印体为柱状，也有带钩印、角觿印、戒指印。基本风格规整严谨。

　　南部区楚国玺印，主要有以下几种：

　　方形玺（图3.1.10），公印较大，边长2.5厘米左右。私印较小，以白文为主，边长1—2厘米。有的有印台，有的较扁而无印台，有坛钮、鼻钮等，有的坛钮的四坡面上有云纹刻花，这是后代印台装饰纹带以至薄意的先声。

　　圆形玺（图3.1.11），公印较大，私印较小，有的有印台，有的为馒头形印体，以鼻钮为主。

　　三拼合印（图1.1.38），分为三块，合为圆形，结合部带有榫卯，有合符功用。

　　本区也有角觿印、带钩印等。基本风格较接近秦，而稍粗犷一些。

　　西南区巴蜀玺印（图3.1.12），印体有方有圆，从侧面看较扁，也有呈馒头形，上有鼻钮。其基本风格与秦楚相近。

　　战国时期的玺印印体艺术，已出现丰富的品类与多样的风格，不但印面整体趋向方形，辅之以圆形、椭圆、不规则形，还有如三连珠印、四连珠印、心形印、折磬形印、双面印、五面印、臂钏印等。印钮出现了以鼻钮（覆斗钮、坛钮）为主的钮式，辅之以多种钮式，特别是以私印为代表的战国玺印有着非常丰富的钮式钮形。可以说，以印钮艺术为代表的审美追求在这一时期肯定已经出现。

　　育成期的印体艺术如春笋出土般生机勃勃，从印体到钮制，都在做各种表现尝试，之后的各类印体艺术，除款识外，几乎都能从其间寻觅到始祖

图 3.1.5
齐国方陶玺，陈□立事岁安邑亳釜

图 3.1.6
齐国旁凸玺，齐立邦鍴

图 3.1.7
齐国方形玺，右司马敀

图 3.1.8
三晋玺印，汪匋右司工，孙疾

图 3.1.9
秦国玺印，发弩，工师之印，段甲私玺

图 3.1.10
楚国方形玺，鄟室官鉨

图 3.1.11
楚国圆形玺，蘿之鉨

图 3.1.12
巴蜀符号印

体。而后印面以正方为宗，印面大小长期以边长2.4厘米左右为则，也在萌生期得到了相当的肯定。秦、楚玺印对后一时期印体艺术的发展，是最具影响力的。

二、古典期（东周后期至魏晋南北朝）

古典期时间跨度从东周后期，尤其是东周后期秦国，到魏晋南北朝时期，这时期的印体艺术趋向规整化，与印面艺术相似，本期也是古典玺印印体艺术的典范阶段。具体又可以分为三段：

（一）古典期第一段

大致从战国秦末期到秦朝，直至西汉是为古典期第一段，在上一期的后段，各国对玺印规制做出了一定的规定，实际上燕国、齐国、三晋、楚国在公印上都有各自关于印体的规定和习惯做法，但还没有全国性的规定。到了战国秦晚期，公印以鼻钮为主（其中有瓦钮的表达，主要表现在公印上），据东汉学者追溯，彼时已经有了明确的印制、印体、印钮规定，所以把印体艺术推向了有典则可寻的阶段。秦汉之时有了全国性官方规定的用印制度，是中国印史上的重要一笔，首先反映在印体的规定上。"汉承秦制"，秦享国年短，可以从汉制而溯寻秦制。据《东观汉记》《汉官仪》《汉旧仪》等文献记载：皇帝玉玺虎钮，皇后金玺虎钮，诸侯王黄金玺橐驼钮，皇太子、列侯、丞相、太尉与三公前后左右将军黄金印龟钮，中二千石银印龟钮，千石至二百石以上铜印鼻钮；还有皇帝六玺，皆白玉螭虎钮；皇后之玺，金螭虎钮；并有"方寸玺""方寸之印"。而一些低级官吏用半通印已成定例。

此时公印的印体大致有三种，一种是方印面（图3.1.13），边长约2.3厘米，印高略小或略大于印边长，此印边长，合汉制一寸，这种公印，不仅是秦汉公印的主体，也是当时玺印中的主体；一种是所谓"半通印"（图3.1.14），其边长与前述方形公印相当，而边宽则窄之，有的约相当于边长的一半，也有的超过边长的一半；还有一种是巨印，印面边长有超过6厘米的，印面有方形、长方形，侧面看较扁平，此为烙马印。近年也发现石质、陶质的抑陶器印。

除南方一些省出土的秦、西汉早期随葬非铜质公印外，所见公印（包括金、银、铜、玉、玛瑙等质地）的基本风格是很一致的。

此期的玺印大部分有印台，少量巨印与私印呈扁片状，无明显印台。公印的钮制已很规范，龟钮、鼻钮、瓦钮为最常见钮式，其他还有少量龙钮、螭虎钮、蛇钮、桥钮、鱼钮、驼钮、羊钮等。鼻钮是继承战国秦玺而延续下来的钮式，瓦钮、桥钮是鼻钮的变体。龟钮是西汉时兴起的最重要钮式，西

图 3.1.13
秦"右厩将马"

图 3.1.14
秦"敦浦"

汉时的龟钮，颈缩壳内，全身刻画精巧有神，背壳较扁平。龙钮目前只见西汉初金质"文帝行玺"用之，蟠环矫健；螭虎钮在西汉初"皇后之玺"玉印、西汉墓无字玉印、甘泉东汉墓无字玛瑙印上都有见到，寓刚于柔，形态憨厚，残条圆润，通体闪光；蛇钮见西汉时期金质"滇王之印"和西汉早期"彭城丞印"；鱼钮仅见于汉初半通印上，造型古拙。

此期的私印形制不受规定的约束而显得繁复多样，有大有小，以方形印面为最多，还有椭圆形印面、圆形印面、长方形印面、三连珠形印面、四连珠形印面等。私印除用铜外，也有木、石、玉、料、玛瑙、水晶、珊瑚、金、银等。私印缤纷多样，显然不受典则影响，这是实用玺印艺术充满构想和创造的阶段。

（二）古典期第二段

大致属于新莽时期到东汉，这一阶段时间跨度不大，但极富特色。以公印和部分私印钮式为代表，进入古典玺印极精的一个时期。

公印印体延续前期，除鼻钮以外，最具有典则意义的还有龟钮、龙钮等，另外民族地区使用的驼、羊、马钮在这一时期开始出现。新莽时期的龟钮，颈稍出壳，背中部隆起；东汉时的龟钮，头颈伸出微上翘，壳呈馒头状，龟钮在后一时期继续发展。蛇钮印有东汉早期金质"汉委奴国王"印等，有的盘桓绞缠，具有神秘感；有的首尾翘起，似游蛇骤停之状。公印中的民族用印，有驼钮、羊钮等，造型比较圆浑，都呈跪踞状。

私印用钮情况则丰富得多，公印曾用的鼻钮、瓦钮、桥钮、蛇钮、鱼钮等在私印中都有出现，此外私印用钮还有小鼻钮、环钮、狮钮、辟邪钮、鹿钮、象钮、熊钮、蛙钮、鸟钮、泉钮、盘龙钮（为一种龙腾起较高，在空中形成环形的钮制）、小柱钮、亭钮。私印中，有与实用器结合一体的，如臂钏印、带钩印、戒指印、角觽印。这些基本上是战国遗制，在东汉以后呈减少趋势。私印中的玉、玛瑙、料印上，见覆斗钮、埴钮、鼻钮。私印中，印体除单面者外，还有双面穿带印，龟钮二套印、三套印（最外是一龟壳，中为一子龟，如是三套印，则子龟内夹一块状印），辟邪钮二套印、三套印（最外是一只母辟邪，中为一子辟邪，如是三套印，则子辟邪内夹一块状印，极为精美），熊钮二套印（最外为熊钮印，内含一块状印）。在玉印的印台边上、覆斗钮的四坡上，有的见刻画云纹。有的在金属印台的四边雕有四神四灵图纹，有人把其归为肖形印或画印五面印（加底面），但将其作为印体的装饰似乎更为妥当。传世极少数的东汉私印边墙上出现纪年款。

古典期公印印钮制作严整不苟，以外观就能明确地示以身份等级，其肃穆的品格与官方气派是一致的。在私印印钮的制作使用上，有延用公印的正统风格，但更多的是无拘束、风格各异的创制，比如辟邪钮子母二套印，辟邪母子相互依偎，母护子、子拱母的亲情真挚感人。这时的印钮，大多已是较成熟的圆雕作品，表现了艺术追求的自觉性。这时的印台或覆斗钮的四坡上，有圆熟的线雕图案出现。古典期的印体艺术，表现出比前一期更为成熟的气象。

（三）古典期第三段

大致相当于东汉后期到魏晋南北朝时期。东汉三国而后，社会经历了大动荡，中国文学、艺术的许多方面，也经历了蝉蜕龙变般的由扬弃、动荡到创新的过程。从东汉末期，印章艺术便处在涣解之中，古典期后段的印章体制、钮式也反映了这一特点。公印中鼻钮还大量存在，但龟钮进入衰疲时期。而私印大量减少，私印上除了个别的套印、六面印已经看不出更多的创制。

曹魏、晋、刘宋、南齐、梁等朝皆规定了职官用印的质地与钮制。在沿用龟钮的同时，梁朝又规定：关外侯银印珪钮，诸县署令、秩千石者、州郡大中正、郡中正铜印环钮，诸县尉铜印环钮。到了陈朝，规定：皇帝行玺、皇帝之玺、皇帝信玺白玉为之，方一寸二分，螭兽钮；天子行玺、天子之玺、天子信玺并黄金为之，方一寸二分，螭兽钮。皇太子玺黄金为之，方一寸，龟钮。诸侯印绶（直至）七、八、九品得印者，金银章印及铜印，并方一寸，皆龟钮。四方诸藩国王之章，上藩用金、下藩用银，并方寸龟钮，等等。这是在制度上，有了明确的尺寸记载。

公印印体大致有两种，一种是继承了前期的方形印，边长2.3厘米，但印高已大于印长。到了南北朝时期，印体的情况发生了很大变化，北方的印体变大变高，有的边长已达3厘米左右，而南方的印体却维持原大或变小，有的边长仅2厘米左右。一种是新起的方形大印，这是南北朝晚期的新创制，见北周的"卫国公印"（图3.1.15），南齐的"永兴郡印"（图3.1.16），从侧看体较扁。

本期私印锐减，这与战争频繁、人口剧减有关。私印仍以方形印面为多，也有少量圆形印面。十六国在西北有小印章。

本期的印章都有印台，魏晋至北朝，印台的高度一直上升。公印的钮制比较规范，也是以龟钮、鼻钮、瓦钮等为最常见形式。其他还有民族用印的驼钮、羊钮、马钮等，在朱文大方印上设块状钮。鼻钮在本期加高加厚，上面由弧变平，可能在文献中称作"珪钮"。龟钮持续变高，头颈上翘长长伸出，四足直立，龟壳纹刻画很细，无生气。民族用印中增加了马钮新品种，驼、羊、马钮皆比前期刻画要细致。私印由于数量剧减，过去的大量钮式品种趋于消亡。在方形印中，仅剩龟钮、鼻钮存在。圆形印用小鼻钮。在本期早期，还见有精美的辟邪钮二套印、三套印，龟钮二套印、三套印。本期创

图 3.1.15
北周"卫国公印"

图 3.1.16
南齐"永兴郡印"

制了上凸六面印，其成为主要流行于南方的一种有特色的印体。在北周时期，出现了十八面体煤精制"独孤信印"，成为仅见的特殊印式。

这一时期的印体艺术与印面艺术一样，表现了对古典期传统的扬弃。应当说，本期的印体比例、印钮造型等方面，都给人以一种散漫的"丑"感。正因其"丑"，其与印面文字艺术的涣解一起宣告了古典玺印走到了尽头，而艺术规律却呼唤着后来者。

第二节　实用印章后段的印体艺术

本段的时间跨度从南北朝末期到隋唐宋元明清至今，又分为变造期与定式期。从印体艺术看，这一大段，尤其是定式期，为印体艺术的繁荣与发展打下了基础。

一、变造期

变造期的时间跨度，如从出现大型朱文方形印算起，则从南北朝末期到隋唐五代。经过了前一时期古典玺印艺术的涣解之后，此时的印章完全开以生面，与前段有了明显的区别。

（一）变造期第一段

变造期的第一段包括从南北朝后期到隋唐的印章，数量不是很多。此期印面面积比上一期大了许多，大约放大四倍，印台明显，印钮样式减少，主要是鼻钮发展为碑形的钮，也见有蹲狮钮，钮的下部有穿鋬，龟钮极少看到。隋代公印出现明确的款识，但是这时的款识文献意义大于艺术意义。

隋享国年短，其用印的制度规定不甚明了。依历史旧例，唐代也有对公印的制度规定，如天子有传国玺及八玺，皆以玉为之。而其余公印，绝大部分以铜为之，极少量以陶石为之。《金史·百官志》曾云：唐有朱记，方一寸，铜重十四两，直柄而薄。

本期公印印体大致有两种：一种为方形铜印，其边长达5厘米以上，从侧面观印体较薄；一种为方形陶印，烧制前刻好印文，内容常为州县名，无钮，有的双面有印文，与铜印的大小、文字很像，为随葬用印。

私印很少见，新疆古城址中有本期的一些小印，体薄，印面或方或圆。

本期公印有薄印台，印台上有鼻钮，此时鼻钮已呈块状。前蜀国王建谥宝为龙钮玉印，为此时特例。

（二）变造期第二段

变造期第二段大致为唐末到五代北宋初叶，印章的存世数量也不多。这时的印体艺术在前一段的基础上发展，但是明显没有创新与创造。

公印印面有正方形、条形，尺寸大小变化较多，钮式由碑形钮转向块钮发展，顶部渐渐由弧变平。到北宋时，钮式中部开始失去穿銎，这是印章鼻钮系列的显著改变。北宋时期，印背上大量出现刻款，其内容有记时、记印面内容、记颁发单位等。

本期私印仍不多见。所见者面型与公印相近，仅能表现此时私印的部分风貌。

就这一期的印体艺术而言，是缺乏动人之处的，这与印章的实用性先行有关，公印的台、钮都朴素无纹，而私印又绝少见，看不出其风格。如前所说，这时期得以肯定的大方形朱文公印，为后世的公印开了规范之先河。

二、定式期（宋至近现代）

定式期的时间从北宋到现代。从公印上来说，制度成为定式，从鼻钮、碑形钮发展成印把子，款识在继承隋唐的基础上更加明确了文献上的作用。就时间来说，这一时段也是流派艺术印章蓬勃发展的时期，因其特殊性暂不考虑艺术印章的分期，具体内容置于后节详述。

（一）定式期第一段

大致从北宋直至元代末年。这一时期在地域、时间上有一些交叉，北宋一些公印的风格可划入上一期，而南宋印又直接继承北宋印。从印章艺术综合观之，此期有代表性的印章出现于金国，还包括西夏印、辽印及元代印。

本期各代皆有关于公印材质、钮制、尺寸方面的规定。以金制为例："大金受命万世之宝"径四寸八分，厚一寸四分，盘龙钮，钮高厚各四寸六分半。"宣命之宝"金玉各一，径四寸二厘，厚一寸四分，钮高一寸九分，字深二分。其余还有诸司百官的一些规定。

公印基本为方形或略呈长方形的块状印，宋代较规整。西夏有圆角印。到元代则大小不一，晚期以及元末农民起义用圆形印，这种圆形印开创了自民国而后公印用圆形印的先河。南宋"壹贯背合同"锭形面印（图3.2.1）、元条形烧钞印都是特殊用途的公印。

私印在一定程度上对古玺印传统进行"复兴"，数量虽不是很多，但品类很丰富的印章相继出现。有方形印面的铜印自北宋起始见，而后各代延续，有南宋的木制、玉石制方形印面印。有自宋开始而到元代大兴的押印，这种印以长方形印面为基本轮廓，印面做出令人眼花缭乱的种种变化，这种变化直接关系到印体。夏、元等朝代有圆形印面印。

图 3.2.1
南宋"壹贯背合同"

公印印体较大，都有印台，其钮式的称谓很多，如鼻钮、块钮、扁钮、长方钮、枕钮、橛钮、柱钮、印把子等，基本是从早期鼻钮变化来的。北宋之前钮上还带孔，南宋之后这孔渐渐失去，夏、辽等朝代印上扁平钮也有带孔的。公印的钮式非常简单，只求实用。私印印体一般较小，凡姓名印多有印台，花押印有的无印台，其钮式除了环钮、鼻钮等常见形制，也有丰富多样的钮式，有扁平的手捏式钮、兽形钮、二台或三台钮、人形钮等。

在北宋的公印印背，有楷书刻款，内容为铸造年号、铸造官署、供确认印面方向的"上"字等，到了辽金时期，在公印印背的刻款里还增加了印面文字内容、编号等，并将部分刻款移到印台一侧。

如果说前一期完成了印章主要的方面，即实用的公印印体的变大，由白文改为朱文，钤用方式由泥封为主改为油朱抑印为主，等等，那么印体艺术方面的更变则主要以本期为发端。如果说公印印体、用字、抑印方式的更变是对古典实用性巨印的某种复兴的话，那么，本期私印，尤其是元押印，无论其印体、印钮、图文，就都可视为对西汉以前小型玺印的某种复兴。在本期，先后出现了米芾、赵孟頫、王冕等著名印人，出现了吾丘衍这位印论的开山者。可以说，本期是印面艺术、印体艺术、印学论述都开崭新面貌的时期。本期的实践，为文人流派印的勃兴奠定了基础。

（二）定式期第二段

大致相当于明清时期。明清是中国古代社会的最后阶段，就政治制度而言，也是古代社会集大成的阶段。在公印制度上也体现了这一特征。

文献记载，明清均有关于公印质地、用字、钮制、尺寸的严格区分。如明制：内阁印，银印，直钮，方一寸七分，厚六分。将军印，皆银印，虎钮，方三寸三分，厚九分。监察御史，铜印，直钮有眼，方一寸五分，厚三分。其他品级公印还有印台分层的区别。此外还有关防使用的规定。如清制：皇帝用玉玺，称玉宝。后妃，金宝。亲王，金宝，龟钮。郡王，饰金银印，麒麟钮。属国王，饰金银印，驼钮。公侯伯，银印，虎钮。衍圣公、宗人府，银印，直钮。经略大臣、大将军、将军、领侍卫内大臣，俱银印，虎钮。办理军机事务处，六部，俱银印，直钮。

明清时代公印大体有两种：一种为方块形，另一种为长方块形或是条形。印钮以直钮（又称印把子）为主，印把子由扁平块状，发展至椭圆柱状，最后发展到圆柱状，公印的基本钮式之一——鼻钮，经两千余年发展到此，已与祖型毫无相似之处。皇帝玉玺用龙钮，龙形肥壮，贵族用龟钮，此龟钮与前段龟钮毫不相涉，它长角，腿边附翅，刻画细微，麒麟钮类龙钮而稍小，虎钮圆浑雄健。本期公印的印体不能代表印体艺术的水平，而只能在私印（其中有大量文人流派印，于本章的第三节进行讨论）的印体中寻觅其代表。

这一时期实用印印体艺术总体上是沿着前段印钮演变，从帝王、诸侯印来看，钮式繁复，以龙钮或者龙龟合一的钮式为代表，种种形态并不少见，但是艺术品格显得细巧庸俗。

（三）定式期第三段

实用印章的最后阶段为民国到新中国成立。这一期最大的特点就是除了印面规定、印台肯定、款识佳，不再做什么艺术创造。公印的印钮皆为印把子，没有特殊的艺术造型，一切以实用性和严肃性为第一。

第三节　文人流派印的印体艺术

文人流派印区别于实用印章在于以艺术表达为第一性，实用为第二性，这点在印体艺术的创制上也表达出来了。根据其发展分为以下几个时期：

一、史前期

史前期相当于古代实用印章从出现到唐代，前面已经叙述过，这里不再做扩大的研究。这时印章的艺术成分实际上相当于中国古代实用印章中的实用成分，目前对此缺乏研究。印章作为实用物，其形态必然符合当时的审美需求。历代实用印章展现了不同的审美品质，如各呈风姿、古意深邃的战国玺印，广博丰厚、严整肃穆的秦汉玺印，尖锐凌厉、萧散随和的魏晋玺印，如此风姿各异，为后世流派艺术创作所吸收。

这种艺术与实用的结合是工匠无意识的创造，不是艺术家刻意为之，有一种古朴、朴素的美学意义，故将从印章起源到唐看作艺术流派印的史前时期。

值得一提的是，在古代玺印的前段不自觉地产生了印章艺术的地域特性。就印体艺术而言，有北部区燕国玺印自然雄健的风格，有东部区齐国玺印粗犷浑厚的面貌，有中部区三晋玺印精致灵巧的制作，有西部区秦国玺印严格规整的气象，有南部区楚国玺印严整而又粗硕的作风，这种地域性区别延续到西汉，直到宋、辽、金、元时期的印章，仔细分析，其印体处理也有地域性的不同。这些地域性的区别，视为印体艺术的流派区别，也是可以的，但与自觉的流派创作当然有本质区别。

二、凸显期

凸显期时间从宋到元，又可以把宋看作一节，金元看作一节。尤其金元时期的押印是一种奇葩式的表达，押印虽有一些是有公印性质，但大部分还是私印作用。这从精神上、技术上为以后纯私印中的印体艺术发展做了充分准备。

文人治印始于宋代苏东坡、米芾等人的印论与治印实践。直至元代赵孟頫、吾丘衍、王冕的创作与印学理论，可以说这一时期出现了有意识的艺术印章创作。元末王冕以花乳石治印，印体艺术也获得了长足进步的契机。款识也有了一定的艺术创作，如南宋张同之私印有篆书刻款"十有二月，十有四日，与予同生，命之曰同"。

三、发达期

发达期大致为明清两代。就中国玺印文化或印章艺术而言，本期是一个空前的时代，中国玺印彻底完成了实用系与艺术流派系的分裂，印面艺术性明显地偏于艺术流派印。印体艺术进程与印面艺术大致同步，亦在本期表现出空前的繁荣，在清代达到一个高峰。可刻意分为两节，明一节，清一节。明代非常醒目地在私印和文人创作印上出现了和公印完全不同的钮式。清代则是印体艺术最发达的时期。

明代文彭等人选用青田石治印，石制印材，尤其是叶蜡石，迅速上升为最重要的印材。这种变化，除了导致流派印蓬勃地发展，也使印体艺术获得了长足进步的契机。此时在印面上，仍以方形为宗，但圆形、各种图形（如鼎、葫芦、叶、心、连珠等）、随意形（不似某种具体物，而随石块平面自然形）都已出现。印台迅速增高，有的印台呈柱状之后不再设印钮——这种印体逐渐发展为主体；随形印体出现并增多——这种印体取石块的自然形。印体的大小随意，小可几分，大可逾尺。印体的选择与石质石色甚至手感都结合起来，印体尽可能多地显现材质佳处。此时的印体之上，不仅有人为增饰的美感，还要求成印的获得者再一次投入创造的慧眼，去端详并指出深层次的美学价值。

印钮是印体艺术的最重要部分。明代中期，印钮题材逐渐以狮虎类为主，其狮子阔鼻大口，神态粗拙，耳鼻口眼施刀线条硬直；虎钮头如鳝鳅，较坚挺，身上线条较直，尾部随后拖曳。到明代中期之后，石质印体艺术中明显出现了写意与写实的流派分野。写意的狮钮往往几刀简单雕出，重神韵而不重形似；写实的螭虎钮则施刀繁缛，力求毕肖地表现盘桓的螭虎形象。

薄意是本期印体艺术的重要创制。这是一种浅浮雕，在印体上雕出人物故事、花草、竹木、山水风景等。明代薄意作品不多，且为一些大件作品，主题常为山水风景，施刀简练，刀痕不掩，刀法粗犷。

款识，这是借用金石学的一个词，凹入阴文为款，凸出阳文为识，在印章中又称边款。这在过去，因边款与印面的作者常为同一人，常将边款与印面艺术或印人一同论及，或单述边款艺术。实际上，它也是印体艺术的一部分，并不属于印面艺术。

就款识艺术而言，按理对其研究别派要明晰方便一些，因为作者各已归属不同的印面艺术流派，但实际情况并不如此简单，款识艺术往往表现了更具个性的艺术特色，这也是款识风格有时与印面艺术风格并不一致的原因。

明代款识流派以文彭、何震为代表。文彭一派，先墨书石上，再双刀刻款，此时款识一般不长，名号年月而已，基本体现书法风格，圆润柔美，后来作者还有汪关（图3.3.1）、文鼎、程邃、苏宣（图3.3.2）等。何震（图3.3.3）一派，用单刀刻刊，风格劲健，虽然仍依墨稿，但已用刀尖入石表现之，于是开始与书法的书写笔意相脱离。这种做法对以后的各流派影响极大，说各种流派源自何震的创制亦未尝不可。

清代以后，印钮、薄意、款识种种又有新的发展。钮式上，到清乾隆左右，狮子各部位线条流畅顺滑，神态憨厚；虎钮头部变大，清中期时，虎头后顾，身如曲弓，四足高低盘踞，尾部绵柔盘桓，虽强健不如前段，但灵秀却有过之。清前期石质印上出现了龙钮，一般描写雄健的蛟龙出没云水之间，成为印钮的主题之一。印钮在明时，全为圆雕，到清中期之后，出现了有背的高浮雕，从清末民初起，出现了透雕。清初，有些印章着意模糊印台的界线，将钮式的一部分下延，梅桩钮即为这种做法。

清一代，名家高手辈出。各地形成了雕钮的不同流派，并有系统的制法口诀和一些制法画谱传世。在印石印钮的布局上，明清之际其钮的最大直径与印台基本一致。清代初叶，出现了杨璇、周彬两位印体艺术巨匠，他们对寿山石印体艺术的发展做了开创性的贡献。

杨璇，字玉璇，别名玉璿、杨机、杨几、杨玑等。清康熙时福建漳浦人，久居福州，工人物、兽钮，周亮工曾誉其作品为"鬼工"。朱彝尊《寿山石歌》咏其："是时杨老善雕琢，钮压羊马麕麚羬。"《观石录》中推崇他所制钮为"韩马、戴牛、包虎，出匣森森向人，盘礴尽致，出色绘事"，将其与画史巨匠韩幹、戴嵩、包鼎等相提并论。《后观石录》中介绍他的一件作品时说："一葡萄钮，一瓜钮，其钮为杨璿所制，葡萄、瓜俱纯灰色，独取其白色而略渗微红色者为枝叶，其叶中蠹蚀处，各带红黄色，浅深相接，如老莲画叶然，且嵌缀玲珑，虽交藤接叶，而穹洞四达，真鬼工也！"其作品或入宫廷，或藏于显官，于当时就被奉为至宝。从流传至今的杨璇制钮来看，其能充分利用石形与石色，刀法古朴，人物传神，动物灵巧如生，在隐蔽处刻行书或草书"玉璇"二字款。

图 3.3.1
汪关款识

图 3.3.2
苏宣款识

周彬，字尚均，清康熙时福建漳州人。他成名比杨璇晚，一说为杨之弟子。据传曾被招为御工。他制的印钮，大处着眼，小处落笔，如云龙钮，其上部灰田部分雕行龙于天，灰田与田黄结合部饰海水及锦绣。其他人雕龙钮往往在印台上顺四方形摆布，而此钮呈对角形，巨龙生气勃勃，出没于云水之间，其鳞片层层相缠，云水纹、龙须皆飘若游丝，一毫不乱。他所制盘螭钮浑厚自然，性格鲜明，其作品的风格论古朴不若杨璇，而华茂却过之。他的作品常在钮下或花间作八分书"尚均"阴文，也见在云水间藏小篆书"尚均"阳文，外带圈如小玺。

稍后传杨璇一派的有王裔生、魏开通等人。另昆陵人张鹤千的作品，也传杨璇的艺术风格。

清同治、光绪年间，福建侯官（现闽侯县）人潘玉茂（小名和尚），学尚均法，喜作深刀雕刻，对印钮、博古、薄意以及开丝、雕边等，均有很高的艺术造诣。因久居福州西郊凤尾乡，人称其艺为"西门派"，尊潘玉茂为"西门派"鼻祖。这一派自清代晚期至近现代，在印体艺术创制上的代表人物有：陈可应，精薄意雕刻，清逸流丽。林清卿，为了提高薄意制作的艺术水平，他刻苦研究中国画艺，取得了"因材施艺、巧掩瑕疵"的重大成就，《寿山石谱》中称赞他的艺术"精巧绝伦，真能用刀如笔，在杨、周二家，别开生面"。林文宝，刻钮取材广泛，兽钮气魄雄伟，面略呈方阔，博古钮做青铜图案，古雅深湛，陈子奋《颐谖楼印话》评其钮制"狮虎鱼龙，绝肖古刻，博古仿佛于钟鼎彝器之纹，尤以印顶尖圆斜扁之不同，依势肖形，俱能契古"。陈可铣，钮制以仿古闻名，常保留原石形做印台，喜做滚身软螭、戏球狮钮，皆栩栩如生。

也是在清同治、光绪年间，福建侯官人林谦培刻印钮、博古印、海兽，圆浑有力，晚年积平生得意之作，拓描成谱，传弟子林元珠，人称其艺为"东门派"，称林培谦为此派开山鼻祖。这一派在印体艺术创制上的代表人物有：林元珠，中年客居达官处，得览清宫藏宝图录及古名家真迹，眼光技艺皆大进，制螭虎穿环、飞鳌等钮制，筋力道健，行刀流利，精致活泼。林元水，善制飞鳌印钮，钮上云水须鳞，皆以刀尖开丝，接连不断，精巧绝妙。郑仁蛟，集青石雕刻、龙眼木雕、泥塑木偶、牙雕等技艺于一身，开印体雕制之新生面，创作题材极为广泛，作品以构思新颖、善敢俏色著名，他的弟子众多，冠于同行，其在设计思想上，有"一相抵十工"的名谚传世。林友清，擅长制印钮、薄意、浮雕等，他的薄意华丽雄健，与浮雕常结合为一体，有纵深层次。黄恒颂（小名香俤），善制动物钮，曾雕九螭穿环印钮，刻九只辗转盘桓于四个活动环之间的螭虎，轻轻转动，印钮即铿锵作声，构思精绝。

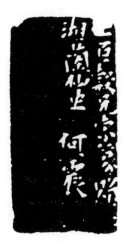

图 3.3.3
何震款识

青田石印体艺术的别派还需做细致的分析，寻其典型风格，找出代表性人物。就目前看，有写实与写意两种不相同的风格。写实的作品表现于印钮中的动物、人物，薄意中的自然景物。它们的结构比例、动态神情、生长状况，甚至利用天然俏色，对实体进行逼真的模仿描刻，有的钮制与薄意极为精致，这种写实有时也能突破石色的束缚，大胆利用石色比例分布，创制出对比强烈的钮制、薄意或浮雕印体。写意的作品表现于印钮中的动物等形象，其刀法洗练，线条简洁，不求细节的真实而注意传神，龙钮、狮钮为其代表作。近年创制的无印台寿星头印钮，其面部微笑慈祥，头部以下浑然化入石体，不再留其他描刻，详略分明，是局部写实与整体写意结合的作品。

北方以北京、陕西一带雕制印钮为代表，其风格全不似南方，雄浑厚重，但内容题材不是很广泛，仅以龙、狮、八仙、俑等造型为主，有的过于简约。

薄意的作风到清初始有转变，因为印石的广泛应用，相石水平亦不断提高。清代之后，钮式中常用俏色。因为有些石材过于珍贵，如昌化鸡血石几乎未见有治钮的，田黄等材也大多仅施薄意，以减少材料的损失。而到清嘉庆、道光之后，薄意才最终形成温润含蓄、远近分明、层次丰富、布局合理的风格。题材也趋向多样化，人物故事多截取戏曲、小说唱本、神怪传说的情节，花鸟竹木常寄寓某种民俗意趣，山水风景总仿自中国画的布局与笔法，不少作品成为传世佳作。到清晚期，有些薄意作品从附丽于自然形石印材（这与玉石雕山子传统有关），转而在方形印材上也有雕制，有些薄意作品与圆雕、高浮雕作品结合。在明清之际，薄意作品的印石俏色利用往往更为成功。同样，由于对昂贵印材的珍惜，艺人们在名石（如田黄）上只略舞几刀，做出独特的随形云纹薄意等。在清末，艺人们受青铜纹样启发，又创制了硬线条的薄意作品，形成有特殊意趣的博古头（图3.3.4）、云纹、锦纹、蔓草纹、各种几何纹带等图案，轮廓刚直的线条与线条之间阴阳凸凹的圆刀效果相映，使薄意艺术从具象走向抽象。

线刻在印体艺术上的使用，汉印边墙上曾有，而真正发展起来大致在清中期之后。它不取浮雕效果，而以阴刻线条表现人物故事或自然风物，它与款识中的造像也不同，没有凸凹鲜明的黑白效果。线刻在印体上的施用应当是很有前途的，但至今佳作并不多见。

款识流派上，"西泠八家"之首丁敬，在何震等人实践的基础上开以新面目，他往往布局在心，不落墨稿，随手镌刻，创"倒丁法"，其后真草、隶、篆、碑碣造像，无一不可入款。诗词散文、笔记心得、雅集游历，依边款而记录，使之成为内容丰富的艺术。有人评价其款识艺术水平要高于印面艺术之水平。"西泠八家"中的其他七位，面目虽有相近之处，但细加品评

图 3.3.4
田黄石，博古头

似有文质之分，蒋仁、黄易、陈豫钟、赵之琛的作品与丁敬相去远一些，他们比较注意章法，行气贯通，结构寓停匀于刚健，扑面有较强的书卷气息。陈鸿寿、奚冈、钱松的作品比较质朴，不避疏涣，字体强劲，具有一定的金石气息。以"西泠八家"为代表的浙派其他诸家，如金农、郑板桥、杨澥、翁大年等，也是刻治款识的好手。其他流派，亦不外纳入上述的或文、或质的范畴。

款识之制，与钮式、薄意等相结合，亦最终规定了印章前后、正背的方向关系，标志了中国印章艺术的成熟。

发达期是印体艺术发展的最为重要的时期，它与新的社会力量（如明代市民阶层兴起）的出现、文人艺术的蓬勃发展、最佳印章材质的肯定等因素都有密切的关系。印体艺术在这一时期，对历史上各期优良传统的认真总结与继续，为一次"复兴"；也是印人工匠投入了充分热情与刻苦构思的创制，使之出现了繁花似锦的局面。

四、繁盛期

自清朝后期开始，中国艺术印章的创制进入了全面繁荣的时期，一直延续到现在，印体艺术蓬勃发展。这一期不再分节，就其印体艺术本身，钮式、薄意和款识没有达到以前的高度，印钮的实用价值大幅度减少，但品种大大增多。繁盛并不是说艺术成就最高，而是品类多种多样，印坛名家辈出，风格各异，各自擅长。

邓石如、吴让之所作印款，反浙派之道而行之，远承文彭，然不用双刀深刻，常以单双刀结合，浅刻创制，在印体上落以墨稿，以行、草为主，兼有篆、隶，行刀灵巧多变，挪让连属，款识婀娜多姿。他们以刀代笔而又不露刀痕。当然，这样仅仅做到了肖似书法作品而缺乏金石味道。

赵之谦、吴昌硕大胆吸取多种金石营养，融金文、石鼓、秦诏版、汉铜铭文、汉画像、汉摩崖、魏碑碣、北朝造像等入款识。他们有时落以墨稿，有时随手刊就，气势磅礴，雄强超迈。以"西泠八家"为代表的浙派款识，他们从已陷入困惑的笔墨书法中走出来，努力靠拢金石碑碣，再结合浙派所开创的刀法章法，终成大气象。比之邓石如、吴让之辈，浙派款识则力纠其披靡，取其局部精到之处，而不影响其章法。再细加考究，吴昌硕对艺术营养的吸取和溯源，比赵之谦更为宽博久远些。这一派对后世影响极大，惜难有人能痛吮真髓，全袭衣钵，故见一些艺术大家治款识，也不免如赵古泥之程序化、齐白石之过野质。当然赵、齐的款识，也是高于同时代之人的。

黄牧甫对印章艺术有其独特的见解，对印面艺术的创制即孤翔无朋，其款识也是如此，他虽吸取了浙派、赵之谦款识艺术的部分营养，但总的面目是我行我法，独开一派。其用单刀薄刃作魏书款，字体取势倾斜，右角上挑，结字宽扁，洒脱奔放，又好做长篇大论，融印学的独到见解于内，使观者如临急风大雨，不能不受其沐，然而面目比较单调，传其风格的有黄少牧、易熹、金禹民等。

款识艺术发展至今天，刻苦创制、求开生面者不在少数。究其表现形式，无非是仿笔墨书法与背离笔墨书法二路，而后一路占大多数。究其章法气质，无非是或文（较多书卷气）或质（较多金石气）两面目，而后一面目（较多金石气）占大多数。而今有些作惊人骇世之姿，创巨刃摩天之像，但因全无书法或金石营养，终如草腹巨人，恐难长久站立。还有些将微雕艺术引入款识创作，在狭小的平面上，千言万字，精则精矣，谁其视哉？须发、牙米何其多耳，皆为印体之上炫其能者。

印面艺术流派久已为人们所熟知，如皖派、歙派、浙派、邓派、吴派、黟山派，还有如吴门派、泗水派、娄东派、扬州派、林派、如皋派、云间派、莆田派、常熟派、齐派等。这些流派别开生面，自立门户，在竞争中融合，为印面艺术的发展做出了贡献。与之相比，印体艺术的流派分析就显得不够了。究其缘由，是印体艺术的作者与印面艺术的作者不一样。印面艺术的作者文化造诣较高，艺术实践的面也较宽，艺术的个性意识较强，开宗立派是创作的动因之一；而印体艺术的作者，往往是精湛专一的工艺美术匠师，其作品常常并不先考虑个性表现，而先考虑作品为他人接受的程度。所以，口传师承，不自觉地形成流派。印坛名匠辈出，创造了蔚为壮观的美景，中国流派印体艺术作为绮丽的东方艺术亦为人所关注。

浏览一遍印体艺术的发展历程，点染一通印体艺术的物质载体，欣赏一下印体艺术的各种表现，人们会惊异地发现，印体艺术的历史是多么漫长，在实用与审美有交融又有分离的运动中，它的历程多像一首悠远而震撼人们心灵的歌。实用器物——印章，被赋予审美的要求，而这种要求不断得以实现与加强，又导致了与实用性的分离，最终它迈进了纯艺术的殿堂。人们会惊异地发现，它的选材是多么宽泛，或自然，或人工，或矿物，或生物。可以这么说，选取这么多物质材料来进行创作的，恐怕只有印章艺术（包括印体、印面艺术）一门。人们会惊异地发现，印体艺术的艺术语言是多么丰富，有平面的、立体的，有平面与立体相结合的，或含蓄，或明快，或文雅，或质朴。有的兽钮虽以单体，但依其本身神情而使人感觉到它正奔驰啸叫于广阔无垠的大自然间；有的故事则群体出现，画面虽以静置，然人物如呼之欲出，故事如不断发展着；有的款识则似融法书墨迹、钟鼎摩崖精品于方寸之间，使中国文字艺术增添了表现形式。上述只是人们对印体本身的欣赏，如果放开眼界，拓展内涵，自然会发现印体艺术是个巨大的宝库，人文的、艺术的，乃至自然科学的许许多多珍贵遗产，都凝聚在印体艺术中。

印体艺术是善于借鉴其他艺术成就的艺术，又是包含多种流派于一身的艺术，更是随着时间推移而不断发展的艺术，其动人之处，正在于有着蓬勃旺盛的生命力，在于对美的执着寻求。凡是具备民族性的艺术，也具备世界性。中国印体艺术在世界艺术海洋中是一份独特的珠宝，是人类艺术遗产的组成部分。当今的印章艺术创制者、爱好者，玺印文化的研究者有责任总结其发展规律，推动它的愈益美好的发展，这就是笔者呈献这部拙著时，所热切期望的。

中篇　中国印章材质

中国印章艺术流传久远，内容丰富，是一种使用和欣赏者众多的传统民族艺术。根据印章艺术所具有的实用性与艺术性相结合的特点，又可称为"中国玺印文化"。

中国玺印文化，或者说中国印章艺术具有其独特的载体，可分为间接与直接两大部分。印面文字或图形的传本可视为间接载体或间接附丽物，而印章的物质本体可视为直接载体或直接附丽物。

从玺印发源起，人们就不断摸索用何种物质材料更利于制作与使用印鉴，同时更能体现其艺术美。在相当长的时间内，青铜作为最重要的印材，这很大程度上是源于青铜本身的经济适用性，在古代社会青铜就是国家货币的原材料，其开采与冶炼技术最为成熟。当然，古代玺印作为一种艺术的表现形式，其印体材质的选择也是多方面的，金、银、玉、石、骨、角、牙等材质的玺印不断地在考古工作中被发现，这不仅丰富了古代玺印印体材质的形式，不同材质的印体也说明了古代玺印艺术的精致臻丽而多变的表现方式。

宋元之后，文人流派印趋盛，选辨印材有了更为精湛的要求，不仅得适宜治、用，而且人们极欲对无生命的印材赋予雅洁温润的君子之风。于是叶蜡石等美石被相中，人们对天然生成的石色石纹石冻，敷设绚丽幽远、澄澈明净的种种意境。在此情形下，青铜等印材退隐，而层出不穷的美石如繁花锦簇，蔚为大观。这是印章艺术实美的物化，也是印体艺术美的发端。

在历代文献当中，有对于公印各种严格的等级规定，但这并不能视作对"印体艺术"的专门研究。清代之后，出现了研究印材的著作，但是一般偏于某种石材，如寿山石、青田石等的欣赏研究，而忽略其他诸多种类的印材，包括金属、竹木、牙角类材料的系统研究，我们在试图做一些补缺的工作。

长期以来，印章的材质与艺术创制相结合，与其他文物（俗称"古董"或"骨董"）一样，形成了其特殊的商品价值，随着印材的稀缺程度、艺术的精美程度的提高，它们的鉴赏收藏价值也日益提高。珍贵的印材以及精良的艺术都将获得坚挺、稳定的保值系数，市场对印章要求将不断扩大。所以，无论从治印、使用、欣赏乃至收藏或保值的角度上看，社会上都有对于中国印体印材的图典工具书的需要。

中篇共五章，以相同的体例系统地介绍各种质地的印材。这五个章节分别包括玉石类印材、中国印章"四大名石"及其他叶蜡石类印材、动物植物类印材、无机材料类印材、其他材料类印材。上述的分类基本按照印材本身质地属性的不同而划分，但也有例外。中国印章的"四大名石"（寿山石、青田石、昌化石、巴林石）理应划入玉石类印材，但这"四大名石"在中国文人印章篆刻选材中承载着独特的历史文化价值，其他印章材质均无法与其媲美，因此本书将"四大名石"单独成章。

第四章 ——— 玉石类印材

第一节 软玉类

玉石，尤其是软玉，因最符合中国人的审美观而深受追捧和喜爱，其质地坚韧细腻、色泽光洁柔美、品性含蓄温润，被中国人赋予了"仁、义、礼、智、信"的道德观念，也成为社会财富、权力等级、个人品质的象征物，在人们社会生活中起着重要的作用。以玉石作为印章材料，印章的本身就承载了人类社会的各种美好寓意。

软玉包括一组成分与角闪石类（如透闪石、阳起石）相当的多种矿物，还包括某些蛇纹石族、次生石英岩类的矿物。中国人认识并使用玉器源于新石器时代，到新石器时代晚期及夏商之时，玉制工艺已达成熟阶段。中国历史上的玉器主要为软玉材料，玉印中绝大部分也为软玉材料。

软玉的颜色有白色、青色、灰色、浅至深绿色、黄至褐色和黑色等。主要组成矿物为白色透闪石时，软玉呈白色。随着铁对透闪石分子中镁的类质同象替代，软玉会呈现深浅不同的绿色，铁含量越多，绿色就会越深。主要由阳起石组成的软玉则几乎呈墨绿色或黑色；当透闪石含有细微石墨时则成为墨玉。软玉由于化学成分不同而带来的光泽、色彩变化，正是其深受人们喜欢的重要原因。

一、和田玉

和田玉按照产地的不同，可以分为狭义和田玉与广义和田玉两种。

狭义和田玉是指产于新疆和田昆仑山的玉石，以和田"子料"闻名于世。子料是从原生矿床自然剥离，经过风化搬运至河床中的软玉，一般随着地质运动都距原生矿较远，属于次生矿。子料的形状大小不一，一般呈浑圆状或卵石状，磨圆度较好，外表有厚薄不同的皮壳。皮壳分为无色和有色，有色皮壳以红褐色居多，可分为枣皮、虎皮、秋梨皮等。另有一种次生矿的和田玉种类，也是从原生矿床自然剥离的，但距原生矿较近，呈次棱角状，磨圆度较差，表面通常带有薄的皮壳，体量较大，俗称为"山流水"。再有一种也是从原生矿床自然剥离，经过风化搬运至戈壁滩上的类型，呈次棱角状且磨圆度较差，块度不大而无皮壳，表面被风蚀，俗称为"戈壁料"。而从原生矿开采的，则棱角分明，无磨圆度和皮壳，俗称为"山料"。

广义和田玉，则超出了地域的概念范畴，是软玉类的统称。我国把透闪石成分占到95%以上的石料都认作和田玉。

图 4.1.1
皇后之玺

图 4.1.2
刘贺，螭钮

图 4.1.3
故宫博物院藏青玉质"文华殿宝"

早在《尚书》中即有"火炎昆冈，玉石俱焚"[1]的记载。屈原的诗篇中也盛赞过和田美玉，可见至迟到战国已开采并使用和田玉。[2]这种产于新疆昆仑山的玉料在秦代被称为"昆山之玉"，之后因为其位处"于阗国"境内，又被称为"于阗玉"。清光绪九年（1883年），清政府在新疆设立和阗直隶州时，其被称为"和阗玉"。1959年中华人民共和国改"和阗"为"和田"，其才被正式命名为"和田玉"。

（一）和田白玉

和田白玉是透闪石变种，一般呈乳白半透明，质地坚韧不脆，断口呈片状，具有凝脂样光泽；洁白、质地细腻无瑕者被称为羊脂白玉。战国玉印中通体洁白者，当属和田产羊脂玉。《汉书仪》《汉官仪》《东观汉记》等记载，汉代规定天子、诸侯王用玉印（另有记载诸侯王用金印）。[3]《汉旧仪》又载："皇后玉玺，文与帝同，皇后之玺，金螭虎纽。"[4]陕西咸阳曾出土西汉初期羊脂白玉螭虎纽"皇后之玺"（图4.1.1），和史书记载一致。2016年考古发掘的西汉海昏侯刘贺墓出土了"刘贺"玉印（图4.1.2）。白玉印，尤其是历史遗存的羊脂玉印，都有极高的文物价值。白玉印印面文字的制法有錾刻、车碾两种。一般字画坚挺，不会有斑驳痕迹。

（二）和田青玉

和田青玉亦称"碧玉"，是阳起石的变种，呈青绿色，质地、比重、硬度相近于白玉，属于产量较大的品种。碧玉玺印在战国、汉代有所发现，历史上的碧玉印大都价值极高。其印面文字的制法，都与白玉相同。清代乾隆皇帝的"文华殿宝"（图4.1.3）就是青玉制成。

二、蓝田玉

蓝田玉之名是因为它产于陕西省西安市东南的蓝田山而得，现当代所开采的蓝田玉矿床位于陕西省蓝田县玉川镇一带，距离县城约35公里。但自古就对此有不同的看法，如宋应星的《天工开物》中就认为蓝田玉是出自昆仑山。而古蓝田玉原生玉矿至今尚未找到，更印证这类看法。

历代古籍文献中多有蓝田产美玉的记载，尤其唐代诗人李商隐的诗句"沧海月明珠有泪，蓝田日暖玉生烟"，更成就了蓝田玉的千古美名。不过有学者对现代蓝田玉进行分析研究，认为现代蓝田所产的蓝田玉和古代蓝田玉是截然不同的两种玉石类型。其玉石品种与矿物成分类型在本质上是不一

1　李民、王健：《尚书译注》，上海古籍出版社，2004，第100页。

2　洪兴祖：《楚辞补注》，卞岐整理，凤凰出版社，2007，第113页。

3　刘敁：《汉官仪》，中华书局，1985，第1页。

4　卫宏：《汉旧仪》，孙星衍点校，中华书局，1985，第11页。

样的。现代蓝田玉属于蛇纹石质类型的玉石范畴，即蛇纹石化大理岩型；而古代蓝田玉则属于软玉范畴的透闪石-阳起石类型。[5]

考古发现西安地区的蓝田玉是中国开采利用最早的玉种之一，迄今已有5000多年的历史。2010年考古学家在蓝田新街遗址，首次系统地发现了5000多年前古人使用蓝田玉的珍贵资料。[6]这些大小不一的玉料，譬如玉条、玉石块等，以及制玉所用的石钻、石钻帽、石钻头等制玉工具，佐证了古人在仰韶晚期即已开采和使用蓝田玉。根据白色方解石和黄绿色蛇纹石的含量不同，现代蓝田玉可以分为白色蓝田玉（图4.1.4）、浅米黄色蓝田玉及绿色蓝田玉（图4.1.5）等。好的蓝田玉颜色素雅，光泽感强，透明度较高，具有质地致密、细腻、坚韧等良玉的优点，可以作为治印的玉石材料。

另传说秦国玉玺也以蓝田玉制作。传秦始皇初定天下，命丞相李斯采蓝田玉制玉玺，上刻"受命于天，既寿永昌"八个字。[7]宋代《太平御览》引《玉玺谱》载："秦传国玺，以蓝田水苍玉为之，刻鱼、虫、鹤、鳝、蛟龙，皆水族物。大略取此义，以扶水德。秦得蓝田玉，制为玺，八面正方，螭纽。命李斯篆文，以鱼鸟刻之，文曰：'受天之命，皇帝寿昌。'或曰：'既寿永昌'。"

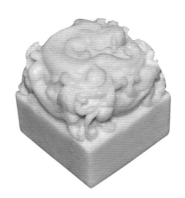

图 4.1.4
白色蓝田玉印章

三、独山玉

独山玉又称"南阳玉""密玉"，是中国传统的名玉品种之一，产于河南省西南部南阳市的独山，它位于市内卧龙区，是卧龙胜景之一。独山腹蕴珍奇，盛产美玉，独山玉因硬度高、光泽好、色泽鲜艳，被国内外收藏家誉为"南阳翡翠"。

独山玉的开采始于西汉，现探明的古代采玉矿坑达上千处。东汉著名科学家张衡在《南都赋》中这样形容独山玉："其宝利珍怪，则金彩玉璞，随珠夜光，铜锡铅锴，赭垩流黄，绿碧紫英……"[8]由此可见，汉代对独山玉的开采利用已经有相当大的规模。

独山玉是由斜长石、黝帘石、云母等组成的多矿物集合体，其组成矿物成分较多，主要是斜长石和黝帘石，次要矿物成分有翠绿色铬云母、浅绿色透辉石、黄绿色角闪石、黑云母，以及少量的金红石、绿帘石、白色沸石、葡萄石、褐铁矿、绢云母等，因而丰富多彩。

图 4.1.5
绿色蓝田玉印章

5　于俊清、张光荣、苏山立：《蓝田现代所产蓝田玉的矿物学特征及其社会经济意义》，《西北地质》2000年第33卷第1期。

6　陕西省考古研究院：《陕西蓝田新街遗址发掘简报》，《考古与文物》2014年第4期。

7　黄朝英：《靖康缃素杂记》，吴企明点校，上海古籍出版社，1986，第59页。

8　萧统：《文选》，李善注，商务印书馆，1959，第73-74页。

图 4.1.6
独山玉印章

图 4.1.7
独山玉印章

图 4.1.8
储秀宫精鉴玺，岫岩玉，交龙钮

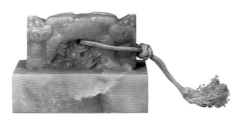

图 4.1.9
储秀宫珍赏，岫岩玉，交龙钮

独山玉色彩斑斓，五彩缤纷，性质湿润，玉质细腻，有其他玉种所无法比拟的特质。就其颜色之多变而言，也只有玛瑙能与其媲美。但玛瑙的质地因太透而有轻浮之感，缺乏含蓄意味，所以独山玉是世间颜色最为丰富多彩的印石（图4.1.6、图4.1.7），是质润色美的世间美玉。但独山玉属于次生石英岩型玉料，硬度较高，刀感硬、涩，容易崩裂，并非理想的印章大众用材，因此历史上独山玉印章的传世作品寥寥。

四、岫岩玉

岫岩玉也是中国历史上的传统名玉品种之一，产于辽宁省鞍山市岫岩满族自治县，为硬绿蛇纹石变种。岫岩位于辽宁省的东南部，在大洋河上游。其设立治所始见于辽代所设大宁镇，金代升为秀岩县。元代废县，明代将"秀"改为"岫"，设置岫岩堡，清代乾隆年间设岫岩厅，至光绪初年改为岫岩州，民国二年（1913年）改为岫岩县。岫岩玉因产于此地而得名。

岫岩玉可分两类，一类是老玉，老玉中的子料称作"河磨玉"，属于透闪石玉，其质地朴实、凝重，色泽淡黄偏白，是一种珍贵的璞玉。河磨玉沉积于细玉沟的河床或河岸，外部有一层长期风化的皮，其皮层较薄，皮质细腻，皮色有黑色、灰褐色、褐色等。玉肉质地细腻润泽，颜色均匀，微透明；颜色有耀绿色、绿黄色、黄绿色、黄色、红棕色等，是岫岩所产玉石中最贵重的品种。

另一类是岫岩碧玉，其质地坚实而温润，细腻而圆融，多呈绿色至湖水绿，其中以深绿、通透少瑕为珍品。用于治印因硬度较高，虽然珍贵但非理想大众印材，清代皇室常用岫岩玉治印（图4.1.8、图4.1.9）。

（一）新山玉种

已发现的新山玉印材较多，颜色呈菠菜绿、湖水绿、浅绿等，半透明到微透明，质细坚脆，比重2.55，摩氏硬度6左右，有玻璃样光泽。明清时的一些大型宗教用印、私印常用此品种。

（二）花玉种

在浅色玉底中，含红、黄、白色花纹，不透明，比重小于新山玉，摩氏硬度5.5左右。常作为"俏色玉雕"原料，近现代有利用俏色做带钮印材的。

（三）老玉种

颜色有黄绿色、深绿色，从不透明到半透明的都有，比重、硬度与新山玉相仿。在玉制品的开发利用上时代很早，但目前只寻到明清之际的印材制品。

（四）绿泥石种

在岫岩地区被称为华西软玉、绿泥石软玉，以绿泥石为主要成分的玉石产出量较少，硬度也较低。岫岩的绿泥石玉为柔和的嫩绿色、绿白色、黄绿色，蜡状光泽，摩氏硬度为3.3—3.5，透明度为微透明到不透明，含杂质少，品种单一。由于其硬度低，质地均匀，裂隙少，是较好的印章原料。

五、祁连玉

祁连玉也称"酒泉玉"，产于甘肃境内，泛指祁连山脉、阿尔金山脉在加里东运动期形成的某种岩演化成的众多玉石，甘肃省肃南裕固族自治县是其主要区域。祁连玉属蛇纹石变种，色浅，带黑色石英麻点。明代一些龟钮印用此料，有人误认为汉印。质地较硬，不宜治印。（图4.1.10）

图 4.1.10
祁连玉印章

六、信宜玉

信宜玉是南方玉的别称，属于岫玉、蛇纹石质玉石，因其产于广东省信宜市，故有此名。信宜玉与辽宁岫玉虽同属蛇纹石质玉石，但颜色常与岫玉不同，色调有深绿、褐绿等。

信宜玉花纹美丽，石质碧绿如翠，晶莹若冰，玉质柔润，石纹雅致，其中俗称"青料"的翠绿鲜艳，细腻纯净，透明度好，带有花纹者被视为上品，而浅绿带黄者次之。现有不少此种印材，摩氏硬度在4—5之间，质地较硬，不是很适宜治印，但现代也有不少人将其作为印材治印。（图4.1.11）

图 4.1.11
信宜玉印章

第二节 玛瑙、水晶、木变石、碧玺、翡翠类

本部分印材都是二氧化硅的同质多象变体。此类中的某些材料为人们很早已认识，在矿物质印材中，它们占据一定的比例。

一、玛瑙

玛瑙又称为"码瑙""马瑙""马脑"等，汉代以前称之为"琼""赤玉"等，分布较为广泛。玛瑙是具有曲面或平面层状构造的石英隐晶质体，属玉髓类，其颜色对边，层次丰富，通常有绿、红、黄、褐、白等多种颜色。

通过考古发现，其实中国人对玛瑙的认识和使用相当早，旧石器时代即有玛瑙制细石器出现。到新石器时代，生活在南京金川河一带的人们用美丽的玛瑙做装饰品。玛瑙质地坚硬，并非理想的印章材料，但由于古代对其了解不足，加之其具有一定的宗教属性，因而仍将其作为稀有的印章用料。汉代时期就已经有用玛瑙制作的印章了。1975年湖南省长沙市陡壁山汉代曹嬛

图 4.2.1
西汉"曹嫦"白玛瑙印

图 4.2.2
东汉虎钮无字玛瑙印

图 4.2.3
缠丝玛瑙印

墓就曾出土两方玛瑙印（图4.2.1），是迄今最具代表性的古代玛瑙印章。

（一）单色玛瑙

单色玛瑙呈半透明或微透明，有赤色、淡青色、褐黄色、琥珀色等，清朗无杂色，有的含美丽的晕环。比重2.4，摩氏硬度6.5—7。单色玛瑙印出现于较早的战国、两汉时期，一般为私印。东汉王侯墓中曾随葬无字玛瑙印（图4.2.2），可能为玉印代用品。历史遗留的玛瑙印，字迹秀美，鉴赏价值很高。

（二）杂色玛瑙

由于含其他元素，或由冷凝时的温差所致，形成了色彩富丽、斑斓悦目的杂色玛瑙。杂色玛瑙又称"带状玛瑙""缠丝玛瑙""苔纹玛瑙""珊瑚玛瑙""文石"，其硬度因为含杂质成分不同而从5.5到7不等。战国、两汉印中杂色玛瑙印很少。早期杂色玛瑙印观赏价值较高，现代杂色玛瑙印材的价值不如同体积的单色玛瑙印材。（图4.2.3）

二、水晶

水晶是稀有矿物，属宝石的一种，为石英结晶体，在矿物学上属于石英族，主要化学成分是二氧化硅。石英是地壳中常见的矿物之一，有显晶质、隐晶质等多种的结晶形态，其中单晶石英统称为水晶，是无色透明的二氧化硅结晶，属贵重矿石，产量较少，与冰彩玉髓、碧玺等并列纳入宝石范畴。水晶在古代又有"水玉""水精""千年冰""白坿"等十几种称谓。

水晶天生丽质，以其为材质制作的印章，自春秋战国时期至宋元明清诸代皆有实物流传可见。仅从形制和印面文字的加工制作方法来看，水晶印和玉印并无二致，所以一直被视作玉印的一个分支，在中国印章艺术史中占有较为重要的位置。

（一）透明水晶

透明水晶为纯净的晶体，无色全透明，透光性极好。硬而不脆，断口多呈贝状，有美丽的玻璃样光泽。国内目前所见最早的透明水晶印出土于湖南战国楚墓中，西汉也有少量透明水晶印，全为私印，印文用沙砣车碾出，字画均匀，两头稍尖。早期透明水晶印有很高的价值。明清之后，透明水晶印较多，块大质纯，有一定价值。印材硬度高，印文只能车碾琢磨成，非理想印材。（图4.2.4）

（二）有色水晶

当水晶矿含杂质时，因其成分或分子排列不同而呈多种颜色，含三价铁离子时呈紫色，称作"紫晶"；含二价铁离子时呈黄色，称"黄水晶"；含钛时呈蔷薇色，称"芙蓉石""蔷薇水晶"；含碳素时呈黑褐色，称"烟

图 4.2.4
透明水晶印

晶"或"墨晶";含气泡微粒时呈乳白色,称"乳石英"。有色水晶均透明,有良好的透光性,其光泽、比重、硬度与透明水晶相近。明清之后直至近现代,用有色水晶制私印者增多。其块大、质纯者,价值有可能超过透明水晶。(图4.2.5、图4.2.6)

（三）发晶

发晶指透明水晶含多种矿物质,最小呈头发状,横斜陈列,十分有趣,断面能见到包体孔洞。其基本性质与透明水晶近似,近现代有人以此作印材。因其有包体,比透明、有色水晶更难奏刀。因原料稀有,加上印材少见又具观赏性,价值竟能超过上述两者。(图4.2.7)

（四）夹晶

夹晶是指透明水晶与有色水晶伴生一起,因两者透明度都很好,所以结构明显,实乃自然界中"佳偶天成"。这种印材很罕见,价值较高。

对水晶印的辨伪,可以从文字、钮制、包浆等方面考察。水晶透明度好,一般3厘米厚的水晶其透光也毫不减光亮,而玻璃制品则呈绿色;水晶内总含有若隐若现的绵绺纹,俗称"无绵不晶",而玻璃内(包括水晶玻璃)则无此绵绺;玻璃内含有肉眼可见的圆形、卵形气泡,水晶内没有(水晶所含的气泡是在熔岩成矿时形成,呈乳雾状,用高倍显微镜方能观察到);如有机玻璃冒充水晶,虽其透明度很好,但其比重较轻,手感温润,水晶比重较重,手感较凉,是比较容易区别的。

三、木变石

木变石亦称"虎睛石",它实际上是一种硅化石棉,即石棉矿脉固体在地壳运动中遭热酸液体侵入导致化学成分变化,虽保留细微的纤维状外貌,但实际上已是致密坚硬的二氧化硅质块体,已不可剥分。此石琢磨后,在玻璃样闪亮底色上呈丝绢束状反光,有黄、蓝、灰等色,非常美丽。其比重2.1,摩氏硬度5—6,虽较硬,但因原有的石棉解理形成的界面,做印材尚可受刀。此石在石棉矿中可以找到,因产量不大,故有较高的价值。(图4.2.8)

四、碧玺

碧玺是电气石的工艺品名,有人称它为宝石级的电气石。电气石又称"托玛琳",是电气石族矿物的总称,是一类以含硼为特征的环状结构硅酸盐矿物。由于具有热、释电性及压电性,容易因静电效应而带电,因而得名。其性脆,断口参差,其比重为2.9—3.25,摩氏硬度7—7.5。碧玺的颜色,因其所含钠、镁、锂、铁、铝等各种金属成分及其分子结构不同而丰富

图 4.2.5
紫水晶印章

图 4.2.6
黄水晶印章,狮钮

图 4.2.7
发晶印章

图 4.2.8
木变石印章,獬豸钮

图 4.2.9
红碧玺印章，雕螭龙

图 4.2.10
绿碧玺印章，狮钮

图 4.2.11
蓝碧玺印章，兽钮

图 4.2.12
黄碧玺印章

多变，多达15种，其中包括无色、玫瑰红色、粉红色、红色、蓝色、绿色、黄色、褐色和黑色等。

我国对碧玺有"碧垭坝""披耶西""碧霞玺""碧霞玭""碧洗""碧霞希""碧硒"等多种称谓，在新疆、内蒙古的伟晶岩矿中有出产。我国常见的碧玺制品质量并不是很好，其间常有气泡包裹物，或呈现裂纹状解理。清宫中有大量碧玺制山子、挂屏、朝珠等。在清代碧玺始作为印材，其硬脆不易受刀，非理想印材。

（一）红碧玺

红碧玺是价值较高的碧玺品种之一，泛指紫红色、红色和接近红宝石、粉红色蓝宝石颜色的碧玺。从深红到粉红色均有，质纯透明，闪光很强，又称为"桃花石"。（图4.2.9）

（二）绿碧玺

绿碧玺是社会上较常见的碧玺品种，以其色调雅、颗粒大、净度好的优势，成为人们所喜爱的宝石品种。大部分绿碧玺都是由于铁元素致色。铁的氧化程度不同而使得碧玺呈现出蓝绿色、黄绿色。鉴定这类碧玺的真伪比较简单：利用碧玺的三色性，沿光轴的方向（经常为长方形切割的短轴方向）几乎不透明，可以以此来初步判断碧玺是否为仿品。同时由于碧玺的多色性，两个方向都可呈现出迷人的色彩，比如一个方向呈现出明亮的绿色，而另一个方向呈现出蓝绿色。（图4.2.10）

（三）蓝碧玺

蓝碧玺通常是蓝色和绿色在一起，纯蓝色的碧玺颜色饱和度较高，有人称之为"湖蓝色碧玺"，也有人称之为"蓝碧玺"，像是一抹融化在湖中、沁人心脾的蓝色。值得一提的是，蓝色碧玺中以帕拉伊巴碧玺为最高品质，颜色炫丽，呈现出如霓虹般的绿色和蓝色，以独特的鲜艳色彩赢得了人们的喜爱。（图4.2.11）

（四）黄碧玺

黄碧玺又被称为"金丝雀黄碧玺"，其颜色在碧玺中尤其特别，为绿黄色，如同金丝雀的羽毛一般亮丽，是碧玺中的稀有品种，在市面上很少见。（图4.2.12）。

（五）西瓜碧玺

西瓜碧玺的外围一圈的颜色与中心存在明显差异。需要注意的是，若被称为"西瓜碧玺"，须是碧玺外侧呈现出一圈色带，或是像西瓜一样被切为半圈的色带才可以。若只是一颗碧玺的不同位置存在颜色差异，只能称之为"多色碧玺"，仅有两种颜色的可以称之为"双色碧玺"，而不能称之为

"西瓜碧玺"。由于大多数西瓜碧玺内部裂隙较多，所以这种材料易碎。
（图4.2.13）

五、翡翠

翡翠，亦称"硬玉"，属辉石类，是辉石族钠铝硅酸盐类单矿物岩，内部结构为细小纤维状的碱性辉石，一般呈现翠绿色，也有白、黄、褐、红、橙、紫罗兰、灰、黑等色。其产地主要为缅甸，在中国、危地马拉、日本、美国、哈萨克斯坦等国也有出产。以翡翠治印，由于质地较硬不易受刀，所以印面文字只能碾出。（图4.2.14）

关于翡翠名称的来源，公认有两种说法。一说是来自翡翠鸟名，这是岭南地区的一种鸟类。东汉许慎编著的《说文解字》一书中曾提到该鸟："翡，赤羽雀也；翠，青羽雀也。"雄鸟羽毛为红色，称翡鸟；雌鸟羽毛是绿色，称翠鸟，合则为翡翠。另一说则认为翡翠原指"非翠"，"翠"在古代专指产地为新疆和田的绿玉，在缅甸翡翠传入中国后，人们为了将之与和田绿玉区分，称其为"非翠"，后逐渐演变为"翡翠"。

翡翠具有珍珠光泽和玻璃光泽，其常见品种有老坑种翡翠、冰种翡翠、水种翡翠等。在宝石界，不同的翡翠在"坑口""底子""水色"等方面有着较为严格复杂的等级区别。坑口指的是翡翠原石产地，缅甸翡翠有目乱干、敢帕、灰卡等不同的坑口；底子是指翡翠中的其他颜色，一般有玻璃底、冰底、水底等。但当翡翠作为印材使用时，这些区分的意义并不大。（图4.2.15）

中国对翡翠的重视并不久远，清代中晚期才开始广泛流传，乾隆至道光年间，和田白玉比起翡翠，更受世人青睐，且当时传入北京的翡翠原料数量不多，翡翠制品也不多；到同治、光绪时期，缅甸道茂等地的翡翠大量入境，其时翡翠制品数量迅速增加，其势头甚至超过了和田玉。乾隆以后就有翡翠印，此后越发多见。翡翠印一般与原材料本身的价值一致，所以在流传的过程中，翡翠印章会被珠宝商人切割制作成首饰或戒面，而不保留其印面。

图 4.2.13
西瓜碧玺印章，雕貔貅

图 4.2.14
翡翠印章

图 4.2.15
翡翠印章

第三节　化石类

化石类印章材料主要是远古动植物遗骸，经地质变化而与充填物一同保留形成化石。其外观多种多样，有的呈现奇异的花纹，有的留有动植物遗骸，其中一些品种很早就被人们选作印材。

一、琥珀

琥珀为远古时代植物汁液的块状凝聚物化石，一般产生于煤矿中，辽宁、河南、福建、云南等地都有出产。一般呈透明，有时内部包含有植物或昆虫，具松脂光泽，断口呈贝壳状。颜色种类多而富有变化，以黄色最普遍，多有橙色、褐色、暗红色，也有浅绿色、淡紫色、蓝色的琥珀。根据其颜色、质地等方面的特征，可分为香珀、虫珀、石珀、血蜜蜡、老蜜蜡、花珀、蓝珀等类型。（图4.3.1）

中国人将琥珀视为宝石的时代很久远，在商周墓葬中，即发现琥珀制品。古人认为老虎死后精魄入地化成琥珀，谓"虎死精魄入地化为石"，又称"虎魄""兽魄""育沛""江珠""顿牟"等，可以镇宅安神、趋吉避凶。

中国人自古喜爱松香味，而琥珀无须燃烧，轻微抚摸就会产生凝神定性的松香气息，因此古人也将其视为珍贵的香料。唐《西京杂记》记载，汉成帝后赵飞燕就是以琥珀枕头摄取芳香。[9]唐诗中关于琥珀的诗句也有很多，如李白的："兰陵美酒郁金香，玉碗盛来琥珀光。"[10]杜甫的："春酒杯浓琥珀薄，冰浆碗碧玛瑙寒。"[11]还有五代冯延巳诗句："歌阑赏尽珊瑚树，情厚重斟琥珀杯。"[12]《天工开物》记："琥珀最贵者名瑿，红而微带黑，然昼见则黑，灯光下则红甚也。"[13]琥珀色浓通明，迎光视之，如灯光晃动。

作为印材，琥珀治印手感稍嫌松脆，雕琢起来比较困难，一般以素印为多，有印钮的雕琢也不是很精致，会显得粗陋一些，仅可作为较好的印材使用。最早的琥珀印为战国楚国小玺，两汉也有琥珀印（图4.3.2、图4.3.3）。历史上的琥珀印有极高的价值，近现代的也有较高的价值。琥珀中也因暗含昆虫、植物，在科研与文玩两界均受欢迎。

二、蜜蜡

蜜蜡是琥珀的一个品种，都是有机混合物，呈浅黄色、淡红色或皮蛋黄色，又称"金珀"。从外表看琥珀透明而蜜蜡不透明，这是因为两者中的琥

图 4.3.1
琥珀印章

图 4.3.2
江西省南昌市施家窑村东汉墓出土
琥珀素面印章

图 4.3.3
广西合浦县凸鬼岭汽齿厂 25 号西汉墓出土半
球形琥珀（蜜蜡）印章"陈夫印"

9　"及即大位，每持此镜，感咽移辰。常以琥珀笥盛之，缄以戚里织成锦。"参见刘歆、葛洪：《西京杂记》，广陵书社，1995，第 2 页。

10　安旗主编《新版李白全集编年注释》，巴蜀书社，2000，第 346 页。

11　萧涤非主编《杜甫全集校注》卷一《郑驸马宅宴洞中》，人民文学出版社，2014，第120 页。

12　李煜：《李煜词集 附：李璟词集、冯延巳词集》，上海古籍出版社，2016，第 133 页。

13　宋应星：《天工开物译注》，潘吉星译注，上海古籍出版社，2008，第 305 页。

珀酸含量不同，这种化学成分上的细微区别，导致观感不同。

清代时由于官方对藏传佛教的大力扶持，蜜蜡被列为藏传佛教七宝之一，由此被赋予了许多特殊寓意，如聚财、修养身心、防病治病等。

关于蜜蜡印，时代较早的不多见，明清至近现代较多。（图4.3.4）

图 4.3.4
蜜蜡印章

三、煤玉

煤玉，也称"煤精""黑琥珀""黑宝石"等，是褐煤的一个变种，由碳和有机质组成，是植物在地下经过长期地质作用而形成的。在温度和压力的作用下，高等植物和低等植物混合在一起腐变为腐殖质，埋葬于淤泥中，逐渐演变成硬质页岩，最终形成煤玉。其外观一般呈黑色或褐黑色，有明亮的树脂光泽，抛光后显现玻璃光泽，具有不透明、耐磨坚韧、质密体轻的特性，属于黑色有机宝石。

煤玉在世界范围内的认识与使用历史较为悠久。欧洲石器时代和北美印第安部落的遗址中都出土过煤玉制品；古罗马时期，煤玉已成为欧洲最为流行的"黑宝石"；一些宗教法器，如天主教的念珠和耶稣像，也使用煤玉来制作。

我国也很早就开始使用煤玉作为雕刻与装饰的材料。辽宁省沈阳市新乐新石器时代晚期遗址出土的大量煤玉珠、煤玉耳珰等，是我国煤雕史上最早的实物。内蒙古赤峰夏家店遗址的出土物中，也包含有大量的煤玉饰品，其中以管珠、算盘子、竹节等形制的饰品为多。陕西西周墓葬中，出现数以百计的煤精雕饰品。

图 4.3.5
煤根石印章

由于煤玉质细坚韧，黝黑有光，无纹理，较轻，软硬适中，适宜奏刀，虽稍嫌松脆，但仍不失为理想的印材。（图4.3.5）清陈目耕《篆刻针度》记载："煤精石，色光黑而质坚润，体轻有似乌犀，出秦中可作为印。"[14]以煤玉治印，较早的实物例证有：出土于新疆的东汉"司禾府印"；发现于陕西华山脚下王猛台的王猛煤精组印；出土于陕西旬阳的北朝晚期独孤信多面印（图4.3.6）。

四、珊瑚

珊瑚主要由造礁珊瑚所分泌的石灰性物质和遗骸长期积聚而成，因其形态颜色美丽，被人们视为珍贵的宝石，俗称"海石花"。珊瑚多呈树枝状，其上有纵条纹，横断面有放射状条纹和同心圆条纹，有白珊瑚、红珊瑚两种，也有少量珊瑚呈黑色或蓝色。

图 4.3.6
独孤信多面体煤精组印

14　陈目耕：《篆刻针度》，中国书店，1983，第 121 页。

珊瑚自古以来深受世界各国人民的喜爱。如瑞士新石器时代的墓穴中曾出现用红珊瑚制作的护身符；公元前3000年左右，苏美尔人的首饰有用红珊瑚制成的；古罗马时期，罗马人认为珊瑚具有消除灾祸、保佑平安的作用，将之视为与神相通的圣物；在波斯人眼里，珊瑚也具有辟邪的功能，是吉祥的象征；到了现代，珊瑚仍受西方人青睐，其与琥珀、珍珠并列为"三大有机宝石"，广泛地使用于珠宝首饰之中。

我国很早就开始开发并使用珊瑚，且在漫长的历史演进过程中，将珊瑚文化推向了极致。在考古发现中，新石器时代已有珊瑚饰品出土；20世纪末，江苏徐州东汉墓出土了一方兽形盒砚，其上有最早的珊瑚镶嵌物，历经两千年而颜色未变；辽宁朝阳辽代北塔地宫有小型珊瑚法器出土；江苏无锡元代钱裕墓也曾出土一件用珊瑚制作的桃形饰。

《汉武故事》有记："前庭植玉树，植玉树之法，葺珊瑚为枝，以碧玉为叶。"[15]把珊瑚与珠玉并列为珍宝。晋代《西京杂记》载："积草池中有珊瑚树，高一丈二尺，一本三柯，上有四百六十二条，是南越王赵佗所献，号为烽火树。至夜，光景常欲燃。"[16]将红珊瑚称为"烽火树"。晋代的《裴子语林》和南北朝的《世说新语》有关于西晋大官僚石崇与国舅王恺以珊瑚斗富的叙述，在当时的贵族眼中，珊瑚是十分难得且珍贵的物件。[17]至盛唐，有用珊瑚制作的珊瑚钩和笔砚架，珊瑚发钗在女性中也十分流行。《本草纲目》将珊瑚归入"玉类"，与宝石、玛瑙、琉璃等齐名。此外，人们还赋予了珊瑚吉祥高贵的寓意，如将其列入佛教七宝，视为如来佛祖的化身，将之作为祭佛的必需品；又如皇帝祭祀时需佩戴由红珊瑚制成的朝珠，并点缀以其他宝石，以祈一年四季福泰安康、平安吉祥。

珊瑚作为印材，适宜奏刀，但松脆易破碎。珊瑚印章大多流行于清代到近现代，最早可追溯至清代乾隆年间，其印面篆刻与印钮雕刻均展现出了较为鲜明的时代风格，一般白珊瑚多于红珊瑚。（图4.3.7、图4.3.8）以珊瑚治印，除了需雕工精美，珊瑚本身也具有较高的筛选条件：一是所选珊瑚的颜色需自然均匀；二是要体形较大，在去除枝干后还可磨制成为印料；三是需没有蛀孔等瑕疵。[18]

图 4.3.7
白珊瑚印章

图 4.3.8
红珊瑚印章

15　《汉魏六朝小说选》，徐震堮选注，古典文学出版社，1955，第17页。

16　葛洪：《西京杂记》卷一，周天游校注，三秦出版社，2006，第50页。

17　刘义庆：《世说新语》，浙江古籍出版社，1998，第388页。

18　蔡国声：《印章三千年》，上海文化出版社，1999，第121–122页。

第四节　砚石类

砚为文房四宝之一，新石器时代仰韶文化即发现用于研磨朱砂的石砚，自此一直创制不衰。明清之际形成了几大石砚品系。砚为中国文化做出独特的贡献。在制砚之余，也有以砚石料制作印材的。

一、端砚石

端砚石为绢云母泥质板岩，比重2.7，摩氏硬度3左右。硬度大于叶蜡石，为一般印材。产于广东肇庆，古称端州，故名。石质幼嫩细润，石色有青、紫、灰等，唐代始被选作砚材。清代有以此作印材，有的顶端留有晶莹的石眼。凡纯净或带有美观的石眼、石纹者，有一定观赏价值。（图4.4.1、图4.4.2）

图 4.4.1
端砚石印章，云钮

二、歙砚石

歙砚石为含石英、粉砂质泥板岩，比重2.89—2.94，摩氏硬度3左右，用于印材仅视为一种。产于安徽歙县、江西婺源一带，当地古称歙州，故名。歙砚石质坚韧润密，石色有黑、紫、褐等，石纹美丽。自唐开元始采此石为砚。清代有人以此为印材。奏刀较艰涩，是一般印材。（图4.4.3）

图 4.4.2
端砚石印章，仿生松

三、洮砚石

洮砚石为水云母泥质板岩，比重3左右，硬度比端砚石略低，用于印材仅视为一种。产于甘肃临潭一带，当地古称洮州，故名。其石质坚韧，色泽雅丽，呈碧绿色或灰褐色，有云涛状石纹。自北宋起，采制成砚。清代有人以此为印材。奏刀不如叶蜡石爽利，为一般印材。

四、金星砚石

金星砚石为泥质灰岩，比重2.8左右，摩氏硬度3左右。中国多处产金星砚石，产于山东费县者，称箕山金星砚石，印材仅视为一种。在金星砚石中，分布硫化铁细晶，恰如夜间满天星斗，故得名金星，其产量较大。作为印材，比较坚脆，为一般印材。

图 4.4.3
歙砚石印章

第五节 矿石类

一、孔雀石

孔雀石为铜的伴生矿物之一，比重4左右，摩氏硬度3左右，广东、湖北有出产，常见者呈肾状、葡萄状、钟乳状块体，内部具有同心层状或放射纤维状构造，呈极美丽的深翠绿色，无孔隙的大块聚合体为珍贵的工艺材料。中国使用孔雀石历史悠久，两汉唐宋遗物中可见到孔雀石制精品，作为印材是在明清之后，有人以它美丽的深翠色纹带巧设钮制，具有一定的艺术价值。磨平后的同心层内坚硬难以奏刀，而同心层之间又显得松脆，非理想印材。绿松石有时颜色与孔雀石逼近，其区别在于：绿松石没有同心层状纹带，通体硬度均匀，皆较松脆，孔雀石硬度不匀，时硬时脆；孔雀石比重大于绿松石；孔雀石一般不吸附有色溶液，而绿松石会吸附有色溶液。（图4.5.1）

图 4.5.1
孔雀石印章

二、绿松石

绿松石，也称"松石"，世界对绿松石的认识和使用也有悠久的历史。据考古成果可知，古埃及、古巴比伦、古印度早已使用绿松石制品。中国早在新石器时代便以绿松石来制作精美的首饰与装饰品，商周秦汉时期的绿松石制品更是不胜枚举，人们对绿松石的喜爱与使用一直延续到了今天。绿松石质地细腻，温润洁美，质感强烈，颜色清新，所以也被用来作为印材，绿松石质私印在战国、秦、汉时期都能见到。（图4.5.2、图4.5.3）

三、青金石

青金石又称"蓝瑛"，摩氏硬度5—5.5，性脆，断口参差，常有极鲜艳的深蓝色、蓝紫色或蓝绿色，呈很强的玻璃光泽，有的夹有黄铁矿粒的金黄色闪光，非常美丽，新疆西部有出产。

青金石是一种古老而神圣的玉石，因其所具有的那种鲜艳的蓝色调，自古就深受东方各国人民的喜爱。在公元前数千年的古埃及，青金石曾与黄金价值相当。在古印度、波斯等国，青金石与绿松石、珊瑚均属名贵玉石品种。在古希腊、古罗马，佩戴青金石被认为是富有的标志。在中国古代，由于青金石具有"其色如天"的蓝色，被视为天穹的象征，受到那些自命为天之骄子的帝王的格外青睐，素有"天青色""帝青色"的美称。在藏传佛教中，青金石色是药师佛的身色。青金石颜色端庄，材质密度及硬度又适于雕刻，至今仍是一种

图 4.5.2
绿松石印章

图 4.5.3
绿松石印章

受人欢迎的玉石品种。作为印章用材，中亚、西亚的滚筒印章很早就开始采用青金石制作，中国清代的很多印章也使用青金石制作。（图4.5.4）

四、滑石

滑石是一种常见的硅酸盐矿物，手感滑腻，有蜡样光泽，质地较软，用指甲可以在表面上留下划痕。纯净者白色微透明或微带淡黄色，也有的滑石含有较多杂质，呈淡褐色或其他如淡粉、淡绿等颜色。

我国滑石矿资源丰富，矿物类型多、规模大、质量好，主要分布于辽宁、山东、广西、江西、青海五个地区：辽宁滑石以粉色和高白度为主要特征，山东滑石则以白色、烟色块和高白度为特征，广西多灰白、淡绿软滑石，江西多沉积黏土型黑滑石，青海以共生滑石为主。现代滑石印材多出自广西上林、靖西、龙胜、东兴、陆川等地，有广西白种、广西黄种、广西粉种等种类。

用滑石治印最早见于秦汉之际，湖南秦汉墓出土有不少以滑石为印材的随葬印章。汉代有"职官迁、死必解印绶"的规定，公印被禁止作为明器随葬，因此汉代随葬的公印中有以滑石印代替者。虽然滑石质地较软不易保存，但这些印的保存情况较好，至今仍可清晰见到汉代时期篆刻的风貌。（图4.5.5、图4.5.6）除此之外，也有用滑石制成的私印。

湖南出土的汉代滑石印章，单从文物的工艺学角度来看，其制作显然是不够精湛的，通过观察用刀痕迹可知，主要运用了单刀中锋冲刻刀法，极少复刀，入印文字的排布与构成都不够严谨，应是未提前进行布局构思之故，显然是短时间内匆忙完成的。原发掘报告的编写者认为其"雕工粗糙"[19]，但这些滑石印章应属于急就章，具有独特的艺术魅力，文字风格大胆爽利，面貌不让千年之后的吴齐大师。

由于滑石质地柔软容易受刀的特性，在篆刻时能比使用玉、铜等印材更加得心应手，文字风格也更显大胆爽利。但也是因为滑石的质地过软，指甲即可轻易划动，所以它并非良好印材，初学者可用滑石印练文字分朱布白，练习刀法则不能用滑石。

五、绿泥石

绿泥石多为角闪石、黑云母、辉石等的蚀变产物，其颜色常呈现出深浅不同的绿色。中国绿泥石矿资源分布较广，在辽宁、山东、四川、青海、西藏等地均有发现，能够用作印材的绿泥石品种并不多，主要有以下几种：

图 4.5.4
青金石印章，博古钮

19　文智：《湖南常德市南坪东汉墓》，《考古》2006 年第 3 期。

图 4.5.5
长沙仆，石质，鼻钮

图 4.5.6
长沙顷庙，石质，鼻钮

图 4.5.7
广绿石印章

图 4.5.8
雄黄印章

（一）辽绿冻石

辽绿冻石为绿蛇纹石变种的绿泥石。绿冻石种产于辽宁岫岩，当地称"岫玉"，在外地又称"辽冻石""丹东石"等。比重3左右，摩氏硬度3左右，有淡绿色、墨绿色，半透明到透明，有玻璃样光泽，质地细腻坚韧，有的肌理中浮现白色或黑色细点。此石用作印材从清代晚期始，产量较大。作为印材，奏刀难于叶蜡石，为一般印材。

（二）莱州绿冻石

莱州绿冻石又称"莱州玉""莱冻""莱州绿""山东绿"，产于山东掖县（现为莱州市），掖县古属莱州府，故名。外观色泽与辽冻石相像，但比重稍轻，2.5左右，摩氏硬度2.5左右。有淡绿、深绿色，半透明或透明，有玻璃样光泽，质细脆，肌理有鳞状、层状解理，有的浮现白点，没有黑点黑斑。作印材始于清代。奏刀虽不甚坚硬，但容易出现片状剥落，为一般印材。

（三）永福晶石

永福晶石产于福建永泰县，其纯净透明，有浅青色、黄菠萝色、白色，有瓜瓢纹，有片状结构，质地粗松。治印奏刀手感粗糙，易剥落，为较差印材。

六、绢云母广绿石

绢云母为绢云母岩矿产，用作印材的品种主要是广绿石，出产于广东省广宁县，比重3.5，摩氏硬度3左右。用广绿石作印材前溯至清代早期，凡较早期印材、名人治印、材块较大、颜色鲜艳者，均具有一定历史与艺术价值。

广绿石可分为翠绿种与浓绿种，翠绿种不透明，苍翠如玉，肌理有颗粒或闪金点，磨之不光，质较粗，为一般印材；浓绿种半透明，色浓绿，有玻璃样光泽，肌理常见局部鳞层状，石质细，为较好印材。（图4.5.7）

七、雄黄

雄黄又称"鸡冠石"，比重3.6，摩氏硬度1.5—2，颜色多呈现橘红色，不透明，断口有树脂样光泽，作为药用矿物较常见。清代有人出于趣味而用此治印。清代名家所作，有较精印钮者有较高的价值。治印手感较脆，会崩裂，为一般印材。（图4.5.8、图4.5.9）

八、澎湖文石

澎湖文石产于台湾澎湖，为一种火成岩，浅灰、浅黄色底子上有紫褐、灰黑色纹带，不透明，有光泽。比重3，摩氏硬度6.5左右。花纹巧妙者有一定艺术价值。质硬不宜奏刀，为不良印材。与同称为"文石"的玛瑙非同种。

图 4.5.9
雄黄印章

中国印章『四大名石』及其他叶蜡石类印材

　　本章所含印材，是印材大系中最重要的部分。直至唐宋，叶蜡石并未在中国印材中占明显位置，至今未见当时的叶蜡石印章。但文人流派印兴起后，在原有滑石及其他石质治印实践的基础上，逐渐形成了对叶蜡石的专门选用。印史上艳称的元王元章选花乳石、明文国博择灯光冻石治印的故事，大致指出了叶蜡石类印材大量使用的上限。时至今日，大凡治印者无不肯定叶蜡石为最重要的印材。

　　中国印材所谓的"四大名石"，是指篆刻艺术家从明代开始有了明确的选择之后，长期习惯使用和欣赏的，并且赋予很高的文人情趣，有着很高价值的四种印石：寿山石、青田石、昌化石、巴林石。这四大印石用于工艺美术品的创制，都有着相当长的历史，比如寿山石、青田石、昌化石在工艺美术品上的使用都可以追溯到六朝时代。至于巴林石，以前认为开始使用的时间是元代，目前有报道，在红山文化遗址发现有用巴林石制造的工艺美术品。

　　可是，专门用于中国艺术印章的制作，尤其是在文人艺术家手上批量地进行印章创作实践，从寿山石、青田石、昌化石看，大约是在明代。巴林石的使用可能要更晚一些。在本章提及的"四大名石"之下的众多小品种，其中既有田黄石、鸡血石、封门青石、芙蓉石等享有盛名者，也有具名冷僻的品种。相当多的品类、小品种有多种称谓，总结起来有这么几个特点：第一，以是否易于篆刻或进行工艺美术创作作为最基本的命名标准；第二，往往以产地的具体小地名作为定名标准，这点有时候比第一点还更重要一些；第三，加上了人为的故事传说和与产量有关的某种提法；第四，和它们的色泽、质地，是否"通灵"，是否具有"玉质感"有关。总体来看，四大名石以下的多种命名并不统一，人们的理解把握会有经验的、古今的、欣赏的种种差异。严格地说，四大名石以下的各种称谓都和地质科学没有必然的关系。

　　相反，它们的命名还需要经过更科学的分析总结，因而以传统命名为一种出发点，以后再有可能与地质科学语言相比照，这样的科学的综合命名可能会更好一些。所以，现在的所谓"四大名石"，包括大名鼎鼎的田黄、鸡血、封门青、芙蓉石等，还都是一些习惯性、经验性的称谓。当然，这些习惯性的称谓融入了非常浓郁的中国印章文化的意味，这也是我们不能不给予重视的地方。

　　寿山石因最早发现于福建省福州市的寿山而得名，顾祖禹《读史方舆纪要》云：在福州府"东北六十里"，"产美石，莹洁柔润，盖珉也"。[1]寿山叶蜡石产地处福州北郊最高山地，为鹫峰山、戴云山的东隅，海拔最高处超过一千米，有寿山、九峰、芙蓉三峰鼎峙，田畴村落，花鸟竹木，气象清幽。

　　中国最早的寿山石制品，应当是南朝墓葬出土的老岭石石猪。关于寿山石开采的文字记录，最早在南宋淳熙九年（1182年）梁克家编纂的《三山志》和祝穆《方舆胜览》中能看到。南宋黄干有《寿山》诗"石为文多招斧凿"[2]，当为开采的记录。宋代墓葬中存在大量寿山石俑，这也证明了寿山石在宋代已有相当规模的开采。高兆《观石录》、毛奇龄《后观石录》、乾隆《福州府志》、郑杰《闽中录》等文献记载了宋时寿山石矿由官府控制管理，并因其"病民"致"居民苦之，辇致巨石，塞其坑"[3]。元、明之时，转由民间开采，寺院僧侣也开采收藏，备制器用。至明代，寿山石各品种已全面开采。明末，寿山石著称于世。清初，随着寿山石中冻石价格的上升，石矿的开掘也愈来愈兴盛。《后观石录》载"康熙戊申，闽县陈公子于越山……得妙石最夥，载至京师售千金"，自此寿山石身价倍增。清初耿精忠、康亲王等变本加厉地开山取石，造成数百石农破产。清中叶之后，采石规模趋萎。20世纪70年代以来，开采规模又有扩大，随着其名品如"田黄"在国际上持续走俏，寿山又出现"挖掘热"，然所得佳品并不多。近年来，全国各地墓葬中出土的寿山石石雕和家藏、传世的寿山石原料、印章等数量不少，这些资料的披露为研究寿山石的发展史提供了宝贵的实物依据。（图5.1.1）

　　寿山叶蜡石矿脉可分为三支，第一支从寿山乡南境向西北行，为旗山属。第二支由寿山乡西南向东北至都成坑附近转向西北，为高山属。上两属归寿山矿区，有关的水系为长十余公里的寿山溪。第三支是由高山分支而向东南行，到月洋山再折向东北，属于月洋矿区，有关的水系为长二十余公里的江洋溪。

1　顾祖禹：《读史方舆纪要》卷九十六《福建·福州府》，中华书局，2005，第4386页。
2　吴文治：《宋诗话全编》，江苏古籍出版社，1998，第7501页。
3　高兆：《观石录》，中华书局，1985，第1页。

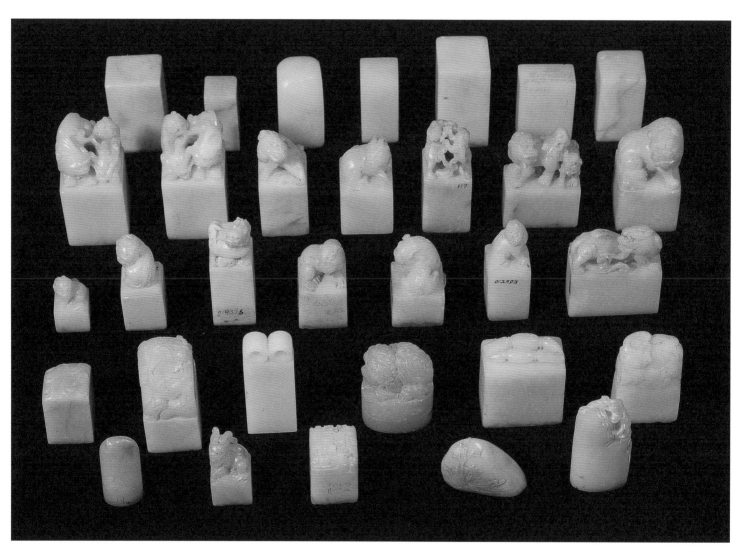

图 5.1.1
寿山石印章精品大观

一、高山石

本矿区区域比较大，矿脉最为集中，寿山石精品如田石、冻石、都成坑石、高山石等皆产于此，此为寿山石印材的核心产地。

（一）田石类

田石并非原产于田中，就石质分析，其原产于南面矿系的高山，因地质运动而破碎迁移到田里，经过千万年的泥沙沉积、水浸、地热、酸碱作用，石质变得无比温润绵密。根据寿山溪的走向，出田石的溪旁水田又称上坂、中坂、下坂和碓下坂。清以来人们称田石出自"田坑"，20世纪70年代有研究者以为："田石产地不叫坑，因为它根本无坑无洞。最早发现田石是在古砂层中，砂层或厚或薄，或深或浅，深达丈余二丈，浅则一二公尺，经过数百年的挖翻，砂层早已乱了，所以叫'坑'是无根据的。"此言有一定道理。

一般而言，从外观看来，田石微透明或半透明，肌理隐隐可见萝卜内皮样络纹，颜色外浓而向内渐淡，表面有时裹有硬黄色或灰褐黑色石皮，肌理有时有红色格纹，故有"无纹不成田、无皮不成田、无格不成田"的谚语。然而纹乱、皮粗、格多又为石病，终非佳品。因田石为高山石剥落而成，又有谚云"田石自古无大料"，按现在所见，三十余克（合一旧两）以上即为大料，百余克以上即为特大料，五百克以上则为超级大料，价值极高。

1. 田黄石

田黄是田石中的最佳品，也是寿山石印材的最高级代表，在明代被称为"黄石"。施鸿保《闽杂记》载："明末时，有担谷入城者，以黄石压一边空筐，曹节愍公见而奇赏之，（寿山石）遂著于时。"[4]可见明末之前，田黄石尚未引起世人关注。到清代，因其色黄为皇帝所喜，清制在元日祭天时，必取田黄置案上，取"福（建）寿（山）齐（祭）天（田，田黄）"之祥瑞意义，乾隆皇帝有田黄石三联印。自清以后，田黄石价激增无减，到现下，田黄价格竟上涨到一两石六两金或一两石七两金。凡质纯块大者，其价格之昂贵，甚至超过这等比例。所以，田黄石料，无论新旧，都具有极高的价值。（图5.1.2）田黄石大概可以分为以下九种：

（1）橘皮黄种：具有浓重的黄色，略现红气，为极佳品。（图5.1.3）

（2）黄金黄种：色较清明，如葵花黄色，为极佳品。（图5.1.4）

（3）枇杷黄种：不透明，黄色鲜艳庄重，为极佳品。（图5.1.5）

（4）田黄冻种：半透明至透明，通灵无比，纹、格清晰可辨，为田黄石之绝佳品。（图5.1.6）

4　施鸿保：《闽杂记》，来新夏校点，福建人民出版社，1985，第132页。

图 5.1.2
寿山田黄石印章大观

（5）桂花黄种：半透明，色近淡枇杷黄，为佳品。又称"鸡油黄"。（图5.1.7）

（6）熟栗黄种：不透明，色呈老黄色，很均匀，为佳品。（图5.1.8）

（7）糖果黄种：呈一种凝重的赤黄色，如糖液色，较均匀，为佳品。（图5.1.9）

（8）肥皂黄种：不透明，色如肥皂，较暗，如汗渍黄色，为一般品。（图5.1.10）

（9）桐油地种：为下坂所产，色如桐油，暗而无彩，是田黄石中的下品，现在也很少出产。（图5.1.11）

田黄奏刀手感极好，仿佛石晓人意，切动自如，凡刻过者，其快感终生不忘。

2. 黑田石

田石除田黄外，其他品种的名称均以色冠前，称为黑田、白田、红田等，以突出田黄之贵。黑田石产量较田黄少，以不易为人所重，其价值极高。其主要产于铁头岭下、下坂田中。黑田石可分为以下三种：

（1）黑皮田种：黑皮田是带有微透明的黑色皮层的品种，又称为"乌鸦皮""蛤蟆皮"，黑皮厚薄不一，其色由黑到褐到黄不一，肌理尚通灵，大块者属极佳品。（图5.1.12）

（2）纯黑田种：半透明，通体黑中带赭，萝卜纹似水流状，纹较粗，为佳品。（图5.1.13）

（3）灰田种：半透明，灰色，萝卜纹、红格都清晰，大块者为佳品。（图5.1.14）

黑田奏刀手感虽略逊于田黄，但也感觉极好，为最佳印材之一。

3. 白田石

白田石多产于上坂、中坂，产量极低，价值极高。其外表温润如玉，有的透明度很高近似水晶冻，以通灵、格少、纹美者为极佳品。《观石录》称赞白田石"洁则梁园之雪、雁荡之云，温柔则飞燕之肤、玉环之体，入手使人心荡"[5]。其治印奏刀手感与田黄相似。（图5.1.15）

4. 红田石

此石因极罕见，情况较复杂，长期以来关于有无红田的争论从未停歇。如以色泽区别，还是能见到红田石的，大概可分为以下两种：

（1）橘皮红种：色如深红橘皮，又如深红琥珀，最红者近枣红；乌鸦皮、萝卜纹、红格可见，半透明，有极高的价值，价比田黄。治印手感极

图 5.1.3
橘皮黄种印章

图 5.1.4
黄金黄种印章

图 5.1.5
枇杷黄种印章

5　高兆：《观石录》，中华书局，1985，第1页。

图 5.1.6
田黄冻种印章

图 5.1.7
桂花黄种印章

图 5.1.8
熟栗黄种印章

图 5.1.9
糖果黄种印章

图 5.1.10
肥皂黄种印章

图 5.1.11
桐油地种印章

图 5.1.12
黑皮田种印章

图 5.1.13
纯黑田种印章

图 5.1.14
灰田种印章

图 5.1.15
白田石印章

好，仿佛田黄。（图5.1.16）

（2）煨红种：据说因烧草积肥等原因，田土受热，进而使其中的田黄石表皮的二氧化铁发生反应。明清时亦有取田黄有意煨成，形成红色层，而石之肌理仍为黄色。其石因受过煨热，石质转脆，故价值不如田黄。（图5.1.17）

5. 银包金田石

银包金田石又称"银裹金"。有的研究者将其归入"田黄"或"白田"，成为其中之一种。然外皮黄，入心渐淡至白者，又称"金包银""金裹银""金银地"等，应属田黄，而本品种似难归入。其石外白内黄，有的白色层可厚达1厘米，内心黄色通明而淡，如桂花黄，有的半透明如水晶冻，常有乌鸦皮、萝卜絮、红格。产量少于田黄。治印奏刀手感极好，仿佛田黄。（图5.1.18）

6. 搁溜田石

搁溜田石又称"猴流田"、"滑溜田"（当地方言，指滚出来的意思），其暴露于溪流、田中，无大块。外观呈不透明或半透明，有灰、黑、黄、牛角等色。往往带硬黄、黑褐表皮，肌理有时含砂钉。凡是质纯者有极高的价值。治印手感逊于黑田，仍为较好印材。常有借此石之皮而治薄意印者，形成有明显反差的独特浮雕效果。

7. 溪管独石

溪管独石又称"溪坂独石""溪中冻"，是指被山洪冲到寿山溪底的田石。中坂溪管屋附近地势较缓，溪流急转弯，水速突变，故此地出产最多。田石因久蕴水中，外表蚀变为无光泽的黄色或褐色，肌理则更加晶莹通灵。如《观石录》记："至今春雨时，溪涧中数有流出，或得之于田父手中，磨作印石，温纯深润。"[6]凡肌理美好者有极高的价值。溪管独石治印奏刀手感不一，为较好的印材，有人就其自然形做成薄意印，亦美妙可爱。

田石类贵重，以他石冒充者，主要以高山石、都成坑石、鹿目格石等寿山石及朝鲜石欺市。以下简要叙述各类石材，通过比较，真假田石是不难区别的。高山石质松，而田石质实；都成坑石坚硬，而田石温润；鹿目格石肌理涩而无萝卜纹，田石肌理通灵而显现萝卜纹；黄朝鲜石的上品外观几能乱真，然而其手感轻，又有些黏手，奏刀松脆有声，田石手感重于它，手感爽腻，奏刀亭匀无声。

（二）水坑石类

寿山乡东南约1.5公里外，有名为"坑头占"的山峰，山麓溪流之源有

图 5.1.16
橘皮红种印章

图 5.1.17
煨红种印章

图 5.1.18
银包金田石印章

---

6 高兆：《观石录》，中华书局，1985，第1页。

图 5.1.19
水晶冻种印章

图 5.1.20
黄水晶冻种印章

图 5.1.21
黄水晶冻种印章

图 5.1.22
红水晶冻种印章

一矿脉呈东西走向，延伸到溪涧之中，称为"溪中洞"。这里诸洞出产的，统称"水坑石"。因矿体为地下水侵蚀，各种印石多为透明、晶莹无比。如《观石录》所云"水坑上品，明泽如脂，衣缨拂之有痕"[7]。水坑产品往往在水下，洞深莫测，矿脉难寻，开采艰辛程度最高，在清末就已绝产，现在得见是百年前旧物。20世纪80年代又曾试采，仅获百斤，且质量较差。水坑石各品种往往以石色象形而定。

1. 水晶冻石

水晶冻石产于水晶洞，治印手感稍逊于田黄，也为佳材，主要分为以下六种：

（1）水晶冻种：透明澄澈如水晶，又名"晶玉"，往往有粒点夹杂其中，俗称"虱卵"。《观石录》所云："白玉肤理，微有粟起。"[8]肌理可见水晶状绵纹者为佳品。此品在坑头冻中也有产。（图5.1.19）

（2）黄水晶冻种：基本质地同水晶冻种，产量较少，色泽如枇杷黄，光泽强，娇艳可爱，为极佳品。（图5.1.20、图5.1.21）

（3）红水晶冻种：基本质地同水晶冻种，产量较黄水晶冻种更少。往往在透明白水晶质中，含鲜红细点如桃花，又称"桃花冻""桃花晶"；又有赤红间黄，人称"玛瑙冻""玛瑙晶"。质美者为极佳品。（图5.1.22、图5.1.23）

（4）发晶种：透明如白，肌理有如头发状条纹，或平或斜杂陈，是一种少见的佳品。

（5）鱼脑冻种：在晶冻中，凝脂状，有熟鱼脑状纹。《后观石录》赞曰："玉质温润、莹洁无类，如搏酥割肪，膏方内凝，而腻已外达。"[9]为极佳品。此品在坑头冻中也有产。（图5.1.24）

（6）环冻种：在白、红水晶冻种和鱼脑冻种中，有时可见直径不足一厘米的粉白色晕环，有悬浮肌理，有环环相叠，有多环成串，蔚为奇观，为极佳品。此品在坑头冻石中也有产。（图5.1.25）

2. 坑头冻石

坑头冻石产于与水晶洞相去不远的坑头洞，其中有石如水晶冻种、鱼脑冻种、环冻种等，与水晶洞产极相像，然品质不如水晶洞所产的好，杂色多于水晶冻。其产品一般也为佳材。治印手感一般较水晶冻硬。坑头冻石主要有如下五种：

（1）鳝草冻种：又称"仙草冻"，石色暗青中挂黄，较蟹青色稍黄，

7　高兆：《观石录》，中华书局，1985，第3页。

8　同上。

9　王文正、周石磊：《中国石玩石谱》，气象出版社，1996，第267页。

外黄内黑，见色点如鳝鱼之脊，有的半透明，肌理隐现草叶状粗纹。此种冻石堪为佳品。（图5.1.26、图5.1.27）

（2）牛角冻种：冻色黑中带赭，通明有光。郭柏苍《闽产录异》称之："色如牛角，而通明过之。"[10]有的有水流状萝卜丝纹，有褐黄色格，易被误认作黑田石；有的肌理含浓墨点。此种有大材，为佳品。（图5.1.28）

（3）天蓝冻种：又称"蔚蓝天""青天散彩"，质地通明如水晶；色浓者如初霁晴天，蔚蓝澄澈；淡者如瓷器的雨过天青色，洁雅冲淡。凡质纯娇艳者为极佳品。（图5.1.29）

（4）冻油种：质地较实，有裂痕，微透明，似凝冻的油蜡，有白、黄、绿诸色，大都含有杂质黑点，白而纯者外观仿佛芙蓉石，而温润不及。凡质纯者为佳品。（图5.1.30）

（5）坑头石种：坑头洞所出印材，除晶、冻外，统以"坑头石"命名，质稍坚，半透明或微透明，有黄、红、灰、白、蓝诸色。在坑头洞附近的砂土中，有时还能挖到块状独石，亦具萝卜纹及红格，唯肌理含白晕起状，为田石所不见，当地称之为"掘性坑头"或"坑头田"。坑头石中质纯美者也为佳品。（图5.1.31）

（三）中心矿系石类

此类石料产于寿山乡内栲栳山等矿点，属于栲栳山种。栲栳山又名"富老山"，位于寿山乡中洋与外洋交界处，形似竹编盛器——栲栳而名。此类石料主要可分为如下两种：

1. 栲栳山石

此种石料石质粗松，多含未蜡化的高岭土及砂粒，有黄、红、白、紫等色，杂幽暗色斑者俗称"鹧鸪斑"，也有极少量质纯色佳者出产。奏刀手感尚好，含杂处忽松忽坚，令人不快，为一般印材。（图5.1.32）

2. 狮头石

此品产自栲栳山旁狮头岗（又称"铁头岭"），质粗不透明，有各色错杂花纹，或呈层状，或现为条带，比栲栳山石略坚，当地俗称"花坑"，也为一般印材。

（四）南面矿系石类

此类石料分布于寿山乡南2公里范围内，高山主峰屹立于此，其同矿脉交错，坑洞逾百处，坑位也高下不一。此类石料品种繁多，除田石（田石之母也在此区域）、水坑石、都成坑精品、芙蓉石外，还包含了大量寿山印材精品。

图 5.1.23
红水晶冻种印章

图 5.1.24
鱼脑冻种印章

图 5.1.25
环冻种印章

10　郭柏苍：《闽产录异》，岳麓书社，1986，第37页。

图 5.1.26
鳝草冻种印章

图 5.1.27
鳝草冻种印章

图 5.1.28
牛角冻种印章

图 5.1.29
天蓝冻种印章

图 5.1.30
冻油种印章

图 5.1.31
坑头石种印章

图 5.1.32
栲栳山石印章

1. 高山石

高山与旗山、猴柴磹山构成寿山三大主峰，高山海拔982.8米，山中矿产丰富，自宋代至今，一直为寿山叶蜡石主要开采区域。高山石一般质细而微松，莹洁而通灵，因含水分较高，每遇严夏酷暑、秋冬气燥，石面会枯燥，色泽也会褪暗，故需以植物油养护。旧高山石存世既久，石性稳定，包浆美观，所以世人爱旧而鄙新。高山石七色皆备，而又浓淡深浅，变幻万千。凡单色高山石，人们常命名为"红高山""白高山""黄高山"；因色泽变化，又名为"荔枝红"、"桃花红"、"美人红"、"瓜瓤红"、"玛瑙红"、"朱砂红"、"高山糟"、"墨鱼骨白"（图5.1.33）、"鸡骨白"、"象牙白"、"高山硋（陶色）"、"草芒高山（暗黄有荸草纹）"等，非常繁复，还有彩色的"五彩高山"、"俏色高山"（图5.1.34）等，竟以百计。故本书以各矿洞所产，区别定名。高山石大体可分为以下十一种：

（1）和尚洞高山种（高山各种的洞名后，常随"高山"之名，以示与他石之区别，以下几条略去）：洞在高山峰顶，传为明代寺僧开采处，石多土红色、灰红色，质结实，微透明。现已绝产。为较好印材。（图5.1.35）

（2）大洞种：又名"古洞"，洞位于和尚洞下方，亦为寺僧所开，因比其他洞大而名。石质较硬，依色又可称为"大洞白""大洞黄""大洞晶""大洞冻"等，也有杂色大洞。为较好的印材。（图5.1.36）

（3）玛瑙洞种：又称"玛瑙冻"，洞在大洞下，亦为明代寺僧所开。半透明，往往红、黄、白相混。有的有裂纹，有人混作水坑玛瑙冻，但比水坑玛瑙冻松脆，透明度也不如它。为较好的印材。

（4）油白洞种：油白洞系大洞的一个分支，民国初年开采，其质为高山石最松者，新出洞时色为鱼骨白，经油浸变牙黄色，离油不久即出现渣状白芒，又常出现白格。此石不宜离油浸，为高山石的下品，绰号"财主石"，为普通的印材。（图5.1.37）

（5）大健洞种：洞与大洞相邻，也为较大矿洞，分为数支，由清朝黄大健所开。白色材质较多，黄、红色次之，质稍硬，有砂格，有微透明或半透明者，为普通印材。（图5.1.38）

（6）世元洞种：洞在大健洞后侧，为清朝张世元首开。石质稍坚实，以红、白二色最常见，色泽鲜明，为普通印材。（图5.1.39）

（7）水洞种：洞位于世元洞下方，深入地下水层，为20世纪40年代开凿，产出一种上红下黄的印石，上部微透明如玛瑙，下部透明似黄水晶冻。用油浸则晶莹有光，离油则枯燥；另出一种全透明如白水晶者，干燥时表面如渣状。奏刀手感软而松脆。（图5.1.40、图5.1.41）

图 5.1.33
墨鱼骨白石印章

图 5.1.34
俏色高山石印章

图 5.1.35
和尚洞高山种印章

图 5.1.36
大洞种印章

图 5.1.37
油白洞种印章

图 5.1.38
大健洞种印章

图 5.1.39
世元洞种印章

图 5.1.40
水洞种印章

图 5.1.41
水洞种印章，狮钮

（8）嫩嫩洞种：洞与水洞邻近，以开凿人取名，色淡质灵，佳者与水晶冻相像，肌理隐现萝卜纹。该洞产量少，1913年曾采到一批珍品，俗称"民国二高山"。奏刀手感一般。（图5.1.42）

（9）四股四种：洞在嫩嫩洞旁，由四户矿工合股开采而名。石质坚硬，微透明或半透明，有红、黄、灰、白等色，与都成坑石相像。奏刀手感尚好。（图5.1.43）

（10）新洞种：1973年后，有组织地以和尚洞为起点，大规模下凿，一统众洞，又从山腰开辟新脉，贯通两洞，所产之石称"新洞高山"或"新高山"。产量大，各色俱备，石质细嫩，时有晶冻和萝卜纹石出现，凡色美质佳大块者，价值较高。就奏刀手感而言，从一般印材到优质印材都有。（图5.1.44）

（11）掘性高山种：高山矿床剥蚀而埋藏于山土间，大块者可达百余斤，一般有皮，有的也显现萝卜纹，有白、黄、红等色，质佳者直可混充田石，但其温、润、腻度不及田石。奏刀手感较松脆，是较好的印材。（图5.1.45）

高山与水坑的坑头属同一矿系，在高山各洞所出晶冻中，有的外观与坑头所出几难分辨，故常加上"高山"二字以示区别，如"高山水晶冻""高山鱼脑冻""高山桃花冻""高山牛角冻""高山天蓝冻""高山玛瑙冻"等，然比之水坑所产，透明度比之逊色，也比之松脆一些。但这些晶冻，也都是佳品，具有一定的价值。

2. 小高山石

小高山石产于高山峰的东侧，又名"啼嘛洞"，此品石质粗松，色多红、黄、白相杂，其中色块像啼哭泪痕，故名"啼嘛"（当地称"哭"为"啼嘛"）。该石现在产量较大，奏刀手感粗松，为一般印材。（图5.1.46）

3. 太极头石

太极头为高山峰北麓一山冈，太极头石质地晶莹通灵，有红、黄、白色，红如霞、白如玉、黄如蜜。奏刀手感爽利，为优质印材。（图5.1.47）

4. 白水黄种

白水黄种产于高山东南面山冈，质硬不透明，有裂纹，外表有黑皮，肌理有层纹，间有黑、黄、白等色。此品主要有如下两种：

（1）水黄种：色黄，有纯黄、干黄（又称"甘黄"）之分。纯黄者质细嫩，干黄者色暗，质粗易裂。产量较大，价值一般。刻印易剥落，为一般印材。（图5.1.48）

（2）水白种：色白略带淡黄或淡绿，石质光润，有的像芙蓉石，质纯

图 5.1.42
嫩嫩洞种印章

图 5.1.43
四股四种印章

图 5.1.44
新洞种印章

图 5.1.45
掘性高山种印章

图 5.1.46
小高山石印章

图 5.1.47
太极头石印章

图 5.1.48
水黄种印章

图 5.1.49
黄都成石印章

者有一定价值。也为一般印材。

（五）东南矿系石类

本类石料分布于寿山乡东南面2—3公里，有都成坑、月尾山二条矿脉，也产有许多印材精品，但产量远不如南面矿系。

1. 都成坑石

都成坑，又称"杜陵坑""都灵坑""都丞坑"，在高山东面偏北约2公里的都成坑山中。清道光年间始大量开采。石质坚硬通灵，光彩夺目，名列山坑石之首，且表里如一，可与田石媲美。都成坑石难遇大块，而且常有石英砂夹杂其中，石色以黄、红、白三色最为多见。"黄都成"有黄金黄、桂花黄、熟栗黄、枇杷黄、洋参黄之分；"红都成"有橘皮红、朱砂红、桃花红、玛瑙红之分；"白都成"有泛微灰、淡黄、青蓝等色。（图5.1.49、图5.1.50）此外还有黄红白三色都成坑、五彩都成坑、葱绿都成坑等。都成坑石分洞产与掘性两类，洞产中有一种黏岩都成坑石，石块不大，和周围岩石紧贴，质地特别纯净晶莹，黏岩一面常有石英砂粒，制印钮时常剔除而形成凹坑，光泽可称寿山品之冠。都成坑石大致可分为如下四种：

（1）琪源洞种：又名"世元洞""锦元洞""金源洞"等。相传为清代张世元首先开采。到民国年间陈朱森、黄琪源、陈金木等进行开掘。1946年停产。1980年，黄琪源之子黄光蛟将旧洞重开。石质晶莹温润，色多黄、红，纯洁少砂，肌理含细萝卜纹。其中所产"黄金源洞石""红金源洞石""白都成坑石"等都有很高的价值。治印手感很好，品质优良。（图5.1.51）

（2）坤银洞种：洞位于琪源洞上方，近代张坤银所凿，故名。石质微脆，半透明；有黄、红、白、灰诸色，多呈条纹状，纯洁度稍逊于琪源洞所产。奏刀手感略比琪源洞所产坚脆，为良好的印材。（图5.1.52）

（3）元和洞种：洞在坤银洞旁，近代陈元和开凿。石质坚脆，多杂色，微透明，肌理有白点。印材品质与坤银洞种相仿。（图5.1.53）

（4）掘性都成种：为块状矿石，埋藏砂土中，石质特别温润，黄色为主，含一种细弯的萝卜纹，有红格，有人混为"田黄"，但细观其萝卜纹不如田黄绵密，质纯者有极高的价值。刻印手感很好，为优质印材。（图5.1.54、图5.1.55）

2. 芦荫石

芦荫一名"芦音"，产自坑头东北面半公里溪旁芦苇田里，因而得名。此为一种掘性石，非坑产，质温润，以黄色为主，另有红、蓝、灰、白等色，不透明到半透明，有的也显现萝卜纹及红格，酷似田石，俗称"芦荫田"，质次于下坂田石。芦荫石已基本绝产，刻印手感类似掘性都成种，为

图 5.1.50
红都成石印章

图 5.1.51
琪源洞种印章

图 5.1.52
坤银洞种印章

图 5.1.53
元和洞种印章

图 5.1.54
掘性都成种印章

图 5.1.55
掘性都成种印章

图 5.1.56
芦荫石印章

图 5.1.57
芦荫石印章，仿竹根

图 5.1.58
尼姑楼石印章

一种优良印材。（图5.1.56、图5.1.57）

3. 尼姑楼石

尼姑楼石一名"来沽寮"，坑近都成坑，石质也相近，比都成坑坚脆，微透明，不如都成坑通灵，有黄、红、白、灰等色。其中，色黄而质纯者易与田石相混；色红质纯者可敌玛瑙；白净者匹芙蓉石而有过之。这些产量都不多，刻印手感比都成坑稍硬，为优良印材。（图5.1.58、图5.1.59）

4. 美醉寮石

美醉寮又名"迷翠寮"，产于都成坑山顶，古代有建筑于此，额书"迷翠寮"，故名。石质近都成坑，半透明或微透明，而肌理常有闪金点，有夹灰白色"花生糕"的，黄色纯净通灵者为上品，尚有红、白等色。产量很少。刻印手感与都成坑相近，为优良印材。（图5.1.60）

5. 蛇匏石

蛇匏位于都成坑旁，山丘形如瓜匏，传说有毒蛇出没，故名。蛇匏石、都成坑石、尼姑楼石、美醉寮石为寿山名品，称"印石四姐妹"。蛇匏石质地比其他三者略松软，光泽稍逊，而温润过之，产地无坑，大多为掘性独石，微透明，黄色通灵者可比田黄，但有皮无纹，红色也极罕见，还有灰白色。蛇匏石产量很少。治印手感比都成坑略软，是优良印材。（图5.1.61）

6. 鹿目格石

鹿目格石产于都成坑的山坳砂土中，为掘性独石，石质细润，外表有黄色或乳白色石皮，微透明，富有光泽。治印手感近都成坑，为优良印材。此品可分为如下两种：

（1）鹿目田种：有熟栗黄色、褐黄色、蟹灰色者，有皮，有牛毛状萝卜纹，但常含色点或砂钉，有500克以上大材。产量不高。（图5.1.62、图5.1.63）

（2）鸽眼砂种：红色通灵，半透明，如丹砂点点沉浮于清水中。即《后观石录》中所说："通体荔红色，而谛视其中，如白水滤丹砂，水砂分明，粼粼可爱，一云'鹑鸽眼'，白中有丹砂，铢铢粒粒，透白而出，故名'鸽眼砂'，旧录亦以此为神品。"[11]（图5.1.64）

7. 善伯洞石

善伯洞一名"仙八洞"，位于都成坑临溪山中。相传清朝咸丰年间，由石农善伯开采之，后洞塌身亡，从此无复再开。1938年前后，恢复开采。此地属都成坑余脉，石质微坚，半透明，晶莹如凝脂，有黄、红、白、灰、紫等色。近年又有恢复开采，曾有人以质纯者充田黄出售，善伯洞石肌理每含

11　王文正、周石磊：《中国石玩石谱》，气象出版社，1996，第267页。

图 5.1.59

尼姑楼石印章，凤钮

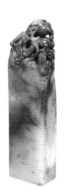

图 5.1.60

美醉寮石印章

图 5.1.61

蛇匏石印章

图 5.1.62

鹿目田种印章

图 5.1.63

鹿目田种印章

图 5.1.64

鸽眼砂种印章

"金砂地"或"花生糕"，为田石所无。治印手感略坚于都成坑，为优良印材。（图5.1.65、图5.1.66）

8. 碓下黄种

碓下黄种又称"带夏黄""岱下黄"，产于靠近碓下坂的山坡，大致有如下两种：

（1）洞产碓下黄种：质细软，色黄，有浓有淡，不透明，有细密裂缝，肌理有白泡点，称为"虱卵"。治印手感软于都成坑，为优良印材。（图5.1.67）

（2）掘性碓下黄种：为土中独石，石色与洞产相近，表面有石皮，质地较洞产润，内也含"虱卵"，还有出于碓下坂田中者，称为"碓下坂田"。治印手感比洞产碓下黄种更润一些，为优良印材。（图5.1.68）

9. 月尾石种

月尾石种一名"牛尾石"，产于都成坑北月尾溪旁，主要有如下三种：

（1）月尾紫种：产于月尾溪边，石质洁，有光泽，微透明，有肌理闪银点者。另有浓紫色不透明者，名"猪肝紫"，为佳品。有的含有白色筋络。治印手感与都成坑相近，为优良印材。（图5.1.69、图5.1.70）

（2）月尾绿种：产自月尾溪边，质较松，色有浓有淡，光泽不如月尾紫，以色翠通灵者为贵。卞二济《寿山石记》形容它像"蕉叶方肥，幡幡日下"[12]。色浓者又可称"月尾艾绿"。色淡者又可称"月尾艾背"。治印手感略松于月尾紫种，为优良印材。（图5.1.71）

（3）回龙冈种：一名"回龙艮"，产于月尾溪旁，靠近都成坑。质与月尾紫种相近，但性微松，稍逊通灵，色多黄绿、红紫，含紫色斑点和黄色格纹，又有白、紫、灰红杂色等。治印手感与月尾绿种相近。（图5.1.72）

（六）东面矿系石类

本类石料分布于寿山乡东面2—4公里，有金狮公、吊笕、金山顶三条矿脉，矿床较分散，但各具特色。

1. 金狮峰石

金狮峰石产于高山峰东北约3公里的金狮公山，石质粗糙，坚硬，有黄、红、灰及杂色，密布金属砂，一般无光泽。质佳者近似鹿目格。治印手感一般，为普通印材。

2. 房拢岩石

房拢岩石又称"饭桶岩""饭洞岩""粪桶岩"，产地位于金狮公山旁。质粗而多砂，各色皆有，色杂不纯。20世纪40年代出一批石质较纯

图 5.1.65
善伯洞石印章

图 5.1.66
善伯洞石印章

12　高兆：《观石录》，中华书局，1985，第4页。

图 5.1.67
洞产碓下黄种印章

图 5.1.68
掘性碓下黄种印章

图 5.1.69
月尾紫种印章

图 5.1.70
月尾紫种印章

图 5.1.71
月尾绿种印章

图 5.1.72
回龙冈种印章

图 5.1.73
房拢岩石印章

图 5.1.74
鬼洞石印章

图 5.1.75
吊笕种印章

者，半透明或微透明，但较坚脆。治印手感比都成坑硬，为普通印材。（图5.1.73）

3. 鬼洞石

鬼洞石又称"果洞石"，产自房拢岩附近，石质粗劣，坚硬多砂，有褐黄、灰等色，不透明。治印手感粗脆，非理想印材。（图5.1.74）

4. 野竹桁石

野竹桁石产自房拢岩附近，石质石色与房拢岩种很接近。为普通印材。

5. 吊笕石

吊笕石又称"豆耿""吊肯"，产自高山峰东北面四五公里的吊笕山。治印手感坚脆，为较好印材，可分为以下两种：

（1）吊笕种：石质坚硬，微透明或半透明，有光泽，有黑、蓝、灰、白等色，有白色或黄色石皮。有的呈苍蓝色，肌理通灵，极似"牛角冻"，但内含黑色条痕，称为"吊笕冻"。偶见有红色环带状花纹带者。（图5.1.75）

（2）虎皮冻种：黑底或灰底，带有黄斑纹带，质地微透明，有光泽。（图5.1.76）

6. 鸡角岭石

鸡角岭石产于吊笕山附近的鸡角岭。石质粗松，有细裂痕，称"鹦爪痕"，以黄、白色为最常见，有色块及未叶蜡石化的岩体掺杂其间。治印手感粗松，为一般印材。（图5.1.77）

7. 连江黄石

连江黄石产自高山峰东北约6公里的金山顶，因矿点近连江县故名，有人误认为是连江县所产。主要呈藤黄色、黄白色、米糠黄色，质硬而微脆，有细裂纹，肌理隐现条条直纹，似萝卜纹，但直且粗，称"九重裸纹"。清末曾采得优质石材，有石商将其冒充田黄以骗人。郭柏苍有言："'连江黄'产连江。似'田黄'，色黯，质硬；油渍即黝。宦闽者误以'都丞坑''连江黄'为'田石'。"[13]治印手感坚硬并会剥落，为普通的印材。（图5.1.78）

8. 山仔濑石

山仔濑石又称"山井籁"，产于金山顶附近的瓦坪。石质粗劣含砂，石以黄、白、红、黑色为主，几无纯色，不透明，治印手感粗脆，易崩，为劣质印材。（图5.1.79）

13　郭柏苍：《闽产录异》，岳麓书社，1986，第36-37页。

图 5.1.76
虎皮冻种印章

图 5.1.77
鸡角岭石印章

图 5.1.78
连江黄石印章

图 5.1.79
山仔濑石印章

图 5.1.80
柳坪石印章

图 5.1.81
松坪石印章

图 5.1.82
猴柴磹石印章

图 5.1.83
无头佛坑石印章

（七）东北矿系石类

本类石料分布于寿山乡东北面3公里左右的柳坪尖一带，石质细但不透明。

1. 柳坪石

柳坪石又名"柳寒"，产自高山峰北偏东约4公里的柳坪尖。石质粗松，不透明，有灰白、青紫、淡黄诸色，常各色交错，含微透明的紫色、白色粒点。又有"柳坪紫""柳坪晶"等品类。治印易受刀，是较好印材。（图5.1.80）

2. 松坪石

松坪石与柳坪石同出一脉，多绵纱，色如马肉红，纯净者少，不透明。治印手感较柳坪石涩滞，为较好印材。（图5.1.81）

二、旗山石

旗山石的区域主要在高山北面。

（一）北面矿系石类

本类石料自离寿山乡约2公里的猴柴磹山向北延伸至黄巢山一带，有猴柴磹、旗降山、柳岭、黄巢山等矿脉。

1. 猴柴磹石

猴柴磹石又名"九茶岩""猴茶南"，产自高山峰北面3公里的猴柴磹山，该山海拔941.6米，是寿山乡三座主峰之一。南宋已开采此种石作俑。石质松软，微透明；多含砂钉，有黄、绿、红、白、灰等色；有的通灵而肌理隐现色斑条纹，似槟榔芋者，名"槟榔九茶岩"；色白者，名"白九茶"；质地凝腻，纹如吊笕虎皮冻而稍纤细者，名"豹皮冻"，此为明清产品。治印手感粗软，为一般印材。（图5.1.82）

2. 无头佛坑石

无头佛坑石产自猴柴磹山之东南麓，清末，有石农在此凿洞，觅得一无头神像而得名。石质稍坚硬，微透明，裂纹多，有黄、绿等色。此石产量很少，早期质纯色美者有一定价值。治印手感爽脆，会裂崩，为一般印材。（图5.1.83）

3. 旗降石

旗降石又称"奇艮""奇冈"，产自猴柴磹山东面的旗降山，距高山峰约3公里，包含以下两种品类：

（1）坑头旗降种：石质坚细而温嫩，微透明，有光泽，红、黄、白三色杂生，材大时可裁为纯色，也有"金裹银""银裹金"的现象。过去被列为寿山粗石类，不为重视，现已绝产。治印手感粗松，石粉起卷，为普通印

材。（图5.1.84）

（2）掘性旗降种：为块状独石，产自砂土中，色与"坑头旗降"相近，半透明，质更温润，表面有石皮。治印手感好于"坑头旗降"，为较好印材。（图5.1.85）

4. 老岭石

老岭石（图5.1.86）又名"柳岭"，产于寿山乡北端柳岭深山中，与高山峰相距约4公里。宋代就采此种石材用于雕刻，现仍大量开采。治印手感较爽脆，为良好印材，含以下三种印材：

（1）老岭青种：质地坚脆，微透明，青翠色。

（2）老岭通种：亦称"老岭晶"，色青翠明润，几近透明。又有色嫩绿如豆叶，质更温润凝腻，间有红色筋络者，称"豆叶青"。

（3）圭贝石种：又称"鸡背石"，同属柳岭石矿脉，色绿通灵，质地微坚，间有黄色筋络，外观仿佛浙江青田"封门青"。1937年曾出产一批精品，不久即停产。

5. 墩洋绿石

墩洋绿石产于寿山乡北端黄巢山（俗称"黄枣寨"，相传唐乾符年间，黄巢在此筑寨）附近，距高山峰约6公里，产地近墩洋乡，故名。石色以青、绿居多，质细，微透明到半透明。有呈石青色，透明闪亮，与雄鸭羽毛颜色相似者，又称"鸭雄绿"。治印手感爽利，为较好印材。（图5.1.87）

（二）西面矿系石类

本类石料位于寿山乡西面2公里的旗山一带，所产佳品不多。

1. 牛蛋黄石

牛蛋黄石又名"鹅卵黄"，产自旗山溪涧中，为块状，叶蜡石化较彻底，形如鹅蛋，带石皮。有的细而微润，微透明，米糠黄色，为旗山产石之佳品，有人呼之"牛蛋田"。治印手感比较爽润，为较好印材。

2. 寺坪石

寺坪石产地属于西南矿系，但这种石头来历有趣，与本矿系没什么地质关系。唐光启三年（887年）在此建"广应寺"，明洪武年间遭火毁，万历初重建，至崇祯年间又遭火毁。古寺僧侣曾大量采掘储藏叶蜡石，寺废时，石经火而埋覆土中，长期受土、水侵蚀，形成古气盎然的石色。此地自明代起即有人挖掘遗石。明徐㶇有诗云"草侵故址抛残础，雨洗空山拾断珉"，即指此类活动。此地各种石材应有尽有，贵如田黄、芙蓉、水坑等石也能见到。真品寺坪石有极高的价值。因包含各种石材，所以治印手感不一，从最好到较劣者皆有。（图5.1.88、图5.1.89）

图 5.1.84
坑头旗降种印章

图 5.1.85
三色掘性旗降种印章

图 5.1.86
老岭石印章

图 5.1.87
墩洋绿石印章

图 5.1.88
寺坪石印章，狮钮

图 5.1.89
寺坪石印章，花树钮

三、月洋石

月洋石分布在寿山乡东南约8公里处的月洋山、峨眉山一带，开采年代晚于寿山石、旗山石，但矿石储量丰富，分布广泛，产有芙蓉石等名品。

（一）月洋石类

本类石料产自月洋山（又名"加良山"）一带，月洋山海拔636米，有以下品种：

1. 芙蓉石

芙蓉石产自月洋山顶峰，由纯洁的叶蜡石组成，石质柔细，微透明，光滑洁润，无透明品种，故不称冻。芙蓉石内夹杂有小如芥子、大如绿豆的细砂结块，有称"老虎砂""香烟灰""芙蓉屎""卧虎屎"的，如多且大，应为石病。然有此细砂块，才是芙蓉石的特征，所谓"无灰不芙蓉"。（图5.1.90）芙蓉石初产时，并没有引起重视。据王士祯《香祖笔记》载，该石"其直亦不及寿山五之一矣"[14]。乾隆之后，"将军洞芙蓉"渐渐著称于世，至光绪年间，白芙蓉已被誉为"印石三宝"之一。郭柏苍《闽产录异》载，其"似白玉而纯粹，玉不受刀，逊于'芙蓉'矣"[15]。龚纶《寿山石谱》称："温润凝腻，山坑之石无其比，名曰芙蓉，岂以类初晓之木芙蓉花耶？"[16]陈子奋《寿山印石小志》赞曰："芙蓉之质与色，直可与田黄冻石雄峙寿山。"[17]芙蓉石又可分为以下两种：

（1）将军洞种：将军洞又名"天峰洞"，位于月洋山，洞深达30多米，垂直而下，相传矿洞在清早期开凿，旋为某将军所占。该洞所产，石质尤为纯净润腻，乃芙蓉石上品，后矿洞塌陷而绝产。主要品类有"白芙蓉""黄芙蓉""红芙蓉"等。"白芙蓉"（图5.1.91），又称"白寿山"，有"藕尖白"，又称"月白"（图5.1.92），质洁，凝视之内蕴青气蒸动；有"玉白"，如羊脂玉之白，极为纯净；有"猪油白"，如凝脂；有"粉白"，洁白然而不通灵。"黄芙蓉"（图5.1.93），枇杷黄色或桂花黄色，不透明，然温润无比，出产比白芙蓉少。"红芙蓉"（图5.1.94），色泽鲜艳，然大块者极稀见，常与白芙蓉共生而作巧色浮雕。龚纶曾说："红者尤难得。"此外还有"芙蓉青"等。用其治印，质较软而润腻，为优质印材。

（2）上洞种：上洞又名"天面洞"，位于将军洞附近。所产芙蓉石色

14 王士祯：《香祖笔记》，商务印书馆，1934，第113页。

15 郭柏苍：《闽产录异》，岳麓书社，1986，第38页。

16 龚纶：《寿山石谱》，福建省立福州职业学校，1933。

17 陈子奋：《寿山印石小志》，福州书画社，1980，第28页。

图 5.1.90
芙蓉石印章大观

图 5.1.91
白芙蓉石印章

图 5.1.92
月白石印章

图 5.1.93
黄芙蓉石印章

图 5.1.94
红芙蓉石印章

泽与将军洞种接近，但纯净程度不及将军洞所产，比较灰暗。治印手感比将军洞芙蓉石松软，为优良的印材。

2. 半山石

半山石产于将军洞下方的花羊洞，有白、红二色。白者纯净得极似将军洞产的"白芙蓉"，红者没有整块红，但色块较大，有的似玛瑙而鲜艳夺目，称为"白半山""红半山"等。石质比将军洞产的要坚硬。治印手感比将军洞芙蓉石坚脆，为优良的印材。（图5.1.95）

3. 半粗石

半粗石为月洋山各洞所产的粗质叶蜡石，黄、红、白都有，略带青气，夹杂青点或晶点，有裂纹，打磨后石面有粒突。治印手感较粗硬，为一般印材。（图5.1.96）

4. 绿箬通石

绿箬通石产自将军洞附近，色淡青带绿者为多，有的浓淡不均，含细砂，有的含红点或红筋，色纯者不多。治印手感较硬，为一般印材。（图5.1.97）

5. 竹头窝石

竹头窝石又名"竹头青"，产自花羊洞下方的竹篮洞，质细而润，色有淡青、淡黄或红白相间，有条痕，有的夹砂。治印手感比芙蓉石硬，为一般印材。（图5.1.98）

6. 溪蛋石

溪蛋石产于环绕月洋山的月洋溪中，为古人采芙蓉石时丢弃的残块，又经山洪等冲刷而呈蛋状。外表泛淡黄色，向内渐白，质比芙蓉石坚，有的则更润腻，佳者被称为"溪蛋田"。治印手感比芙蓉石稍坚而润，为较好印材。

（二）峨眉石类

本类石料仅峨眉石一种，产于月洋山北的峨眉山，其山海拔777米。近年将月洋山、峨眉山所产的叶蜡石统称"峨眉石"，然就印材细察之，两山产石有明显不同。

此品开采时代较晚，20世纪20年代到40年代产出一批。20世纪70年代之后又有开采，现产量较大。早先产的以青灰色较多，石质松嫩，刀刻则石粉浮起。后来产的有淡黄、青白、桃红等色，嫩红微透明，称"峨眉红"。石质细松，容易散裂。治印手感松脆，易剥落，为一般印材。（图5.1.99）

图 5.1.95
半山石印章，双兔浮雕

图 5.1.96
半粗石印章

图 5.1.97
绿箬通石印章

图 5.1.98
竹头窝石印章

图 5.1.99
峨眉石印章

第二节　青田石印章材料

青田石产于浙江省青田县，分布较广，主要出产点在青田县山口镇、北山镇、万山乡的数十个乡村。青田县最早建置于唐景云年间，境内属浙南山地，北有括苍山脉，南有雁荡山脉，西有洞宫山脉。瓯江水系由西向东横贯全境，山岭直插江畔，碧水澄澈见底，苍岩如掌耸峙，幽谷开合，浓荫蔽天，秀丽至极。目前所见最早的青田石制品，为浙江省六朝墓葬中出土的四只青田黄石石猪。20世纪50年代，浙江龙泉双塔中发现了五代十国时吴越国的一件小青田石雕佛像，质地纯净，白色中泛微黄。

据文献记载，南宋时已用青田石制作文房雅器、文人印章及小件玩物。清乾隆时韩锡胙《滑疑集》中记："（元）赵子昂始取吾乡（青田）灯光石作印，至明代而石印盛行。"[18]明郎瑛《七修类稿》记："图书，古人皆以铜铸，至元末会稽王冕以花乳石刻之，今天下尽崇处州灯明石，果温润可爱也。"[19]清周亮工《印人传》中，记载了文彭在南京选用青田灯光冻石，与李文甫治印之事："于是冻石之名，始见于世，艳传四方矣。"[20]明屠隆《考槃余事》记："青田石中有莹洁如玉，照之灿若灯辉谓之灯光石，今顿踊贵，价重于玉，盖取其质雅易刻而笔意得卷也，今亦难得。"[21]在明万历四十五年（1617年）张灏所编《承清馆印谱》中，青田冻石印已占四分之三。清代，青田石治印又有大的发展。乾隆八旬寿诞时，大臣将一套六十枚青田石刻"宝典福书"印章，作为寿礼献上，现仍存故宫博物院。自清初起，青田石制品开始外销，莫斯科、巴黎、旧金山及英国、北欧等地皆有出售。近现代以来，青田石治印更为风行。其数量在叶蜡石印材中占最多数。

叶蜡石在青田县的分布相当广泛，矿点也很多，主要矿区有：山口镇的山口、方山、塘古、山炮，有关的水系有瓯江的支流灵溪，山有封门、千狮、方岩、金子等群山；北山镇的白岩、岭头、季山、周村、石门头等，有关的水系有瓯江的支流灵溪、小溪等，碎山为两溪的分水岭；万山乡的下堡等，有关的水系有瓯江的支流船寮溪。三个区域分为三个门类。

18　《清代诗文集汇编》编纂委员会编《清代诗文集汇编》，上海古籍出版社，2010。

19　郎瑛：《七修类稿》，上海书店出版社，2001，第259页。

20　韩天衡编订《历代印学论文选》上册，西泠印社出版社，1999，第157页。

21　屠隆：《考槃余事》，中华书局，1985，第78页。

图 5.2.1
灯光冻种印章

图 5.2.2
灯光冻种印章

图 5.2.3
鱼冻种印章

图 5.2.4
兰花青田种印章

一、山口石

（一）封门石类

封门山顶峰称"沙帽岩"，又称"撞轿岩"，山势陡峭，在山口镇之西2.5公里处。《青田县志》称"枫门"。《林氏宗谱》称"风门"。民国时有人误作"疯门"。相传古时官民为矿洞产权而争，官府封矿洞屈死九名石工，故名"封门"。20世纪50年代，更名为"丰门"。封门石开采历史悠久，明代即有矿洞，青田石的代表品种、珍贵品种首推封门山所产。

1. 青绿色石

此颜色为青田石的代表色，其中的冻石曾被专业人士视为"印石三宝"之一，此品可分为如下五种：

（1）灯光冻种：又称"灯明石""灯光石"等，在明代即已发现使用。明甘旸《印章集说》中载："石有数种，灯光冻石为最，其文俱润泽有光，别有一种笔意丰神，即金玉难优劣之也。"[22]色青中泛黄，半透明，纯洁细密，灯光下视之恍若烛影。旧灯光冻石早已绝产，新出灯光冻石青色，略亮。有的稍夹黄影纹，在日光或电灯光下视之光彩照人。灯光冻无论旧新，产量均少。治印手感爽利，刻之有声，为优良印材。（图5.2.1、图5.2.2）

（2）鱼冻种：明沈野《印谈》记载："灯光之有瑕者即鱼冻，鱼冻之无瑕者即灯光，最是易辨。"[23]青色中泛微黄，温润细腻，肌理隐现浅色斑点或杂质、格纹。产量也不多。治印施刀于瑕处略感坚脆，为优良印材。（图5.2.3）

（3）兰花青田种：又名"兰花""兰花冻"，嫩绿如兰叶，明润纯净，通灵微透。明代印章中已有用此品种。产量很少。治印爽润宜刀，纵横屈曲，卷舒自如，是极优良之印材。（图5.2.4、图5.2.5）

（4）封门绿种：鲜绿色或翠绿色，质坚硬，细腻通灵，微透明到半透明，常与其他石伴生。纯净者又名"艾叶青田"。治印手感较硬，刻之有声，为一般印材。（图5.2.6）

（5）青白石种：色青白，不透明到微透明，质脆松。产量较大。治印手感松脆，刻之有声，为现代大量采用的一般印材。在其他矿点也有出产。

2. 黄褐色石

此品印石分为如下四种：

（1）黄金耀种：纯黄色，艳丽妖媚，质地纯净细洁，温润脆软，呈不透

22　甘旸：《印章集说》，中华书局，1985，第5页。

23　韩天衡编订《历代印学论文选》上册，西泠印社出版社，1999，第64页。

明到微透明，历来采不到大块。治印手感爽润，为优良印材。（图5.2.7、图
5.2.8）

（2）菜花种：此为青田石中久负盛名的品种之一，淡黄晶亮。石质细
嫩，半透明，温润柔软，人摩挲把玩后石色会变深而呈酱油色。有很高的市
场价值。治印手感柔腻，为优良印材。（图5.2.9）

（3）酱油种：此非自然生成的品种，为菜花青田经数十年甚至上百
年摩挲，色调渐深而成。治印手感好于菜花青田，为极优良印材。（图
5.2.10）

（4）封门酱油种：深棕黄色至深褐色，如酱油汤色，细润半透明，有
光泽，有的肌理隐现丝纹。产量很少。治印手感爽润，为优良印材。（图
5.2.11）

3. 白果石

白果石为一种色白微青黄、质细色匀但不透明的石材，因白果是当地糯
米制食品，故取其色近而名。很多人认为白果石具有熟银杏仁的嫩绿有光的
色泽，又称"白果冻"。其实是指封门青中极匀净者，并非封门所产的"白
果"。治印奏刀爽脆，为优良印材。（图5.2.12）

4. 朱砂青田石

朱砂青田石色红艳浑厚，质地细腻纯洁，微透明，有的夹有浅黄斑块。
治印手感爽脆，为优良印材。（图5.2.13）

5. 黑青田石

黑青田石俗名"牛角冻"，黝黑有光，色彩纯净，质地细润，微透明到
半透明，肌理有时隐现格纹。治印手感爽润，为优良印材。（图5.2.14）

6. 杂色石

封门属中有一些品类是两种以上色泽杂生一起，绚烂美丽。杂色石基本
上可分为如下七种：

（1）蓝钉种：又称"蓝花钉""蓝钉青田"，在青黄色的石材中夹有
鲜艳的宝蓝色或紫蓝色球块，钉由摩氏硬度达6.5—9的红柱石、刚玉、水钻
石等组成，美丽有趣。用于治印，在坚硬的蓝钉处无法奏刀，曾被视为劣
材，后有匠人将含蓝钉处设计在印体其他装饰部，而不在印面，却是别有意
趣的。（图5.2.15、图5.2.16）

（2）蓝花种：为青黄色石材，中夹有蓝线石形成的斑点、纹带。点状
者又称"蓝星"，纹带状者又称"蓝带"，整体非常优美。治印手感脆软，
为较好印材。（图5.2.17）

（3）封门三彩种：以黑青田为主调，上有酱油冻，两色之间大都夹
有一层封门青，有时也见夹有黑、青、黄、棕、蓝多色或仅两色，色彩分

图 5.2.5
兰花青田种印章

图 5.2.6
封门绿种印章

图 5.2.7
黄金耀种印章

图 5.2.8
黄金耀种印章，狮钮

图 5.2.9
菜花种印章

图 5.2.10
酱油种印章

图 5.2.11
封门酱油种印章

图 5.2.12
白果石印章

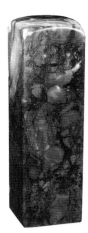

图 5.2.13
朱砂青田石印章

图 5.2.14
黑青田石印章

图 5.2.15
蓝钉种印章

图 5.2.16
蓝钉种印章

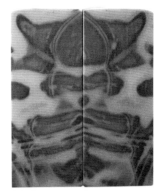

图 5.2.17
蓝花种印章

明，界线清楚，为名贵石料。治印手感细润，为优良印材。（图5.2.18、图5.2.19）

（4）封门雨花种：底子有青白色、乳白色两种，花纹有紫酱色、黑褐色、黑紫色等。此石花纹奇妙多姿，有如峰峦叠翠，有如行云流水，有如鸟翔鱼跃，有如舞台脸谱，有如松叶交错。治印手感坚硬，杂花处往往无法奏刀，为较差印材。（图5.2.20）

（5）米稀青田种：俗名"米碎花"，在深黄、淡褐、灰黑等石底子上，布满极细的白点，明代已有出产。治印手感比较坚脆，为一般印材。（图5.2.21、图5.2.22）

（6）蚯蚓缕种：青色中泛微黄，肌理隐现冻点，石中有棕、乳白色冻层。治印手感爽脆，为较好印材。（图5.2.23）

（7）冰纹封门种：此为享有盛名的品类之一，质地温嫩多裂纹者，经长期摩挲，石纹变为紫酱色，如冰裂纹。治印手感脆润，为优良印材。（图5.2.24）

（二）且洪石类

且洪在山口镇南1.5公里，贴灵溪西岸。据《林氏宗谱〈谷口图书记〉》云："上自鲤鱼奇崖壁中，为先朝官府所开，为官洪洞，其石最美。前面溪旁，从白泥中按气而求，开成深洞，新旧相错，采出白石，质不甚坚顽，除锯为印章外，可以雕琢杂物者在此。"此地采石当在元代之前，且石质优良，品类丰富，由于时间长，规模大，在矿洞前堆有大批"烂岩"，常有人去翻动搬运，俗称"担洪"，近几十年更名"且洪"。其矿洞新旧交错，产量较多。

1. 青绿色石

青绿色石主要有官洪冻一种印材，产自官洪洞、大塘洞。青色中泛微黄，温润通灵，半透明凝腻有光。治印手感柔腻，为优良印材。（图5.2.25）有人将"官洪"误认为"官红"，于是出现青田红色叶蜡石被称为"官红冻"或"官红青田"之误。

2. 蜜蜡冻石

蜜蜡冻石是黑褐色石的一种，产于禁猪洪洞，颜色呈醇厚深沉的蜂蜡色，质地细腻温润，半透明有光泽。治印手感爽润，为优良印材。（图5.2.26）

3. 柏子白石

柏子白石产于官洪洞，色极白净，质细腻而脆软，不透明，肌理偶见冻点。治印手感软脆，为较好印材。此种印材在山口其他矿洞也有少量出产。（图5.2.27）

图 5.2.18
封门三彩种印章

图 5.2.19
封门三彩种印章

图 5.2.20
封门雨花种印章

图 5.2.21
米稀青田种印章

图 5.2.22
米稀青田种印章

图 5.2.23
蚯蚓缕种印章

图 5.2.24
冰纹封门种印章

图 5.2.25
青绿色石印章

图 5.2.26
蜜蜡冻石印章

图 5.2.27
柏子白石印章

4. 紫檀纹石

紫檀纹石颜色呈紫檀色，上有平行的黄灰纹，色调古雅，质坚脆有细砂，不透明。治印手感较硬，为一般印材。（图5.2.28）

5. 杂色石

杂色石中的松花冻石产于且洪各洞。青色冻底，微透明到半透明，肌理含松花或花生壳网状花纹，质地细软温润。治印手感脆润，为较好印材。（图5.2.29、图5.2.30）

（三）尧士石类

尧士山在山口镇东1.5公里，灵溪的东岸，这里自明代起即有开采石材。民国时，这里称"岩垄"，当时国家级的报告称："岩垄为近来产印章石最多之地。"近年国家、个人在这一带开采甚多，矿洞交错，采得石质石色俱佳者，为青田石佳品的重要产地之一。

1. 黄色石

黄色石主要指秋葵石，产于尧士诸洞，淡黄色，色泽艳丽，质地温润，微透明到半透明。治印手感爽润，为较好印材。且洪诸矿洞也有少量出产。

2. 白色石

白色石主要包含两种，分别介绍如下：

（1）猪油冻种：产于尧士诸洞，色白泛微黄，质地细腻纯净，性坚脆，微透明到半透明，有凝脂感，无大材。治印手感脆润，为较好印材。（图5.2.31、图5.2.32）

（2）蒲瓜白种：又名"葫芦白"，产自南光洞，色白微青，质涸润，微透明有光泽，肌理隐现冻质花纹。治印手感坚润，为较好印材。（图5.2.33）

3. 杂色石

杂色石主要包含以下三种印材：

（1）金玉冻种：近年产于南光洞，黄白相间，白处温润明净，黄处通灵光洁，两色对比柔和，过渡自然，质地细腻半透明。块大色美者有较高的价值。治印手感爽润，为优良印材。

（2）笋壳花种：产于尧士诸洞，底子土黄色，上有黑色或红色花斑，石质较粗，不透明。治印手感较坚粗，为一般印材。（图5.2.34）

（3）芝麻花种：产于尧士诸洞，青白色底子，肌理有细黑点，质地细腻，微透明。治印手感坚润，为较好印材。（图5.2.35）

（四）白羊石类

白羊石产地属方山乡，在山口镇南6公里。冒广生《青田石考》记载："旧有土人采石，耗资无算，祷于神，假寐梦白羊，而得此坑，故以白羊名。"此地盛产青田石。

图 5.2.28
紫檀纹石印章

图 5.2.29
松花冻石印章

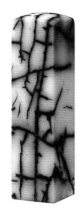

图 5.2.30
青田铁线冻石印章

图 5.2.31
猪油冻种印章

图 5.2.32
猪油冻种印章

图 5.2.33
蒲瓜白种印章

图 5.2.34
笋壳花种印章

图 5.2.35
芝麻花种印章

此类印石主要包含虎斑青田一种，又称"老虎花"，产于白羊诸洞，淡黄、棕黄底，上有黑、棕、红棕色虎皮状斑纹，石质稍粗，不透明。治印手感粗脆，为一般印材。尧士、季山等矿洞也有出产。

（五）老鼠坪石类

老鼠坪位于方山乡的群山中。古时山中采青田石的小型坑洞因多似老鼠洞，故名。

此类印石主要指老鼠冻石一种，产于外条洪洞洞峡，青色冻石带呈层状黏于黑色石料上，层厚1.5厘米左右，也偶有黄、红、白或数色相间的冻石，色泽清丽，质地细洁，较透明。治印手感坚润，为较好印材。

（六）塘古石类

塘古，当地又称"塘浒""道尾""唐古"，属山口镇，地处半山腰山湾里。冒广生《青田石考》记："塘头岭所产石，士人呼为塘古，其石以全青全黄者为最。青者如封门青，黄者如田黄，而稍见底，性细滑软腻，多光而莹，无硬钉，最宜作印。"

1. 塘古白冻石

塘古白冻石色白质地脆软，细腻晶莹，纯洁半透明，常生于"龟壳"内，龟壳为表硬而内黑的一层。产量不高，大块更难得。块大通灵者有较高价值。治印手感爽腻，为较好印材。（图5.2.36）

2. 塘古黄冻石

塘古黄冻石色彩分枇杷黄、蒸栗黄、橘皮黄等，鲜艳通明，纯洁无瑕，温润妩媚，外观近似田黄。治印手感极好，为优秀印材。

（七）山炮石类

山炮石产地在汤垟乡，此地处海拔800米的高山背。当地山头鼓起似炮，故名"山炮"。此类印石主要有山炮绿石一种，色似翡翠，十分艳丽，质纯处微透明似冻，质坚而脆，肌理有白色麻点，有裂纹，纯净者难得。治印手感较坚脆，为较好印材。（图5.2.37—图5.2.39）

二、北山石

（一）季山石类

季山石产于北山镇，其矿区范围广阔，分布在季山的季山头、门前山，周村的龙顶尖等地。民国时期有较多开采，目前开采规模已不大。

1. 竹叶青石

竹叶青石，又名"竹叶冻""周青冻"，颜色青中泛绿，通灵明净，温润细洁，石质坚实，常伴生于粗硬紫岩中，肌理常隐现小白点。治印手感爽润，为优良印材。（图5.2.40）

图 5.2.36
塘古白冻石印章，应龙钮

图 5.2.37
山炮绿石印章

图 5.2.38
山炮绿石印章

图 5.2.39
山炮绿石印章，丁二仲款

图 5.2.40
竹叶青石印章

图 5.2.41
红木冻石印章

2. 季山夹板冻石

季山夹板冻石为紫岩上一层平薄的青白色冻石，厚数毫米，石质通灵细润。治印手感较硬，为一般印材。

3. 红木冻石

红木冻石如红木般红亮，常夹有青白色条状冻石，质细腻而光泽好，色调典雅。治印手感爽腻，为较好印材。（图5.2.41）

4. 岩卵石

岩卵石，又名"龙蛋石"，独块生于紫色硬岩中，小如蛋，大似瓜，外有深棕色薄壳，壳中含黄、青色块料，质地细腻通灵。用作印材，选取印面很重要，壳部太硬不好，黄、青色部手感则很好。（图5.2.42、图5.2.43）

（二）岭头石类

岭头地属北山镇，地处仁村岭之顶，村设在岭的顶端而得名。20世纪80年代改称"岭峰"。岭头村东南有资头山，产叶蜡石。岭头石绺纹明显，刻之易崩，一般含水较多，开采后要遮光避风，以防风化，石质较粗松，光泽较差。

1. 岭头青石

岭头青石为灰青色，微夹砂，色调灰暗，石质较粗糙，不透明，少光泽。治印手感粗脆，为较差印材。（图5.2.44）

2. 岭头白石

岭头白石为灰白色，石质石性与岭头青石相似而较韧涩，为较差印材。

3. 墨青种石

墨青种石为黑而偏青灰色，色深浅不同，肌理隐现浅色花点，质粗，少光泽，产量多。治印手感粗脆，为较差印材。

4. 岭头三彩石

岭头三彩石石料中含黑、白、棕三色，有层状与环状两种分布：层状有如夹板，又有如条纹；环状为近同心圆状，三色之间界线分明。治印手感较粗，为一般印材。（图5.2.45）

（三）北山石类

白岩地处北山镇，又称"玉岩"，位于小溪东岸，其东南山冈盛产高岭土与叶蜡石。

1. 北山白石

北山白石为灰白色，质粗硬而多砂，无光泽。治印手感粗硬，为劣质印材。

2. 北山晶石

北山晶石为夹顽石而生的层状白色石，也偶有黄色之冻石，质细性软，

图 5.2.42
岩卵石印章

图 5.2.43
岩卵石浮雕佛像

图 5.2.44
岭头青石印章

图 5.2.45
岭头三彩石印章

晶莹通灵，为青田石中最透明之石，肌理常有灰白色硬钉，大块者没有。治印手感软涩，为一般印材。（图5.2.46）

图 5.2.46
北山晶石印章

三、万山石

万山石主要指武池石一类，武池在青田县城西北30公里处，叶蜡石产于其下堡西南约3公里的饭甑山。冒广生《青田石考》载："武池似寿山而次之，有红白两种，红者如朱砂，白者如蜡，惟铁皮色杂不净，性尚软腻。"清代已有开采，是青田石在瓯江之北的唯一产地。外观与瓯江南所产青田石极不相像，石表裹黑皮，石中多筋裂，倒是十分接近寿山石。

（一）武池白石类

武池白石类主要含武池白冻石一种。色白，质地细腻通灵，当地称为"冻岩"，微透明，石性脆软。治印手感脆软，为较好印材。

（二）武池红石类

1. 武池红石

武池红石为深红色，质地细润光洁，肌理隐现白花斑冻点。治印手感较爽，为一般印材。

2. 武池粉石

武池粉石为粉红色，质地细洁，肌理隐现浅色波纹。治印手感较爽，为一般印材。（图5.2.47）

图 5.2.47
武池粉石印章

（三）武池黑石类

此类印石颜色呈浓黑色，近似黑青田，多红筋。奏刀手感较硬，为一般印材。（图5.2.48）

图 5.2.48
武池黑石印章

第三节　昌化石印章材料

昌化石产于浙江省杭州市临安区昌化镇西北面的康山岭玉石山（又称"玉岩山"）。现临安区由临安、於潜、昌化三县合并而成，玉石山一带旧属昌化县，唐代置唐山县，五代吴越改曰金昌，宋时改名昌化，明清皆名昌化。昌化石产地地属浙西丘陵区，为天目山的西南余脉。

《山海经》曾记载"浮玉之山，北望具区，东望诸毗……苕水出于其阴"[24]，好像在汉以前人们已知道此地产冻石——"玉石"。现在可知昌化鸡血石出产最初是在明代。据传英国博物馆有一对铁铸的明代宗庙中的纪念像，周身用鸡血石片漆粘于上，这为所知较早之器。清代乾隆、嘉庆年间，用昌化鸡血石制朝冠上的顶子，色泽远胜红珊瑚，直径可近一寸，朝廷曾派官员到矿区督采全红的鸡血石。清道光三年（1823年）《昌化县志》记："图章石红点如朱砂，亦有青紫如玳瑁，良可爱玩，近则罕得矣。"近现代，人们仍在玉石山寻索，佳品已近绝产。当地山民、集体之间有时竟为争夺优良矿脉械斗而造成伤亡。20世纪80年代末90年代初，由当地政府干预而封矿。根据20世纪30年代的调查"玉石山矿脉成凸镜形，长一里许，最宽处约20米"，范围并不大。20世纪40年代之前，康山岭玉石山山腰岩壁上布满了各式各样的矿洞，其名称有"房二洞""狮子洞""关牛洞""双龙洞""黄洞""赤洞"等。还有水坑、旱坑之别，水坑所产质地细腻，旱坑所产坚顽有钉；又有老坑、新坑之分，大抵以清代中期为界，老坑所产石质较精。20世纪50年代之后，矿区废除旧的洞名，所开新洞，一律用编号称，如一号洞、二号洞、三号洞等。矿洞深浅不一，从近地表到深达50多米的均有。（图5.3.1）

一、鸡血石

鸡血石是极为奇妙的美石，它是因硫化汞矿脉与叶蜡石两者交融而形成，曾被列为"印石三宝"之一。昌化鸡血石主要可分为十类。

（一）大红袍类

大红袍类又称"全红""六面红"，几乎无底子，颜色正红热烈，产量极少，全为旧坑所产，有人评价极高，也有观点认为其无底子衬托，反而有一种遗憾。大材极少见，旧制一寸面、二寸多高即为极大材。鸡血红处，蜡石少而硫化汞成分多，奏刀感觉硬涩并不理想。（图5.3.2、图5.3.3）

24　《山海经》，郭璞注，毕沅校，上海古籍出版社，1989，第13-14页。

图 5.3.1
昌化鸡血石印章大观

图 5.3.2
大红袍石印章

图 5.3.3
大红袍石印章

（二）顶戴红类

顶戴红类又称"顶子红""鹤顶红"，上端鲜红赤烈，下部为玉白或灰白底子，两色相映，对比强烈，产量少，大材极少见。治印手感依底子或较硬涩，或较爽脆，为较好印材。（图5.3.4、图5.3.5）

（三）白玉底鸡血红类

白玉底鸡血红类底月白色，似玉，又似白芙蓉，纯净凝灵，无其他杂质杂色。上衬鸡血色块，鲜艳夺目。有极高的价值。治印手感稍软涩，为较好印材。（图5.3.6）

（四）豆青底鸡血红类

豆青底鸡血红类底豆青色，纯净无砂，微透明，鸡血块凝聚其上。有很高的价值。治印手感较脆润，为较好印材。（图5.3.7）

（五）荸荠糕底鸡血红类

荸荠糕底鸡血红类底子色如粉嫩的荸荠糕样，半透明到近透明，热烈的鸡血斑悬置其间，极为美观。有极高的价值。治印手感脆润，为优良印材。（图5.3.8）

（六）肉膏底鸡血红类

肉膏底鸡血红类底子白色偏粉，有的中含细微红点，微透明到半透明。鸡血块大而聚者有极高的价值。治印手感脆润，为优良印材。（图5.3.9）

（七）藕粉底鸡血红类

藕粉底鸡血红类底如熟藕粉般的灰白色，半透明，有的底子中含杂质，有大块，是常见品种。块大底纯血色大而聚者，有很高的价值。治印手感稍韧涩，为较好印材。（图5.3.10、图5.3.11）

（八）牛角冻底鸡血红类

牛角冻底鸡血红类底子灰黑、灰褐色，半透明，有的底子中含杂质，有大块，若底子较暗，血块少则不太显明。块大底纯血色大而聚者，有很高的价值。治印手感稍韧涩，为较好印材。（图5.3.12）

（九）桃花底鸡血红类

桃花底鸡血红类底子如冻，有的偏白，有的偏粉红，鸡血如春日桃花撒布春水之中。偏红的底子，有时造成底子吃色，即淡化对比反差，反而不美。底子纯净，血块鲜明者有极高的价值。治印手感稍韧涩，为较好印材。（图5.3.13）

（十）"刘关张"类

"刘关张"类是很有趣的品类，石材有黑色、白色、红色三色纹带，几乎等比例存于一石上，界线明显，气氛对比强烈，令人联想到戏剧舞台上《三国演义》中蜀汉刘备、关羽、张飞的脸谱，故名。其为鸡血石珍品，有极高的价值。治印手感稍韧涩，为较好印材。（图5.3.14）

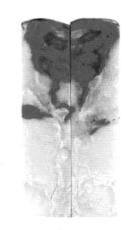

图 5.3.4
顶戴红石印章

图 5.3.5
顶戴红石印章

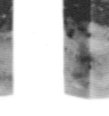

图 5.3.6
白玉底鸡血红石印章

图 5.3.7
豆青底鸡血红石印章

图 5.3.8
荸荠糕底鸡血红石印章

图 5.3.9
肉膏底鸡血红石印章

图 5.3.10
藕粉底鸡血红石印章

图 5.3.11
藕粉底鸡血红石印章

图 5.3.12
牛角冻底鸡血红石印章

图 5.3.13
桃花底鸡血红石印章

图 5.3.14
"刘关张"石印章

鸡血石因产量少，价格昂贵，清代以来就有作伪。有用不成功的血点镶嵌到昌化冻石间的；有用昌化冻挖洞填漆的；有用白水泥、聚酯材料着色的，不一而足，然比较容易分辨。近年有用巴林鸡血石冒充的，几可乱真。主要区别有：昌化老坑鸡血石面上有时有水银沁状闪光，巴林鸡血石没有；昌化鸡血石日晒褪色较慢，而巴林鸡血石在一般光照中也会褪色；昌化鸡血石血块较聚、较独立，与底子边界清晰，许多巴林鸡血石血块较散，与底子常缠和，边界不是很清楚；巴林鸡血石以刀刻之，石粉会起卷，昌化鸡血石无此现象；昌化鸡血石手感稍重；就底子而言，巴林鸡血石底子大多有一种朦胧感，而昌化鸡血石底子较通明。另有用其他石种如朱砂红等冒充鸡血石，一般其他红色不偏紫就偏粉，与底子边界不清，与真鸡血石易于区别。

二、冻石

昌化冻石主要有以下四类：

（一）灰白冻类

灰白冻类色白微灰，质地细润，较透明，有光泽，较韧，有的局部有黄、淡红斑，有的夹砂。治印手感爽润，为良好印材。（图5.3.15）

（二）牛角冻类

牛角冻类色灰黑到黑，质地细润，较透明，有光泽，较韧，有的夹有白块、白条，有的夹砂。治印手感爽润，为良好印材。（图5.3.16）

（三）胭脂冻类

胭脂冻类质地纯净，浅灰黄色被胭脂红色笼罩，半透明有光泽，娇艳可爱，一般无杂无砂。治印手感爽润，为良好印材。（图5.3.17）

（四）黄冻类

黄冻类色黄，质细润，半透明有光泽，有的夹有白块、红块。治印手感爽润，为良好印材。（图5.3.18）

三、蜡石

昌化蜡石主要包含两类，现介绍如下：

（一）昌化黄类

昌化黄类色黄，质较细润，不透明，有白色或红色点、纹，有的夹砂。治印如无砂，手感爽脆，为较好印材；如有砂则为劣质印材。

（二）昌化根类

昌化根类色杂，常以暗黄、灰黑、白、赭红等色交织，不透明，无光泽，常含砂钉，手感较重，有大材。凡含砂钉少者为一般印材，含砂钉多者为劣质印材。

第四节　巴林石印章材料

巴林石产于内蒙古自治区巴林右旗，位于大兴安岭支脉西段的朝鲁吐坝、乌兰坝南麓，在赤峰市以北190公里。元太祖十八世孙苏巴海始号所部为巴林。清顺治五年（1648年），始建巴林右旗。矿区在巴林右旗大板镇以北约50公里的查干沐沦苏木的雅玛吐山北侧。当地低坡丘陵绵延，雅玛吐山山势孤缓，海拔最高点1072米，距矿区8公里处有一条季节性河流——查干沐沦河。800多年前，当地的蒙古部落即采掘彩石制成生活器皿。清代前期，大巴林第四代札萨克乌尔衮将优秀艺人德力格尔雕刻的石碗献给康熙皇帝，从此，巴林石及其制品成为当地藩王给朝廷的贡品。

抗日战争期间，当地的伪满公署进行过掠夺性开采，将巴林石加工成图章、墨盒之类运往日本，当地称之为"蒙古石"或"林西石"，由于赤峰为巴林石的集散地，也有称其为"赤峰石""赤峰鸡血石"。之后几十年内，开采规模并不大。1973年，国家地质部门对矿山进行了大规模勘探，建矿开采。1987年，轻工部将此地列为彩石生产基地。巴林石产量大，品类丰富，色彩绚烂，迅速上升为名列前茅的优良叶蜡石品种。其矿点比较集中，东西长约2500米，南北宽300—800米，范围比寿山、青田叶蜡石产地小，但比昌化叶蜡石产地大得多。品种与分区有一定关系，有的研究者认为，鸡血石类主要产于矿区西部一号矿脉组内；冻石类主要散布于矿区中、西部；不透明的彩石类多产于矿区中、东部。

一、鸡血石

巴林鸡血石可分为五类，介绍如下：

（一）黑冻鸡血类

黑冻鸡血石又称"牛角冻"，底色黑灰、浅黑等，有的纯净，有的有纹理。鸡血块鲜艳，与黑色形成对比，质地温润细腻，大块血色鲜明者有较高价值。治印手感与黄冻鸡血不同，为较好印材。（图5.4.1）

（二）羊脂冻鸡血类

羊脂冻鸡血类底子洁白如凝脂，晶莹半透明，质地纯净细腻，上有鸡血凝块。治印手感比较润腻，刻粉少有起卷，为较好印材。（图5.4.2）

（三）灰冻鸡血类

灰冻鸡血类底子浅灰色，微透明，质地纯净，有光泽，有的杂有白色带纹，血块凝聚鲜艳。治印奏刀手感细腻，刻粉起卷，为较好印材。（图5.4.3）

图 5.4.1
黑冻鸡血石印章

图 5.4.2
羊脂冻鸡血石印章

图 5.4.3
灰冻鸡血石印章

（四）花生糕鸡血类

花生糕鸡血类冻体中有黄、白块斑，微透明到半透明，质地细润。治印手感细腻，刻粉起卷，为较好印材。（图5.4.4）

（五）水草花鸡血类

水草花鸡血类血底黑花，微透明到半透明，鸡血挂在其间，石质较细腻。治印手感在黑花处较艰难，为一般印材。（图5.4.5）

二、冻石

巴林石三氧化二铝含量高，造成冻石品类很多。主要包含六类。

（一）红紫色类

此类冻石仅有桃红冻石（图5.4.6）一种，硬度稍大者又称"芙蓉冻"，粉红色，质温润细腻，半透明，有光泽，有的有杂色。治印手感细腻不硬，刻粉少起卷，为较好印材。

（二）黄褐色类

此类冻石包含两种，介绍如下：

1. 巴林黄石

巴林黄石有熟栗黄、杏黄、鸡油黄等色，以鸡油黄石（图5.4.7）最佳，娇嫩无比，质坚而不脆，半透明，有光泽。有人称之"巴林田黄"，产量很少，有的夹它石而生。治印手感爽润，为优良印材。（图5.4.8）

2. 灯光冻石

灯光冻石从浅黄到棕黄均有，石质通灵，半透明，晶莹闪烁，无杂色。治印手感润腻，刻粉少有起卷，为较好印材。（图5.4.9）

（三）白色类

此类冻石仅羊脂冻石（图5.4.10）一种，洁白如凝脂，质较细腻，半透明，有光泽，大部分杂有其他色彩。治印手感润腻，刻粉起卷，为较好印材。

（四）灰黑色类

此类冻石仅牛角冻石（图5.4.11、图5.4.12）一种，黑灰色，半透明，内有纹理状似牛角，有的间有杂色，如浅灰色又称"犀角冻"，质较脆，有风化开裂现象。治印手感较脆，会崩裂，为一般印材。

（五）蓝绿色类

此类冻石包含两种，介绍如下：

1. 蓝天冻石

蓝天冻石为淡灰蓝色，透明度高，晶莹通透，内含少量棉絮纹，恰如白云浮天，质地细腻。治印手感细腻，刻粉起卷，为较好印材。

2. 藕粉冻石

藕粉冻石为青色稍带粉紫色，微透明至半透明，光泽较暗，质地细腻，

图 5.4.4
花生糕鸡血石印章

图 5.4.5
水草花鸡血石印章

图 5.4.6
桃红冻石印章

图 5.4.7
鸡油黄石印章

图 5.4.8
巴林黄石印章

图 5.4.9
灯光冻石印章

图 5.4.10
羊脂冻石印章

图 5.4.11
牛角冻石印章

图 5.4.12
牛角冻石锥体印章

图 5.4.13
藕粉冻石印章

图 5.4.14
雁翎冻石印章

图 5.4.15
鱼脑冻石印章

无络裂。治印手感润腻，刻粉起卷，为较好印材。（图5.4.13）

（六）杂色冻类

此类冻石可分为四种，介绍如下：

1. 雁翎冻石

雁翎冻石常见底子有黑灰、黄褐、青绿色等，石质较细，微透明到半透明，有光泽，含成片的、排列整齐的、由小到大的白色斑点，如雁翎，又有细小的点子，称"鱼子冻"。治印手感柔软，白点处有砂感，刻粉稍起卷，为较好印材。（图5.4.14）

2. 鱼脑冻石

鱼脑冻石在浅灰色或白色冻体之中，有泡状花纹萦绕，通体半透明，质异常温润，无络无裂。治印手感绵润，刻粉稍起卷，为较好印材。（图5.4.15）

3. 千秋冻石

千秋冻石又称"蚯蚓冻"，在灰白、黄褐色冻体上，所呈现的花纹如许多蚯蚓，石质较硬，偶含轻砂。治印手感较硬，为一般印材。

4. 金玉冻石

金玉冻石为黄、白二色相间的美丽冻石，石质较软，不含砂。奏刀手感绵润，刻粉起卷，为较好印材。（图5.4.16）

三、彩石

巴林彩石可以分为四类，介绍如下：

（一）山黄石类

山黄石类基本不透明，通体黄色，有的有杂质，有条纹，质柔和。印材较软腻，刻粉稍起卷，为较好印材。（图5.4.17）

（二）银底金花类

银底金花类不透明，牙白色，布满黄色斑点，石质细腻，其纯白者称"象牙白"。治印手感细润，刻粉起卷，为较好印材。（图5.4.18）

（三）石榴红类

石榴红类基本不透明，色为红中泛黄，无杂无纹，石质柔润。治印手感细腻，为较好印材。（图5.4.19）

（四）巧色石类

巧色石又称"俏色石"，为两种或两种以上色块，界线清晰地同生于一石中，可用于借色施雕。还有各种如图如画的美石，用心观摩既有判形定名之收获，又有赏心悦目之享受。治印手感软硬不一。（图5.4.20、图5.4.21）

图 5.4.16
金玉冻石印章

图 5.4.17
山黄石印章

图 5.4.18
银底金花石印章

图 5.4.19
石榴红石印章

图 5.4.20
巧色石印章

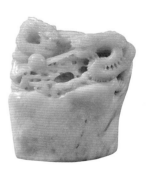

图 5.4.21
巧色石印章，腾龙钮

图 5.5.1
高洲石印章

图 5.5.2
萧山石印章

图 5.5.3
小顺石印章

图 5.5.4
小顺红花冻石印章

第五节   其他印章石材料

除寿山、青田、昌化、巴林"四大印石"之外，还有不少可用于治印的石质材料。本节将对其他印章石材料做分类介绍。

一、高洲石

高洲石因产自江西省上饶市高洲乡（现为五府山镇）而得名。高洲石的主要矿物成分为高岭石族矿物和叶蜡石，其次为少量的绢云母和伊利石等。高洲石具有与"四大印石"相似的矿物组成和特征，虽然其知名度不如"四大印石"，但因其矿石质量较好，可作为"四大印石"的替代品。（图5.5.1）

二、莆田石

莆田石产自福建莆田市，质如哥瓷，多冰裂黑纹，质坚韧，为较差印材。

三、闽清石

闽清石产自福建闽清县，清代始开采，又称"图书石"。有绿色微透明及线中带黄者，质地粗松，为一般印材。

四、寿宁石

寿宁石产自福建寿宁县，1985年始开采。均见青白色表层，外观有明显条纹或细点，石质有粗细不同，表面粗则内质细，表面细则内质粗。治印手感较坚脆，为一般印材。

五、萧山石

萧山石也称"萧山珍粟红"，产自浙江萧山城南30公里的河上，又称"河上红石"，20世纪30年代始开采，石色紫红到深紫红色，色泽单调，不透明，有光泽，质稍粗松，裂纹少。治印手感硬脆，刻石有声，为一般印材。因其颜色变化小，又多为大材，故常用于加工巨印。（图5.5.2）

六、小顺石

小顺石产于浙江云和县县城东北17公里的小顺，在20世纪70年代中期有较多开采，此石性状与寿山石的一些品种相近。（图5.5.3、图5.5.4）

七、大洪石

大洪石又称"花墨石"，产于浙江仙居县县城东南30多公里的朱溪镇大洪村，质地坚脆，色调较灰暗，紫底或灰底较多，上有红白冻斑。常见品种有大洪紫石、大洪白花石、大洪黄花石、大洪红花石等。大洪红花石底子呈灰色，不透明到微透明，夹朱红色块斑，石质细腻。治印手感脆润，为较好印材。（图5.5.5、图5.5.6）

八、宝华石

宝华石产自浙江天台县城东18公里的宝华山。宋代杜绾《云林石谱》载："宝华石，台州天台县石名宝华，出土中其质颇与莱州石相类，扣之无声，色微白，纹理斑斓，土人镌砻作器皿，稍工，或为锴铫，但经火不甚坚久。"[25]有灰白、灰、米黄、浅红等色，花石最有特色，底白色，有灰黑大理石样花纹，质粗韧。清陈目耕云："其形亦如寿山石，然其质粗松，不足取也。"[26]为较差印材。（图5.5.7）

九、龟湖石

龟湖石产于浙江泰顺县龟湖镇，是1983年开采的新品种。其中的龟湖青石颜色青白，不透明到半透明，有光泽，性稍硬实，与青田石接近。治印手感硬润，为较好印材。

十、楚石

楚石又称"墨晶石""煤晶石"，产于湖南洞口、新化等地，石质细嫩，光泽较好，石色如墨。"煤晶石"历史上音讹为"梅根石"，与煤属煤晶不是一回事。色漆黑，质结润，手感较重，纯净光泽黝黑，含银色铁色砂钉者无光泽。此石曾价格昂贵，有人作伪冒充，传楚石用刀刮粉，为绿色末，且有咸味。治印手感爽脆，为一般印材。（图5.5.8）

十一、伊犁石

伊犁石产于新疆伊犁深山中，为20世纪70年代后期新发现的品种。以灰冻为主，有的呈黄、粉色，色质与昌化冻石相近，有的有裂纹。治印手感脆润，为较好印材。（图5.5.9、图5.5.10）

25　杜绾：《云林石谱》，商务印书馆，1936，第23页。
26　陈目耕：《篆刻针度》，中国书店，1983，第120页。

图 5.5.5
大洪石印章

图 5.5.6
大洪红花石印章

图 5.5.7
宝华石印章

图 5.5.8
楚石印章

图 5.5.9
伊犁石印章

图 5.5.10
伊犁石印章

十二、长白石

长白石又称"长白玉""马鹿玉"，因产于吉林省长白山脉中段的长白朝鲜族自治县马鹿沟一带而得名。它是继"四大印石"之后规模较大、品种较多的印章石。其矿物成分与寿山石、青田石、巴林石、昌化石有许多相似之处。（图5.5.11）

长白石的品种多样，以透明晶石和半透明冻石居多，主要有天蓝冻、薄荷冻、兰花青田、艾叶绿、白芙蓉等。长白石是东北地区著名的印章石之一，素有"长白美玉甲天下"之称，早在明清时期就已被开发利用，长白塔山博物馆中收藏有明清时期的长白石印章。澳门回归时官方所用印章就以长白石雕刻而成。（图5.5.12）

长白石质地致密、细腻，光泽感强，呈玻璃光泽和油脂光泽。透明度高者称"冻石"，硬度适中，适合治印。按色泽差异可将长白冻石分为单色冻石和多色冻石。高质量的长白冻石可与寿山石中的冻石品种相媲美，特别是灯光冻、金黄冻（呈金黄至橘黄色，似福建田黄石）等。

图 5.5.11
长白石印章

十三、大松石

大松石产于浙江宁波市郊。质地比较细嫩，色有黄、绿等，多夹有黑色斑点，不透明到微透明。治印手感松脆，有黑点处较硬，为一般印材。（图5.5.13）

十四、东兴石

东兴石产于广西壮族自治区东兴市。质地细腻，微透明到半透明，色有粉白、土红、赭黄等，有的夹砂钉。用于治印，质纯者手感尚好，夹砂钉者坚硬难刻。

十五、丰润石

丰润石产于河北省唐山市丰润区，色青绿，不透明或微透明，质软。为一般印材。

图 5.5.12
长白石印章

十六、孤山石

近年，随着"四大印石"资源的匮乏，一些外来石、新品石逐渐活跃于印材市场，如经西泠印社专家认定并在中国（杭州）第六届印文化博览会上推出的篆刻专用石材——孤山石，以西泠印社社址"孤山"命名，是经西泠印社篆刻家试刀认定的最适合篆刻的新品印石，而且价格亲民，适合篆刻练习。（图5.5.14）

十七、丽水石

丽水石产于浙江省云和县县城东北的小顺，也被称为"小顺石"。其石色明艳多彩，但没有大材，多是不规则状薄料。丽水石的石质与寿山石相近，有名的品种主要有红花冻、黄冻、彩冻等。

十八、东坑石

东坑石产自浙江省瑞安市东坑，其质地与青田石近似，比较细腻。主要品种有东坑青白石、东坑红石、东坑黄石等。另有一种东坑绳纹石，底色青白，上有红、黄等色的平行纹。

十九、西安绿

西安绿是近些年来市场上兴起的一个新品种，它是一种绿冻石，颜色青翠欲滴，色泽柔和且亮丽莹润，质地细腻、纯净、致密，硬度较低，适宜篆刻。西安绿温润细腻油性好，不需要用油养，这是"四大印石"都难达到的优点，故有人曾用它来冒充寿山"艾叶绿"以求高价。

经科学测试得知，西安绿主要矿物成分为二八面体白云母，与伊犁石的理想化学成分非常接近。其绿色的致色元素为铁元素，而并不含其他致色元素。（图5.5.15）

西安绿以"西安"冠名，最初有人以为其产自西安地区，后也有人以为是产自河南南阳地区。其实西安绿是产自秦岭的一种绿冻石，矿址在陕西省商南地区。

西安绿颇受篆刻家和收藏家的青睐与喜爱，只是这种优质的印章材料资源稀少，产量不大，所以市场所见基本上为小料，很难见到大料印章。（图5.5.16）

二十、雅安绿

雅安绿是近些年来新出的印石品种，其有两大特点：一是具有光鲜亮丽的绿色；二是硬度较高，介于玉与石之间。

雅安绿可分为白水河料和草科料、夹板料等，后两者不堪使用，赞美之词均属于前者。白水河料的石材主要为掘性石，但丝毫没有掘性石的沉闷，其色彩艳丽、材质通灵；摩氏硬度超过寿山石中最硬的旗降石，细腻度也很好。玉料偏硬不易受刀，石头偏软容易损伤，雅安绿则较好地弥补了二者的缺憾。（图5.5.17、图5.5.18）

图 5.5.13
大松石印章

图 5.5.14
孤山石印章

图 5.5.15
西安绿印章

图 5.5.16
西安绿印章

图 5.5.17
雅安绿印章

图 5.5.18
雅安绿印章

二十一、老挝石

近些年最为风起的印章石材非老挝石莫属，其与寿山石外观极其相似，在寿山石资源日益枯竭的情况下，老挝石因价格低廉、资源较充足，广受市场欢迎。

老挝石产于老挝阿速坡省，属老挝下寮，地处老挝东南部地区，与越南和柬埔寨相接壤。矿区位于老挝和越南交界处，在孟高县与蒲翁县的原始森林覆盖的山脉中。由于依靠人工开采，因此老挝石具备裂纹较少的优点。老挝石与寿山石的产出状态类似，但老挝石矿脉相对寿山石更厚，因而开采较为容易，矿石体积也较大。[27]

据说根据老挝石开采地的不同，老挝石也可分为"山料"和"水料"。山料是在山上原生矿中开采出来的石料，这类石料性质不稳定，容易发生褪色问题。普通的老挝白玉冻、黄冻、红花冻多为山料。水料是从矿山周围水域中挖掘出来的石料，这类石料由于经过流水搬运、泥沙长期覆盖与冲刷，其表面形成了一层"石皮"，因此性质稳定，不会褪色，油润度较好。

老挝石的色彩、质感都不错，除了老挝田黄，根据老挝石的色彩、外观等，市场一般还将老挝石分为老挝白玉冻、老挝黄冻、老挝红花冻、朱砂白冻、老挝三彩等。

老挝石也存在着一些较为致命的短板缺陷。特别是老挝石在脱水的情况下，即使用油养也仍然会褪色；即使不褪色，颜色也会起变化。这说明其质地不够细密结实，凝润度也不够。抛光时没有寿山石那种越磨越亮的细腻感。老挝石硬度与普通寿山石差别不大，但在治印或雕刻的过程中，刀感却较为生涩，石屑有点黏刀，刀过成痕之感不似寿山那种爽利。

27　汤德平、郑丹威、黄珊珊：《"老挝石"的矿物组成及鉴别研究》，《宝石和宝石学杂志》2015 年第 1 期。

第六章 —— 动物植物类印材

第一节　动物骨类

一、动物胫骨

　　动物胫骨制印材，可分牛、马、羊骨等三种。一般取骨壁部分截磨制印。中国古人使用动物骨的时间相当早，比如发现于距今8600—7800年的舞阳贾湖遗址二、三期文化层中的舞阳甲骨被称为中国最早的甲骨，出土的贾湖骨笛已经达到了非常高的制作水平，这些骨笛是用鹤类的尺骨管制成的。

　　我国目前可知的骨制印始于战国，两汉也有。1964年长沙肖家坡5号墓出土的"日圣"玺，就是战国时期的骨质私玺。明清至近现代，也有胫骨印。因骨壁厚度所限，所见均为私印。胫骨印与象牙印在色泽上较接近，其区别在于：胫骨印断面不见同心纹，内壁面常带髓腔的网纹，比较软。（图6.1.1）

二、动物椎骨

　　中国用海鱼椎骨做装饰品，可上溯到旧石器时代晚期。清代有人以此作印，又称"海树""海风藤"，是趣味品。其色白、质坚，光洁晶莹，个体不大，治印脆软不适刀，为较差印材。

图 6.1.1
战国骨印

图 6.2.1
汉代李克邑象牙印

图 6.2.2
唐代胡人头像象牙印章

图 6.2.3
明代象牙莲塘鹭鸶钮印

第二节　动物牙类

一、象牙

三千多年前，中国黄淮流域还有大象活动，新石器时代的人们广泛地用象牙制作用具、装饰品。商周时代的象牙装饰品更为普遍，商代遗址出土的牙骨雕刻制品不少，仅安阳殷墟就出土有象牙杯、象牙碟、象牙枭尊、雕花象牙梳等珍贵文物。三星堆遗址和金沙遗址的祭祀区均出土了大量的象牙、鹿角、獠牙等，证实了象牙至少在商代已是等级社会的珍贵物资。

象牙印（图6.2.1）在西汉时期就已经广泛流行。广州西汉南越王博物馆中还收藏着一枚唐代胡人头像象牙印章（图6.2.2）。这枚象牙印章通高3厘米，象牙质，印面呈椭圆形，没有雕刻字，还有一道裂痕，无法推断最初的主人究竟是谁。这枚印章应是一枚未刻字使用的印坯，被发现于唐代宫署遗址的铺砖廊道上，周围还有一些象牙材料、水晶、外国玻璃珠等。有研究者指出，广州出土的唐代文物比较有限，这枚印章有填补之功。它除雕刻的人物形象似胡人以外，印章形状也不是中国传统印章的长方形或者正方形，而采用了椭圆形的设计。椭圆形印章是西亚地区常见的印章类型之一，所以专家们推测，它可能是阿拉伯商人私章的毛坯件。

唐宋时期，中国文人书画兴起，人们对书画组成部分的钤印提出了更高的要求。这时，石印还未登堂入室，牙、角的质地因为比金、玉软，较易雕刻，所以很快替代了金属印章，成为一种较为理想的印材，直至明代晚期，文彭、何震等著名篆刻家仍喜作象牙印（图6.2.3）和犀牛角章。加之象牙印章比石章更耐磨损，对于一般使用印章的人来说，它的使用价值更加长久。牙角印章自唐宋以降，在印材领域独树一帜。文彭的"七十二峰深处"象牙印（图6.2.4）即是经典之作。民国时期象牙印的刻制与使用已在书画家、篆刻家和鉴赏收藏家之间非常流行，赵之谦、吴昌硕、王福庵、陈巨来、方介堪、邓散木等名家皆是刻制象牙印章的高手。比如陈巨来为张大千、吴湖帆等人刻的书画用象牙印是公认的篆刻精品。（图6.2.5）

象牙温润柔腻，按部分可分上、中、下、牙皮、牙心等。象牙下段中空多皮，中上段能取到优质料。象牙依色又分为牙白、牙黄、血牙、粉皮青等色，且有旧牙（又称"老牙"）、新牙之分。旧牙泛黄，质重，有包浆，而新牙泛白，质轻，无包浆。唐宋之后，有以象牙治公印。明清时象牙印很多，流传至今。现代因象牙资源近枯竭，牙印因而比明清少。明象牙治印手感不坚，易于切刻，但其滑腻不爽，故用薄刃刀治细圆朱文较好。由于明以前旧牙印价值昂贵，作伪的不少。作伪者一般以新牙火烤、油浸、烟熏、曝晒等，使牙出现黑缝和假包浆，但黑缝色不匀，只浮表面，假包浆光浮。"人工充牙"色泽手感几可逼真，但断面无纤维管束和同心圆纹，易于区别。现在象牙已经被列为禁止销售和使用的物品，原材料断绝，工艺也将失传。象牙作为印材的历史使命已终结，象牙印章成为中国印章史上的记忆。

二、其他动物牙料

除象牙以外的其他动物牙也有做印章用料的，如河马牙、海象牙、疣猪牙、鲸牙等。过去有称之为"虬角"的，其实就是这些动物的牙。

虬角，实际上是海马等动物牙的染色物，以"虬角"呼之，目的是凸显其珍贵，有的也冒充象牙。这些动物的牙长不盈尺，呈弯镰形，也是牙尖实而后部空。牙断面很多无纹，无象牙中间的"芝麻心"，比重和硬度都与象牙不同，其质稍硬于象牙，无象牙的柔和感。由于此类牙材料和象牙相比，大小悬殊，因此它的雕刻受限制也比较多。以虬角制成印章，主要集中于清中期至民国约两百年间，风格、钮式等一如清末的象牙雕刻。（图6.2.6）

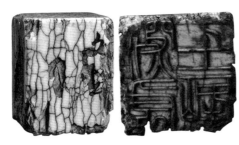

图 6.2.4
文彭"七十二峰深处"象牙印

图 6.2.5
清代"小红低唱我吹箫"象牙章

图 6.2.6
虬角印章

图 6.3.1
清代犀牛角雕龟钮印章

图 6.3.2
清代犀牛角雕虎钮印章

图 6.3.3
清代犀牛角章

第三节　动物角甲类

动物角甲类印章材料自古便有使用。目前所知，中国古代角、骨质印章数量并不少，自东周开始便已存在，两汉时期亦有出土，此类印章的内容以私印为主。明清以来，动物角甲类印章材料的使用更加丰富多样。

动物角类印材具体可分为犀角、牛角、羚羊角和鹿角等；动物甲类印材主要指龟甲。

一、犀角

犀角即犀牛角。古代中国南部产犀牛，现已绝迹。犀角长不盈尺，底粗顶尖，呈灰褐色或黑色，微透明到半透明，丝较直，无角柱，中心实，以下渐为空心而且比较粗。角的顶端有砂眼，近似蜂窝状。犀牛终生不换角，因为稀少所以比象牙还要珍贵。（图6.3.1）

目前所见最早的犀角印属于西汉时期。《印章集说》中记载："汉乘舆双印，二千石至四百石以黑犀为之。余印不用。好奇者用以为私印。"[1]明清时期，有以犀角尖角余料制成，或以损坏的犀角杯雕刻件改制而成的印章，现存传世犀角印章也大多为明清之物。清中期以后的则不多见。犀角印手感比象牙印、骨印轻，软而易刻，受潮湿等因素影响印会扭曲，也会遭虫蛀，应妥善保管。犀角治印手感软于象牙，但有角质纤维缠刀，为较差印材。（图6.3.2、图6.3.3）

市面有以牛角冒充犀角的，牛角轻于、软于犀角。牛角中空（尖端也会有孔），丝粗而缠，质地粗疏一些。犀角透明度比较一致，而牛角不一致，有明有暗。常见用旧黑牛角料冒充犀牛角的，但细审之，二者相差甚远。犀角的颜色有纯黑、深棕、微黄等几种，据说将犀角放在毛料衣服上用力摩擦，会散发出一股麻油般的清香。

二、牛角

用于工艺雕刻的牛角以水牛角为多，黄牛角较少。水牛角大可盈尺，呈弯镰形，角尖实，中后部空心。水牛角有黑、白之分，其中白水牛角亦称"明角"，色泽白黄，半透明，质感如玉，性韧易蛀，有螺旋丝纹。黑水牛角呈灰褐色到黑中夹黄色，微透明到半透明，有丝缠绕，由骨质角柱和角质鞘组成，印材取角质鞘的上端。

1　甘旸：《印章集说》，中华书局，1985，第5页。

时代较早的牛角印有山西出土的金代道家用印。水牛角量多价廉，制成的印章和印章盒也价廉物美，所以近现代牛角为常见印材。牛角质毫弱刻，但缠丝夹刀，刻朱文反而比较美观，为一般印材。（图6.3.4、图6.3.5）

三、羚羊角

中国北部、西北部产羚羊。羚羊角呈黄色到淡黄色，半透明到透明。其角较细长，中空部分相对较短，丝较直。羚羊角印不多，可以见到清代制品，体积较小。以羚羊角治印，手感在犀角、牛角之间，为一般印材。有人以很薄近透明的牛角充羚羊角，但透明晶亮程度不如羚羊角，而且纤维丝也较羚羊角更粗。（图6.3.6）

四、龟甲

龟甲指海龟的壳，狭义概念上常指玳瑁龟的壳，玳瑁为热带的海龟，壳可以制成装饰品。其他龟甲在颜色、色斑、壳厚、韧性等方面都不如玳瑁的甲壳。

中国自战国始就采用玳瑁壳制装饰物。西汉以来文献中又称"蝳蝐"。最早的玳瑁印章见于东汉。明清以来也有用玳瑁壳治印，数量很少，无大材，全为私印。玳瑁壳呈微透明到半透明，底色为白底黑斑或黄底褐斑，色斑呈圆形，浑圆点状，有晶莹的白、黄、红、紫等色块，非常美丽。龟甲治印手感与犀角近似，而无纤维缠绕，为一般印材。

图 6.3.4
牛角"南苑衙门"章

图 6.3.5
牛角印章

图 6.3.6
羚羊角印章

第四节　竹类

竹资源在中国分布很广，使用的年代也相当久远。竹木之为印章，乃取竹木之一部分良材。明代之前，石章印材尚未登堂入室，竹木印材和象牙一样，为文人雅士所接受。至清初以后，石印大盛，竹木印材所占的比重才逐年下降。至近代，仅公章用木质印材，私印已很难见到竹木印章的踪迹。

一、竹边

用毛竹等竹茎边较厚者，磨成扁平块状治印。明清之后有用此治印者，有的用油浸过、漆过，色黝紫深沉，也有的用手摩挲日久，形成自然的油褐色包浆。治印手感虽不太硬，但纤维涩滑，为较差印材。（图6.4.1、图6.4.2）

二、竹根

用较小品种的竹子的地下茎（不是根，但在印章品种上称为"竹根"），较大品种如毛竹的地下根节（为真竹根）刻治印章，颜色也有如竹边人工、自然形成的两种。竹根印，常有精美的雕刻装饰。明清之后有人用此治印。竹根治印手感比竹边稍好，为一般印材。（图6.4.3、图6.4.4）

有学者认为，竹根印是用百年长成的马鞭竹竹根雕凿的。马鞭竹种矮小，数十年竹龄仍高不盈三尺，因从前以此来做马鞭用，故得是名。其老竹根部根疤斑斑，错节盘绕，甚至剔透玲珑，奇崛古朴，将用其来制作的印章经常摩挲把玩，外部皮壳会渐渐发红变紫，更显光亮细洁与古雅。（图6.4.5）

竹根印章雕刻时须注意竹丝纹理，竹丝纹直而韧，雕刻时须用薄刃刀切断它的丝纹。数十年、近百年的马鞭竹，根的生长已经非常老结，砍伐应在冬季进行，这样制成的印章才不会被虫蛀。

竹根印在中国印章发展史上占有一定地位，特别是明清两代的竹根印。明代的竹刻艺术有了高度的发展，产生了著名的金陵派竹刻和嘉定派竹刻，两者各领风骚，对后世竹刻艺术的影响极大。竹根印章的雕刻在时代风格和艺术表现内容上，也或多或少地受其影响。至清代，嘉定派竹刻在艺术上更为突飞猛进，名家辈出，有数十位传人名闻遐迩，作为竹刻衍生艺术的竹根印也成就斐然。[2]（图6.4.6）

图 6.4.1
"闲锄明月种梅花"竹章

图 6.4.2
竹边印章

2　蔡国声：《印章三千年》，上海文化出版社，1999，第131–132页。

图 6.4.3
竹根印章

图 6.4.4
清代乔林刻竹根印二方

图 6.4.5
江湜自用竹根闲章

图 6.4.6
竹根印章

图 6.5.1
太平天国乡帅木印

图 6.5.2
西汉"妾辛迫"木印章

图 6.5.3
清代黄杨木印章

第五节　木材类

一、木料

理论上讲，凡是质地细密坚实的木材都可以作为印章用材。就目前所知，较为名贵的木材种类有黄杨木种、紫檀木种、红木种、乌木种、铁梨木种、楠木种、香樟木种、银杏木种等，尚未能包括曾作为印材的所有木种。另用树根治印也属常见，可称木根印材。有些木种非中国所产，为从热带国家进口的名贵木种。木印优点在于不裂不碎，便于收藏，能再现印文刀法的特点，锋毫毕现。所以，选良木入印的不乏其人。追求艺术韵味者，雕钮、薄意、署款，随意挥就，加工后，打磨光滑，有的再涂上一层薄薄的生漆，其光永不褪，且越摩挲越光亮，年代久远者，色泽古朴雅观，略有"宝光"。

从汉代至今，公印、私印都有以木为之。用木治印，因木材品种不同，同种木材又因新旧干湿不同而有软、硬、坚、疏的区别，其中木质纤维夹刀的一般都为普通印材。（图6.5.1、图6.5.2）

入印的木材较多，下面选择几种珍贵的传统木质印材一一介绍。

（一）黄杨木类

黄杨木类产于我国福建、浙江一带，材质生长极慢，所谓"岁长一寸，遇闰而退"，故有"千年矮"之称。黄杨木的质地坚韧光洁，纹理细紧，色彩艳丽若蛋黄，有些与象牙相似，所以年代愈久黄色愈深，也愈古朴美观。（图6.5.3）

以黄杨木制成的印章明清两代均有之，其印文多以剔刀剔就，底子较深，且平坦光洁，字形线条挺拔。《篆刻针度》谓："刻黄杨易于刻牙，朱文不减牙印，白文板而乏神。"[3]（图6.5.4）

（二）紫檀木、红木、鸡翅木、檀香木、乌木类

1. 紫檀木

紫檀木为世界上最名贵的木材之一，主要产地在马来群岛热带丛林，我国的海南、广东、广西亦产紫檀，但数量不多。紫檀木质地坚硬，鬃眼细密；纹理纤细浮动，变化无穷，犹如不规则的蟹爪；色调深沉，更显得稳重大方。紫檀木有新、老之分。老者色紫，呈犀牛角色；新者则色红。（图6.5.5）

我国对紫檀木的认识和使用始于东汉末，及至明代初期郑和下西洋，将马来群岛的紫檀运至北京，得到了皇家的重视，于是国内开始大规模地采

3　陈目耕：《篆刻针度》，中国书店，1983，第14页。

伐。接着又多次派官员赴马来群岛采办，以后遂成定例。到明末清初时期，世界上几乎所有的紫檀木都已汇集到我国北京和广州两地，这为紫檀木入印提供了物质基础。（图6.5.6、图6.5.7）

2. 红木

红木产于马来群岛、泰国、缅甸以及我国广东、广西、云南等地。红木生长速度很慢，有直丝纹，鬃眼比紫檀鬃眼大，丝亦粗直，颜色近似枣红，亦有新老之别。新料色红质粗，老料色深质细，现今已很难找到。（图6.5.8、图6.5.9）

3. 鸡翅木

鸡翅木产于广东，树干多结瘿，呈灰白质，黑章纹如鸡的翅膀羽毛，故名。该木与红木相类似，亦硬而细洁，生长速度缓慢。鸡翅木纹理纤细、变化无穷，自然形成各种山水图案，比之红木、紫檀又别具一格。鸡翅木亦有新老之分，新者木质粗糙，紫黑相间，纹理浑浊不清，僵直呆板，木丝容易翘裂起茬。老者肌理细腻，呈紫褐色，有深浅相间的蟹爪纹，纹理整洁，色彩优美。

4. 檀香木

檀香木，又名白檀，属檀香科常绿乔木，原产于印度、印度尼西亚、澳大利亚和非洲，我国台湾、广东也有引种栽培。此木材奇香，常作为高级器具镶嵌、雕刻等用材。

檀香木在我国一直都是名贵木材，佛家称之为"旃檀"。檀香木作为艺术品的制作用材主要是用其枝干根部及心材，作为篆刻用材也是一种非常优质的上等材料。故宫博物院中保存有数量较多的檀香木玺印。（图6.5.10、图6.5.11）

5. 乌木

乌木产于热带。其木质坚实如铁，色纯黑，光亮如漆。该木大料甚少，世人誉为珍木。（图6.5.12）

上述数种木材乃木中精华，质细而坚，珍比金玉。古人取其余料治印，这是好印之士备此一类，以矜奇而炫异耳。[4]至清晚期，木质印章随着木雕的发展而数量增多，但与石章相比终逊一筹。（图6.5.13）

二、果核

果核雕是以桃核、杏核、橄榄核或核桃壳等为原料，精雕细刻而成的工艺美术品。山东、福建、广东、江苏等地都有出产，以山东潍坊的核雕最

图 6.5.4
黄杨木印章

图 6.5.5
紫檀木印章，龙钮

4　蔡国声：《印章三千年》，上海文化出版社，1999，第 132—134 页。

图 6.5.6
紫檀木印章

图 6.5.7
清代紫檀木"储秀宫寿膳房"章，
故宫博物院藏

图 6.5.8
红木印章

图 6.5.9
红木印章

图 6.5.10
皇帝之宝，檀香木，龙钮

图 6.5.11
大清皇帝之宝，檀香木，龙钮

图 6.5.12
乌木印章

图 6.5.13
乌木印章

为有名。有的核体有精美雕刻，要用漆或油涂浸保护。治印硬滑，为不良印材。（图6.5.14）

明代已经出现核雕，明人魏学洢的《核舟记》中有核舟制作的详细描述。及至清代中期，核雕普遍兴起，核雕装饰品尤众，如扇坠、印章等。清代有人将广东等地产的橄榄核一端磨平，用于刻治小印，为一般玩物。但清代核印已不见实物。

民国时期曾有用橄榄的内核治印，但橄榄核印的传世实物今已罕见。黄高年《治印管见录》言："橄榄核入印始自民国年间粤印人。体质轻巧，怀带随身，以备不时之需，有多至二三十钮至百十钮者，俨如苦行头陀之带念珠，足见橄榄核印之名贵矣。"

有人曾于20世纪60年代，见到过张大千、张善孖弟兄俩自用的4方桃核印章。这4方印中，张善孖的2方，一为"张泽"白文小篆，另一为"善孖"朱文大篆；张大千的2方，一为"张爰"白文小篆，另一为"大千居士"朱文小篆。4印均为圆角，印文中难免有疤痕断笔，可证实是桃核所治。这些桃核印是用清代桃核雕刻的朝珠改制而成，每方高1.3—1.4厘米，印面略呈长方形，长与宽亦在1.3—1.4厘米之间；因桃核本身两头尖、腹大，所以切磨方正之后，略显长方。桃核色如栗壳，光洁可爱，上面刻有山水、人物、楼台，雕工精美。从刀法、章法和造型皮壳来推断，应是清代道光咸丰时物。它的外壳筋络满布，风干后若核桃的皮壳，其内部去肉，风干，磨成坑坑洼洼的平面状态，要在上面施以篆刻，就实避虚，就重避轻，非有深厚的传统篆刻根基而不可为。[5]

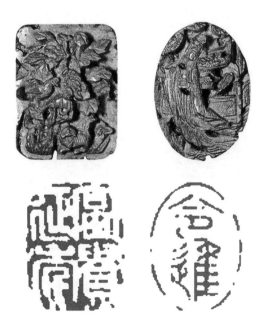

图 6.5.14
清末民国初都兰桂雕果核印

5　蔡国声：《印章三千年》，上海文化出版社，1999，第 134—135 页。

第七章

无机材料类印材

无机材料类印材包括金属、泥陶瓷、琉璃等，金属印材占很大比重。本章中的泥，一般指低温烘焙过的，与自然状态下的泥有区别。

第一节 金属类

一、铜

（一）紫铜

紫铜又称"红铜"，为纯铜，其比重3左右，摩氏硬度4。它是人们最早认识并且运用的金属之一，紫铜小件器物早在新石器时代晚期就已出现。紫铜用于印材，数量远小于青铜。紫铜印的印文有范铸、凿刻两种。早期紫铜印极罕见，清以后的紫铜印较多。（图7.1.1、图7.1.2）

（二）青铜

青铜是铜、锡或者铜、铅或者铜、锡、铅的合金，其中锡青铜所占比例较大，为纯铜和锡的合金，其中也含少量铅。铅青铜所占比例较小，为纯铜和铅的合金。青铜比重一般为3—5，摩氏硬度达4—6。青铜熔点比纯铜低，光泽好，耐腐蚀，硬度高，它在人类运用金属的初期阶段占有绝对优势地位，人们甚至以其命名一个历史阶段："青铜时代"。（图7.1.3、图7.1.4）

关于铜印的铸造方法，《再续三十五举》中有专门的记载："一翻沙，先刻成一印，将沙泥锤熟，和捏在外候干。剖出印，仍合成，留小孔，化铜入之，此精与不精，全在先刻之印。一拨蜡，以蜡为印，刻篆文，并制钮，钮下置一杆，以锤细泥和膏涂蜡印外，候干再涂，至极厚，去杆，则钮外有一孔，入快火炙之，蜡必由孔镕出，化铜入之，此精与不精，全在先刻之蜡。"[1]据以上介绍，有翻砂、拨蜡两种方法。翻砂法"以木为印，覆于沙中，如铸钱之法"；拨蜡法"以蜡为印，刻文制钮于上，以焦泥涂之，外加熟泥，留一孔，令干去其蜡，铜镕化入之，其文法、钮形制俱精妙。辟邪、狮兽等钮多用拨蜡"[2]。在明清流派印兴起之前，青铜玺印占有最大多数，已知最早的青铜印是两枚商代玺印（一说为三枚商玺，其中一枚不可靠），从战国到两汉魏晋南北朝，青铜是古典玺印的最主要用材。在石质流派印占主导地位之后，青铜印仍占有一定地位，目前以青铜刻印的愈趋减少了。锡青铜印的呈色较深沉，硬度较高，粉状锈较少，"黑漆古""水银沁"等较多

1　姚晏：《再续三十五举》，商务印书馆，1939，第4页。
2　甘旸：《印章集说》，中华书局，1985，第6页。

图 7.1.1
紫铜印章

图 7.1.2
紫铜印章

图 7.1.3
青铜鼻钮印

图 7.1.4
青铜鼻钮印

见；铅青铜印在东汉魏晋有一定数量，呈色较嫩绿，硬度不如锡青铜印，有时有大块粉状锈出现，摩挲时间长的会有"瓜皮绿"出现。青铜印的印面文字分铸造、凿刻两类。（图7.1.5、图7.1.6）

（三）黄铜

黄铜为纯铜与锌的合金，光泽与硬度皆比纯铜好。黄铜的出现和使用晚于纯铜与青铜，东汉时我国古人已经基本掌握开发和利用黄铜矿的技术。较早的黄铜印章是清代的公印，之后公、私印章皆有用黄铜的。黄铜印面文字也有铸造、凿刻两类。（图7.1.7、图7.1.8）

二、金

古代冶金水平不高，因而可以将含金90%以上（约大于22K）的古代黄金制品称为纯金，合金的主要成分是由金、银、铜合成。《汉旧仪》载："秦以前民皆佩绶，以金、银、铜、犀、象为方寸玺，各服所好。"最早的黄金印，属战国楚国产品。两汉时代，黄金印的使用已纳入制度规定。《汉书》记载了相国、丞相、太尉、大司空、将军等用金印。《汉旧仪》《汉官仪》《东观汉记》等则记载了皇后、诸侯王、皇太子、列侯、丞相、太尉与三公前后左右将军等用黄金印。自此至明清，历代对黄金质公印都有比较明确的规定。据实物资料分析，所谓按规定使用的金印中，有相当一部分以青铜鎏金印充之。（图7.1.9、图7.1.10）

黄金印有个有趣的现象：早期（东汉之前）金印基本上都属纯金种；魏晋之后，金的纯度下降为合金种；到清代王公金印，有的含金竟不足50%；现代有少量金戒面私印。早期金印全为雕刻；清代金印有少量为铸造。早期金印的钮制是与印体合铸再施刀修整的；清代金印的钮制有的与印体分铸而后焊接。黄金涩滑不易受刀，故不是良好印材，但因本身是贵金属，往往有严格的制度规定，所以有很高的价值。由于金材贵重，因此作伪金印者似乎不多。上述含金量、雕铸变化的情况，可作为鉴别依据，文字、制度也是重要的鉴定依据。（图7.1.11、图7.1.12）

金印存世虽然不多，但和其他印章相比较，政治意义深远，在中国文化历史上的意义也格外重要。

三、银

历史上纯度很高的银印不多，一般是由银加上部分铜的合金，本属只含银一种。最早的银印为战国秦、三晋、楚等地的产物，一般为私玺。与金印相似，从两汉直至明清，对银质公印的使用也有严格规定，品略逊于玉、金，而高于铜印。（图7.1.13、图7.1.14）

图 7.1.5
青铜龟钮印

图 7.1.6
青铜柄钮印

图 7.1.7
黄铜柱钮印

图 7.1.8
黄铜狮钮印

图 7.1.9
西汉"文帝行玺"，金质，龙钮

图 7.1.10
魏晋"蛮夷侯印"，金质，蛇钮，湖南平江县文管所藏

图 7.1.11
明末"永昌大元帅印"，金质，虎钮

图 7.1.12
清代"珣皇贵妃之宝"，鎏金质，龙钮

图 7.1.13
东汉"琅邪相印章"，银质，龟钮

图 7.1.14
魏晋"武猛校尉"，银质，龟钮

两汉之后，银印中有公印、私印，一直到明清，都能见到银质公印，也有部分私印。银印文字有铸造和雕刻两类，银印比金印适于刻制，数量多于金印。由于历代对使用银印也有规定，因此它们有很高的价值。银印有作伪者，"裨将军张赛"一印就有数枚伪品出现，鉴别方式与铜印相仿，唯银质品的氧化层形成快、极薄，比铜质品氧化层稳定，所以仅从锈蚀因素难以准确地辨伪。

银在大气层中易氧化，日久它的表皮即变黑。所以，对传世的银印一定要仔细观察才能见其庐山真面目，否则极容易与铜印相混淆。出土的银印亦然，因为土层中水分多，氧化更严重，还往往有缺损现象。银印使用后，则应该及时将印面上残留的印泥擦去，否则时间长了也会氧化。（图7.1.15、图7.1.16）

四、铅

铅呈铅灰色，熔点低，易氧化锈蚀，硬度也较低，容易受刀。人们对铅的认识与使用较早。随着考古工作的进行，目前发现的铅印数量越来越多。已知比较早的铅印（包括"铅印母"）是东汉到魏晋南北朝的产物，都是比较有特点的公印，有较高的价值。铅印在明清所见很少，近现代几乎不见，铅印作伪者也未有闻之。（图7.1.17）

五、铁

铁是春秋战国之后随着冶炼技术的提高，人们掌握的最重要的金属材料。从战国到汉代的烙木等痕迹看，当时应当有铁质印章。汉代冶铁技术已经成熟，铁印也在这个时期应运而生。铁硬度高，翻砂制模后浇铸出来的制品不易精致，和铜制品相比线条字口较粗，因易氧化锈蚀，所以目前见到的古代铁印极少。（图7.1.18）

目前，在一些特殊的应用工艺上，如陶砖瓦的戳印、木皮的烙印等，仍见钢铁印，不少公印采用了钢印这种新的印章形式。但这种钢印仅限于实用，难以进入艺术殿堂。

图 7.1.15
西汉"校尉之印"，银质，龟钮

图 7.1.16
汉代"巧工校尉"，银质，龟钮

图 7.1.17
铅质印章

图 7.1.18
铁质印章

第二节　陶瓷、琉璃类

一、泥

泥是人类最早应用的自然物质。泥印是指经过焙烧的黏土印章，既区别于自然泥，又未烧成陶质。湖南西汉墓中，出现过泥印；中原东汉墓中，见过泥质"黄神"印。

在后来印刷术发展中，出现过烘硬的胶泥活字，属于泥印的演进。泥印所见极少，如历史遗留物，当妥善保管，并有很高的价值。附带说一下"泥封"（又称"封泥"），它是古代封检制度的遗蜕，由印章压抑在封检用的青紫胶泥上而形成，最早见于战国，最晚见于唐代云南进贡大蒜的泥封。泥封中的内容以公印居多，私印较少。（图7.2.1）

二、陶

陶指紫砂陶类印材，主要产于江苏宜兴，其泥原料依色可分紫泥、绿泥、白泥、红泥等品类。明代紫砂陶艺大兴后，"物勒工名"，紫砂陶器上常留有施印戳记，有理由认为其中有紫砂陶印。清代推动紫砂陶艺发展的陈曼生、杨彭年就曾手制紫砂陶印，在坯上刻就，焙烧而成。随着紫砂陶印在市场走俏，要注意有托名的伪作。（图7.2.2、图7.2.3）

三、瓷

有学者认为战国、两汉即有瓷印，恐为夹砂陶印似釉而误认。宋以后见少量瓷印。明嘉靖之后，一些地方（如德化窑）专门烧制迎合市民阶层与士大夫需要的文玩，包括瓷印。瓷印文字有模印、坯刻两种。瓷印可分为以下三种。

（一）单色釉类

此类主要见于白釉瓷印章，多为德化窑产，有的胎净釉匀，钮制很精美，如故宫博物院藏的明代德化窑白瓷双獾钮方印等。（图7.2.4、图7.2.5）

（二）彩瓷类

青花瓷印章明末以后多见，有的富民间工艺情趣。五彩瓷印章、釉里红印章较少见，有的钮制精巧，成为文玩摆设。（图7.2.6）

（三）窑变釉类

炉钧瓷印章和豇豆红釉瓷印章都为清代产品，色彩深沉艳丽，有的钮制古朴大方。

图 7.2.1
西汉"轵侯家丞"封泥

图 7.2.2
陶质印章

四、琉璃

琉璃制作工艺早在先秦时期就已经较为成熟，在两汉时期能见到大量的琉璃印实物。但由于琉璃天生的材质限制，使用琉璃治印虽在历代都有保留，但终究不是理想的印材。（图7.2.7、图7.2.8）

图 7.2.3
紫砂壶钤印

图 7.2.4
明代德化窑方印，白瓷，双獾钮

图 7.2.5
清代"知己有琴书"印，德化窑白瓷，象钮

图 7.2.6
民国仿"万历御览之宝"印，五彩瓷，龙钮

图 7.2.7
西汉琉璃印章

图 7.2.8
清乾隆料器仿碧玺兽钮图章

第八章

其他材料类印材

第一节　漆类

　　漆器是中国先民的创造发明。新石器时代中期即出现陶胎、木胎漆器。清代之后，有人以雕漆之法制作漆印章。漆有红、黑等色，热烈庄重，漆印比重很轻，摩氏硬度2左右，施刀雕刻的手感尚好，但漆印保存时需防火、防水、防虫。有些漆印有很精致的钮制或印体雕饰。所见漆印数量不多，体大艺精者有一定的价值。（图8.1.1、图8.1.2）

图 8.1.1
犀皮漆印章

图 8.1.2
螺钿漆器随形印章

第二节　橡胶类

橡胶是清晚期之后发展起来的印材，所制成的印章俗称"橡皮图章"。橡胶印材较软，易于切刻，使用印油之后，钤盖效果十分清楚，浓淡一致，在公章、私印中大量应用。颜色有红、黑及其他者。

橡胶印章内部结构均匀，无吸水性，相对塑料、牛角印章来说易老化而产生印文尺寸的变化。又因为橡胶质地柔软，弹性较大，其印文形态、外径易受盖印压力大小和衬垫物软硬度的影响。软橡胶印材常需要有支撑物（如木底）。（图8.2.1）

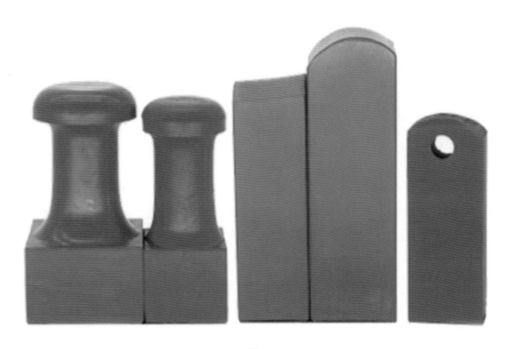

图 8.2.1
橡皮图章

第三节　塑料类

塑料主要由碳氢化合物组成。塑料印章有一定韧性，抗腐蚀性强。使用过程中随着材质的老化，印面尺寸会缓慢微量地增大，但到一定程度后即保持稳定。不同时期盖印的印文面积大小变化不明显，一般不容易引起有关人员的注意。

塑料印章质地较软，也有一定弹性，但既容易发生磨损，也容易因磕碰而残缺，即它所盖的历时性印文中，磨损和磕碰特征都反映得比较充分而明显；既可以看见文字线条逐渐变粗，边角逐渐变钝，也可以看见文字线条凹陷、缺损这样的磕碰现象。由于塑料材料具有热胀冷缩的特性而易产生误差，故而是不适用于做重要印鉴印章的。

一、赛璐珞

赛璐珞又称"化学印章"，在民国以后发展起来。有透明、杂色等类，比重很轻，硬度不高，较易切刻，但不耐火、不耐磨。有的透明赛璐珞印材中夹有花朵装饰、小相片等，这种印材在现代私印中使用较多。（图8.3.1）

二、人造象牙

人造象牙又称"充牙""冲牙"，质佳者逼真似真象牙，但其切截面不可能有真象牙的同心圆或纤维状纹理。人造象牙印材在现代使用很广，多作私印，少量作公章。

三、有机玻璃

有机玻璃是继赛璐珞之后发展起来的广泛应用的人工印材。有机玻璃是一种通俗的名称，英文缩写为PMMA，化学名称叫聚甲基丙烯酸甲酯。它是一种开发较早的重要热塑性塑料，分为无色透明、有色透明、珠光、压花有机玻璃四种。有机玻璃具有较好的透明性、化学稳定性、力学性能和耐候性，易染色，易加工，外观优美。透明、极纯者可与水晶玻璃媲美。较耐火，比重、硬度都大于赛璐珞，较易受刀。有的印材中嵌以花饰、小照片等。（图8.3.2）

四、聚酯类人工宝石

聚酯类人工宝石是20世纪70年代后发展起来的新材料，当其中加以一定添加剂，即可仿制某些矿物，甚至质感。聚酯类人工宝石含如下几种：人造玛瑙、人造琥珀、人造玉石、人造鸡血石等。聚酯类人工宝石虽然仿真度较高，但在石色、石纹等方面仔细分辨可发现与自然产石仍然会有区别。聚酯材料本身较贵，所以市价并不低，一般治印手感较好。

图 8.3.1
赛璐珞印章

图 8.3.2
有机玻璃印章

下篇 中国印章其他相关资料

第九章

——

部分印迹讨论

第一节 粮盐沙、泥土、陶瓷

一、粮盐沙

印章是以凹凸相逆的方法显现出来的，即印章上的阴文要在受体上呈阳文表现，印章上的阳文要在受体上呈阴文表现，所以，人们最早想到的应当是在松软的粉质颗粒状的物品上加盖印章。这类物品是没有经过水调和凝结的类似黏土一类的东西，所以一开始印章应当是打在沙土、粮食以及食盐上，宋代赵彦卫《云麓漫钞》在讨论汉代泥封时，论及宋代的所谓"米印及印仓敖印"，到现在这些用印痕迹绝大部分已经消失。

所幸的是，中国甘肃肩水金关遗址出土了汉代木质的米粮拍子，上面有"万石"（图9.1.1）字样，其用途正是加盖在粮食上面，这可成为一个间接的证据。在收藏家处发现陶质米粮拍子，上刻"巨万石"（图9.1.2）。在山东莱州考古出土了西汉时期加盖在盐堆上面的巨印，文曰"右盐主官"（图9.1.3）。用米粮拍子、护盐巨印将印文的内容拍抑在粮囤、盐堆表面，使得粮食、盐堆表面出现文字，加以保护，如果有人盗取粮盐等物资，通过紊乱的字迹便可以辨认出来。

目前，在一些公共场合的卫生沙盘上也保留有这种传统（图9.1.4），可供灭火、放置香烟头之用，由此可以溯源地窥见古代拍抑在粮食、盐堆上的类似用法。在全世界范围内，特别是印章起源比较早的国家和地区，有没有这样的现象还需要进一步的研究。

二、泥土

在两河流域和古埃及地区，分别见到了以印章加盖在泥版文书之上和封泥之上的现象。（图9.1.5、图9.1.6）虽然在中国的考古遗址中，至今尚未发现在类似"泥版文书"之上加盖印章的迹象，但是不能完全否认这一现象的存在，可能只是因为痕迹难以保留罢了。

在中国古代所谓的印章和泥的关系中，最突出的就是印章和泥封的关系了，这在上卷已经有比较多的论述。从现在的考古发现可推测出封泥有这样一些用法：①竹简木牍等文件信函的封缄；②各种罐、筒等储藏器的封储；③一些土石方工程完成检验后的封标（估计是用绳索把已完成的土石方圈牢，而后由官署在绳结处打封泥）；④封固门户；⑤封守钱串；等等。封泥之制为世人认识较晚，清末在四川、山东等地出土的泥封，曾被人误认为

图 9.1.1
万石

图 9.1.2
巨万石

图 9.1.3
右盐主官

是"印范"。后来，人们根据文献，诸如《后汉书·百官志》守宫令"主御纸笔墨，及尚书财用诸物及封泥"，《东观汉记·邓训传》记"训好以青泥封书"，《汉旧仪》记载皇帝之玺以武都紫泥封，宋代赵彦卫《云麓漫钞》记"盖用以印泥，紫泥封诏是也。今之米印及印仓敕印近之"，将这些遗物称为"泥封"，又称为"封泥"。现在大多数的考古学、文物学及书法印章学著作中，把东周到秦汉时期的一种重要文物，即印章打在胶泥上，用于封缄文件、钱币和财物等的泥块，称作"封泥"。这一称谓是不妥当的，应当以"泥封"称呼为宜。《汉语大词典》中对"泥封"的解释是："古人封缄书函多用'封泥'封住绳端打结处，盖上印章称'泥封'。"[1]从其中可以看出，"封泥"是未加盖印章的待用的胶泥，而加盖印章后称"泥封"，这样的解释是不错的。《汉语大词典》中对"封泥"的含义解说则有两种，第一种是作动词用，"谓用泥封缄文书"[2]；第二种为引申义："谓守关如封泥，后因以'封泥'喻据守雄关。"[3]用"泥封"称呼加盖印章后所封缄的胶泥更为合适。

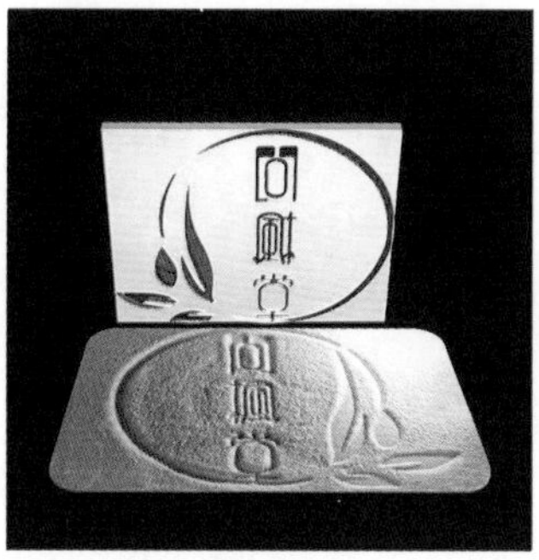

图 9.1.4
沙盘抑印

不晚于西周晚期，中国就出现玺印加盖在封泥之上的情况，此类应用在东周后期到秦汉时期发展成一个高峰。东汉之后，泥封的应用渐渐式微。自东汉至魏晋逐渐减少。魏晋之前的泥封公印私印皆有，画印也有，但以公印占大多数。唐代所谓的泥封和秦汉时代的泥封是有区别的，在西安唐代大明宫遗址，出土有唐代封闭贡物罐的泥封，全为公印，这样将泥封的时间下限向晚推移了，唐代倒是更接近在泥上盖印的这么一个传统了，即将印盖在有黄泥和石灰形成两层的封坛子口的泥片之上。

图 9.1.5
两河流域萨比·阿布亚德遗址中出土的泥封

《东观汉记·邓训传》中记："（黎阳营故吏）又知训好青泥封书，从黎阳步推鹿车于雒阳市药，还过赵国易阳，并载青泥一椟，至上谷遗训。"[4]后来人将"泥封"误称为"封泥"，可能的来源是《后汉书·百官志》"守宫令一人，六百石。本注曰：主御纸笔墨，及尚书财用诸物及封泥"[5]。其中讲到守宫令掌管的文具系列中有"封泥"，比较明确。于是许多研究者误以为"封泥"就是"泥封"，这种认识是不正确的。守宫令本身职官级别并

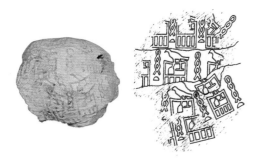

图 9.1.6
印有古埃及第一王朝法老 Aha 名字的泥封
及摹本，大英博物馆藏

1　汉语大词典编辑委员会、汉语大词典编纂处：《汉语大词典 第五卷（上册）》，汉语大词典出版社，2001，第 1106 页。

2　汉语大词典编辑委员会、汉语大词典编纂处：《汉语大词典 第二卷（下册）》，汉语大词典出版社，2001，第 1254 页。

3　同上。

4　刘珍等：《东观汉记校注》卷九《邓训传》，吴树平校注，中州古籍出版社，1987，第 294 页。

5　范晔：《后汉书·志》第二十六《百官二》，中华书局，1965，第 3592 页。

不太高，负责掌管文书文化用品。而抑印过的公私"泥封"是用过之物，严格来说是当时查验并处理文件、财物之后，解下、敲落遗留下的"废物、垃圾"，不会属于当时一切职官包括守宫令搜集、掌管的范围。《后汉书·百官志》守宫令所掌的"封泥"，应当是指准备用印做"泥封"的胶泥。在《吕氏春秋·离俗览·适威》中有记载："故民之于上也，若玺之于涂也，抑之以方则方，抑之以圜则圜。"[6]在《淮南子·齐俗训》中亦有记载："若玺之抑埴。"[7]《东观汉记·隗嚣传》记载："（王元）请以一丸泥为大王东封函谷关。"[8]其中的"涂"、"埴"以及"丸泥"指的都是将要被抑印的"封泥"。

"封泥"的胶泥土质种类从记载来看，除了前面已经提到的"青泥"，还有"武都紫泥"，《西京杂记》记载："中书以武都紫泥为玺室，加绿绨其上。"[9]《汉官六种·汉官旧仪》记载："皇帝六玺，皆白玉螭虎钮……皆以武都紫泥封，青布囊，白素裹，两端无缝，尺一板中约署。"[10]这就提到了汉代具体选用封泥泥土的产地——"武都"。西周、春秋战国时，武都为梁州地，是羌、氐民族居住地；先秦，武都已有道（县）级建置。秦时，武都属白马氐族人。秦始皇设武都道，隶属陇西郡。汉武帝元鼎六年（前111年）汉灭南粤后，又发兵击西南夷。据《汉书·西南夷传》记载："南粤破后，及汉诛且兰、邛君，并杀笮侯，冉駹皆震恐，请臣置吏，以邛都为粤嶲郡，笮都为沈黎郡，冉駹为文山郡，广汉西白马为武都郡。"汉武帝年间初置郡时，武都郡下隶武都（西和县洛峪）、上禄（成县西南部）、故道（两当县）、河池（徽县西北部）、平乐道（康县平洛）、沮（勉县西北部）、嘉陵道（略阳县北部）、循成道（成县东南部）、下辨道（成县西部）等九县，5.1376万户，23.556万人。汉平帝元始二年（2年），全国又设十三刺史部，武都郡属益州刺史部。王莽新朝年间改武都郡为平乐郡（郡治移今康县平洛，一说移河池），武都县改为循虏县（县治仍在今西和洛峪）。东汉光武帝建武元年（25年）复武都郡，郡治移下辨（今成县西部），下隶下辨、武都道、上禄、故道、河池、沮、羌道七县。建武七年（31年）武都郡治由下辨又移至嘉陵江支流青泥河谷地（今成县境内）。东汉至三国，郡名未改，武都

6　许维遹：《吕氏春秋集释》卷十九《离俗览》，中华书局，2009，第528页。

7　刘安：《淮南子集释》卷十一《齐俗训》，中华书局，1998，第777页。

8　刘珍等：《东观汉记校注》卷二十一《隗嚣传》，吴树平校注，中州古籍出版社，1987，第870页。

9　葛洪：《西京杂记》卷四，周天游校注，三秦出版社，2006，第200页。

10　孙星衍等：《汉官六种》，中华书局，1990，第62页。

隶凉州刺史部武都郡辖。汉献帝建安二十四年（219年），刘备攻取了曹操占据的汉中郡，阻断了武都与雍州的联系，于是曹操弃武都郡，迁治至扶风小槐里。秦汉武都，在今甘肃省陇南市武都区及左近。这些文献记载说明，至迟到汉代，有朝廷专门颁发的公印用泥，这就叫"封泥"。反过来说，"封泥"确实有其文物，但不是有文字或图样在上的"泥封"。

图 9.1.7a
文字印泥封

图 9.1.7b
图形印泥封

　　"泥封"是指在"封泥"之泥上面加盖了印章后的，表面有文字或图样以供审验的泥块（图9.1.7）。东汉蔡邕《独断》中记载："凡制书，有印，使符，下远近皆玺封。尚书令印重封。唯赦令、赎令、召三公诣朝堂受制书，司徒印封。露布下州郡。"[11]《后汉书·光武帝本纪》引汉制度注曰："帝之下书有四：一曰策书，二曰制书，三曰诏书，四曰诫敕。策书者，编简也，其制长二尺，短者半之，篆书，起年月日，称皇帝，以命诸侯王。三公以罪免亦赐策，而以隶书，用尺一寸，两行，唯此为异也。制书者，帝者制度之命，其文曰制诏三公，皆玺封，尚书令印重封，露布州郡也。诏书者，诏，告也，其文曰告某官云，如故事。诫敕者，谓敕刺史、太守，其文曰有诏敕某官。它皆仿此。"云梦睡虎地出土秦简，《秦律十八种·仓律》载："入禾仓，万石一积，而比黎之，为户。县啬夫若丞，及仓乡，相杂以印之，而遗仓啬夫及离邑仓佐主禀者，各一户，以气，自封印，皆辄出，余之，索，而更为发户。"[12]像云梦睡虎地秦简出土文献也好，或者大量传世秦汉文献也好，都讲"封书"，这应当是很清楚的，所以应当称抑印后的胶泥为"泥封"为宜。

　　秦汉时期"封泥"和"泥封"的明确区分，反映了当时完整的泥封制度程序，即"采封泥—藏封泥—取封泥—用封泥封护简牍或财货—在封泥上抑印以及做成泥封—简牍或财货到达之后敲落泥封—读取简牍或财货"。汉晋以后，由于纸张应用的普及，传统的竹帛简牍渐渐被取代，用于封缄简牍财货的泥封用法逐渐消失，泥封制度也趋向衰微；唐代在大明宫遗址所见的泥封，与东周秦汉用法有着很大的区别。可能正是在南北朝隋唐时代，"封泥"和"泥封"的概念才开始发生混淆。如唐代李林甫《嵩阳观纪圣德感应颂》："目对封泥，手连印署。"[13]以及罗隐《秋晓寄友人》："手中彩笔夸题凤，天上泥封奖狎鸥。"[14]这两首诗中的"封泥"和"泥封"指的是一样的东西。

　　从以上分析可知，"封泥"和"泥封"的区别，实际上在秦汉时期的文

11　蔡邕：《独断》卷上，上海古籍出版社，1990，第 4 页。

12　张政烺、日知编《云梦竹简 2：秦律十八种》，吉林文史出版社，1990，第 14 页。

13　周绍良主编《全唐文新编 第 2 部 第 2 册》，吉林文史出版社，2000，第 3957 页。

14　周振甫主编《唐诗宋词元曲全集 全唐诗 第 12 册》，黄山书社，1999，第 4879 页。

献中没什么讹错。如果把"泥封"读作"封泥"的话，不仅对"泥封"是一种误读，而且忽略了真正的"封泥"的存在，忽略了另一种文物。

陈介祺、吴式芬在光绪年间编著的《封泥考略》，是第一部专门研究古泥封的重要著作。书中收录了战国至汉代公私泥封共八百四十九件，是书采用"封泥"的称谓。王国维在《齐鲁封泥集存序》中也称之为"封泥"："窃谓封泥之物与古玺相表里，而官印之种类，较古玺印为尤多，其足以考正古代官制、地理者，为用至大。"[15]在此之后的如周明泰《续封泥考略》和《再续封泥考略》、吴幼潜《封泥汇编》、国立北京大学研究院文史部《封泥存真》、王献唐《临淄封泥文字》等一系列著录以及研究文论中，大多使用"封泥"的称谓。

其间，也有部分学者坚持"泥封"的说法，如刘鹗在《铁云藏陶·铁云泥封》中提道："泥封者，古人封苞苴之泥而加印者也。封背麻丝黏著，往往可见。"[16]先师陈直也曾称其为"泥封"，如他在《汉书新证·百官公卿表》"中尉"条下例举毛子静所藏"备盗贼尉"泥封。即便如此，"封泥"的称谓依然成为主流，并被长期误用。

近年来随着研究的拓展、考古资料的丰富和真正封泥的发现，这种观点自然受到了挑战。如果在研究中将二者混为一谈，那么准备做泥封的胶泥又该如何命名呢？如前面所提到的，"封泥"和"泥封"的区别，与秦汉之际的泥封制度有关，所以区分"泥封"和"封泥"，可以保证泥封制度和相关文物研究的针对性、准确性。

从文物考古资料来看，真正的"封泥"已经被发现。现在再看看考古出土的、残存在封泥筒中的真正的"封泥"，它们有两种状态。一种就是散装，一层一层沉淀在封泥筒里面，如河北望都二号汉墓中出土的封泥筒，其中有杏红色棒状物九段，[17]应为干裂后的封泥。此外还有山西省朔州赵十八庄一号汉墓出土的封泥筒，其中装有暗红色封泥，出土时仍然柔软可塑。[18]这些封泥均没有用过，泥质非常细腻。另外一种是丸状或者颗粒状的，即文献上见到的"丸泥"，做成丸状是为了便于携带。从两京地区到各州郡县、从朝鲜半岛到东南亚半岛出土的汉代中央政权颁发的封泥可以说胶泥泥巴的色泽、细腻度是非常一致的，说明由中央，甚或就是经"守宫令"统一发放。这是汉代封泥的特点，东周、秦代可能没有做到这一点。早期封泥本身

※知识链接：封泥筒

封泥筒，它从东周一直到魏晋南北朝时期都有发现，就是存放封泥的筒。最华丽的一件封泥筒（图9.1.8）现藏于陕西历史博物馆，材质是青铜错金银。从自铭为"灵华紫阁服乘金错泥筒"可以看出，它的作用非常清楚，就是盛放封泥或者说盛放泥巴黏土胶泥的"泥筒"。但它的亮点还不止于此，它上面记载的纪年为升平十三年（369年），这是十六国的纪年，而十六国的时候，在中原早已是秦汉泥封制度大势已去的时候，十六国时期西北还有这么华丽的"泥筒"，这是十分少见的。

小型封泥筒（图9.1.9），在陕西、河南、山西、山东、甘肃等地出土比较多，一般直径3厘米左右，长度在20厘米之内。顶部带盖，盖沿有的有企口，只有转到一定角度才能打开，否则是打不开的；有的附有三足，有的带圈足，有的为平底。盖子里面往往有阳起的反字，这些字都较为简单，例如"千万"二字，是用来试抑胶泥即"封泥"的质量和用泥效果的。有的封泥筒还附有小铜匕，以方便取封泥、填封泥。

15 王国维：《王国维手定观堂集林》卷十五《史林七》，黄爱梅点校，浙江教育出版社，2014，第384页。

16 刘鹗：《铁云藏陶》，江苏广陵古籍刻印社，1998，第97页。

17 河北省文化局文物工作队编《望都二号汉墓》，文物出版社，1959，第9页。

18 宁立新：《山西省朔县赵十八庄一号汉墓》，《考古》1988年第5期。

图 9.1.8
十六国前凉青铜错金银封泥筒

图 9.1.9a
陕西清涧出土的封泥筒盖上纹饰

图 9.1.9b
陕西清涧出土的小型封泥筒

常常是近方形、圆形小泥块，泥质细腻，为青、紫、褐、红等色的胶泥。有些封泥在抑印之后曾经烧烤变硬。封泥的上面为被玺印压抑出的文字与图形内容，其背面常常有简、笥及绳结痕迹。唐代的封泥只是泥皮，面积较大而易碎。至于战国泥封、秦泥封，从目前分析的情况来看，就可能是当地一般的黏土，其色泽不一，含砂量不一，软硬也不一，可能还没有一个统一的规定，当然这一点要用更多的实物以"大数据"的分析来讨论。至于西周晚期的那一枚封泥，目前取样太少，还讲不出泥质的选择和泥封之间的关系。

"封泥""泥封"一前一后，一无文图一有文图，它俩具体诠释了古代泥封制度。研究者不应当再"将错就错"了，尤其是在古代泥封记载的历史价值、古文献价值凸显，越来越被人们重视之际，应当秉持正确的称谓，须知封泥作为黏土，本身是不会有什么文献价值的。

顺便提及，一些木质的、金属质的，原本大多数研究者称为"封泥匣"的文物，它们不是用来存储封泥的，而是用于固定、防护已经抑印的黏土胶泥印封的，因此也应当称"泥封匣"为宜。对于制作公印泥封的泥，在不晚于汉代时已经有官方的规定。战国到秦代封缄竹简木牍的封泥，往往不带泥封匣，而汉代之后的公印封泥，往往带有木制中凹的泥封匣（图9.1.10、图9.1.11），也有更为精美的金属制泥封匣（图9.1.12），这是近年考古发掘中得见的新知识。

这里还要谈到"斗检封"（图9.1.13）。《周礼·地官·司市》："凡通货贿，以玺节出入之。"汉郑玄注："玺节，印章，如今斗检封矣。"贾公彦疏："汉法，斗检封，其形方，上有封检，其内有书，则周时印章上书其物，识事而已。"又《说文解字》："检，书署也。"徐铉曰："书，函之盖也。三刻其上，绳缄之，然后填泥题书而印之。《汉书》：金泥玉检。"《后汉书·公孙瓒传》："皂囊施检后，用纸作粘，粘而印之，殊为省事。"清赵翼《贻西庄》诗："道士拜赤章，枉费斗检封。"清朱彝尊《赠许容》诗："今之官印古玺节，汉制斗检封略同。"案：汉代铜质斗检封并不稀见，形方如斗，上大下小，径方八分，高二分，底内外各四字，内十字界格阳文"鼓铸为职"，外十字界格阳文"官律所平"。一说为官方发给的盖印封签的文书，作为凭证用，即封书所用之印。但是，斗检封边长约2.2厘米，不合于当时的"方寸玺"制度，这应当是市场管理之类的低级用印加泥封制度。

三、陶瓷

在陶上用印的情况就出现得很早，从商代便开始了，这在上卷里已经有充分的论述。殷商时代，出现了最早的单枚文字玺印印陶（图9.1.14）。通过李学勤所考释的"刊旬抑直"铜印（图9.1.15）和江西樟树吴城遗址出土

图 9.1.10
木制泥封匣

图 9.1.11
木制泥封匣

图 9.1.12
金属泥封匣

图 9.1.13
斗检封

图 9.1.14
殷商单枚文字玺印印陶

图 9.1.15
刟旬抑直，铜质，鼻钮

的"臣"字阳文陶文（图9.1.16），我们可以确定在商代晚期、西周时期已经出现以印章或印章类工具压抑陶文的做法。[19]

河南温县北平皋村曾出土一些"陉（邢）公""公"的戳印陶文（图9.1.17），邹衡认为这些陶器的时代在春秋中期至春秋战国之交，并明确指出："这批陶文的时代是东周时期较早的，而与常见的战国中晚期陶文有着明显的不同。"这些戳印陶文除个别"公"字为阳文外，其余都为带边框的阴文，说明它们是被带有边框的阳文印章一类的工具戳印而出。

浙江德清亭子桥窑址曾出土一件原始青瓷勾鑃的残件，在勾鑃鼓部靠近边缘处有一戳印的"自"字鸟篆铭文[20]。这件青瓷勾鑃的年代为战国早期，在铭文的上部和左边能清晰地看到阴文边栏的痕迹，说明这一鸟篆铭文是用带有边栏的阳文印章类工具戳印而成的。这类铭文的字形和做法，与能原镈等越国青铜器极为接近，反映出这类作为陪葬品的原始青瓷礼乐器对于青铜礼乐器的忠实模仿。通过这件原始青瓷仿铜勾鑃，我们能够更清楚地了解一些越国鸟虫篆铭青铜器铭文的做法。

到了战国时期，戳印陶文这种做法已十分普遍，特别是在燕、齐、韩、赵、魏和秦国，出现了数以千计的标本（图9.1.18、图9.1.19）。有一些有极高的文献价值和古文字研究价值。秦代历时不长，但留下了大量的戳印陶文（图9.1.20、图9.1.21），包含有地名、职官、手工业、陵墓、度量衡等重要内容，它们的面型要比遗存的印章实物更为丰富。两汉时期也是陶文发展的重要时期，尤其以陕西、河南、山西、河北、内蒙古、山东地区为多见。（图9.1.22、图9.1.23）到两汉时代，在一些大型器物（如陶瓮、板瓦）上，出现用滚筒式连续抑印的文字玺印（图9.1.24）。东周的戳印陶文反映了列国文字的不同风格，秦汉陶文反映了汉字摹印篆、缪篆的统一的风格。

陶文在魏晋南北朝经历了深刻的从以篆书为主向以隶书为主，直到以楷书（魏碑风格）为主的这样的转变。（图9.1.25、图9.1.26）在陶器上，戳印陶文一直延续到今天。有的成为陶器器皿之上的商标性的标识，有的成为砖瓦陶泥上的说明用途和制造者的标识。总体而言，在陶（包括砖瓦制品）上用印，这个传统一直延续到现在。

江苏宜兴生产的紫砂陶器尤其是茶具，是具有浓郁中国文化风格的工艺美术品，不晚于明代，在紫砂陶器上抑印印章已经成为定例，有著作工匠或

19 李学勤：《试说传出殷墟的田字格玺》，《中国书法》2001年第12期。王恩田：《陶文图录》，齐鲁书社，2006，第25页。

20 浙江省文物考古研究所、德清县博物馆：《德清亭子桥：战国原始瓷窑址发掘报告》，文物出版社，2011。报告称此勾鑃文字经曹锦炎鉴定，文字风格具有越王州句前后的时代特征，时代属于战国早期的偏晚阶段。

图 9.1.16

樟树吴城遗址出土的"臣"字戳印陶文

图 9.1.17

河南温县北平皋村出土的陶文拓片

图 9.1.18
战国齐戳印陶文

图 9.1.19
战国燕戳印陶文

图 9.1.20
秦代戳印陶文

图 9.1.21
秦代戳印陶文

图 9.1.22
汉代戳印陶文

图 9.1.23
汉代戳印陶文

图 9.1.24
汉代滚筒式连续抑印的文字玺印

图 9.1.25
北朝隶书风格戳印陶文

图 9.1.26
北朝楷书风格戳印陶文

大师的印记，也有参与制作的书画家、诗人的印记。紫砂陶器上的用印，已成为紫砂艺术不可分割的组成部分。（图9.1.27）

据目前所知，东汉后期、孙吴时期和两晋时期的青瓷上确有印字，有的是吉语，例如"吉祥""大吉"字样。当然这些是瓷器印模上带有的印字，和真正的印章戳印还是有一定区别。在瓷器上出现的戳印文字相对比较少，从两汉时代到隋唐时代极为罕见，这种情况到了宋代有所改变，瓷器上出现了商标性质的戳印文字，有的混迹在瓷器印花之中（图9.1.28），这种情况直到现在的某些瓷器烧造还存在着。

陶器、瓷器上的用印痕迹除了用肉眼直接观察，还可以用摄影、拓墨的方法揭示。

图 9.1.27
"大亨"款紫砂壶

图 9.1.28
瓷器上的戳印文字"金玉满堂"

第二节 金属

本节将讨论印章在金属器上的应用。

一、铸造模范

首先讨论金属器在制范时，铭文包括部分纹样的利用在印章上如何表现。其具体方法大致如下：首先，将印章印面上的文字有序地压抑在泥砂质模上，此时印面文字是反文，模上出现正字，将模晾干；再在模上翻范；等待砂范干硬之后，熔铸金属液灌入砂范，待金属成品的毛坯冷却取出。这样一来，金属器上便表现出了印章印面的文字。另外，也有将玺印直接压抑在砂范之上，此时印面文字是正文，范上出现反字，然后由熔铸出的金属器物表现出来。制范法与金属器皿铭文以及金属铸币工艺等均有密切的联系。制范用印遗迹资料的识别、拓印方法与印陶相似。

以文字印或图形印戳印青铜模范，可以追溯到商代晚期，它是新石器时代以来陶拍技术与青铜模范制造技术结合的产物，殷墟出土的青铜商玺及其伴出的同铭青铜器，说明这类带有族徽性质的商玺或类似玺印的制范工具，很有可能用于当时的陶器和青铜模范制作，但由于商代用印痕迹十分有限，尚未找到使用玺印制作青铜模范的直接证据。西周时期的一些龙纹印、凤纹印、涡纹印，纹饰与西周铜器极为接近，说明这种以印章或"类印章"制作青铜模范的做法在西周时期继续流行，扶风齐家村西周墓M27出土的陶罐肩部有压印的凤鸟纹，与扶风白村出土的西周凤鸟纹印构图类似，在一些青铜器上也能见到重复出现的纹饰纹样，推测在制作模范的过程中，使用了类似印章的工具进行拍印。也有一些研究者认为，最早使用类似印章制范的作品出现在少量录有铭文的西周青铜器上。

较早疑似使用印章戳印模范而铸造青铜铭文的资料，当属湖北随县安居桃花坡春秋墓出土的一件铜盘，铭文二十六字（含重文二处），作器者为"起右"，故暂名为"起右盘"。这件铜盘的时代为西周晚期至春秋早期，铭文第三行倒数第二字"孙"、第四行最后一字"之"字作倒书，推测在制作铭文模范时采用了类似单字戳记的工具。不过铭文中的两个"宝"字大小不同，并非同一工具抑出。若通篇铭文模范采用类似活字的方式抑出，则同一字制作两个戳印颇令人费解，所以尚不能十分肯定这些铭文是用印章戳印模范制成的。（图9.2.1）

到了春秋晚期，明确使用类似印章的字钉工具抑盖泥模，再翻范铸造

图 9.2.1
湖北随县安居桃花坡春秋墓出土的青铜
"起右盘"铭文

图 9.2.2
秦公簋铭文拓片

图 9.2.3
能原镈铭文拓片

图 9.2.4
珍秦斋藏秦"寺工"戈

青铜器的做法则变得颇为常见了。这种做法是活字技术在铸铜泥模上的实践，将其视作后来活字印刷术的远祖也未尝不可。使用字钉工具制作泥质模范，常会在单字铭文周边见到边框，而且各字的边框往往有左右高低的些许错落。以此为判断标准，可以确定中国国家博物馆所藏秦公簋（图9.2.2）、台北"故宫博物院"藏能原镈（图9.2.3）、淅川徐家岭楚墓出土"薳子孟青嬭"簠、哈佛大学福格美术馆藏吴王夫差剑等春秋铜器铭文皆使用此种方法做出。

类似的做法在战国时期也十分常见，如战国早期的"吹鳌"戈、战国中晚期的"郾侯脮"戈、战国晚期的秦"寺工"戈等。[21]值得一提的是笔者新发现的战国晚期秦"寺工"印，与珍秦斋所藏秦王嬴政时期所作的"寺工"戈（图9.2.4）铭文正合，可见这种以印章戳印泥模再铸造铜器的做法，直到战国末期仍然流行。

近年，山东出土的东周青铜马饰上，钤有"十四年十一月工师铭"几字（图9.2.5），就是传世该印制范的遗痕。清代著名金石学家吴大澂旧藏的春秋中晚期"鄌"戈内有铭文（图9.2.6），当时应也使用了类似印章的戳子压抑模范。类似的做法在战国时期十分常见，尤多见于燕、齐、秦系兵器中，如战国早期"吹鳌"戈（图9.2.7）、战国中晚期燕"郾侯脮"戈（图9.2.8）。燕系兵器铭文中的用印痕迹主要见于戈（含戟）、矛、剑几类，公开发表的资料已近两百例，尤其以1973年燕下都第23号遗址出土的百余件带铭戈资料最为集中。这类兵器铸铭外围多有方框，说明当时制造模范时使用了类似长条印章一类的工具。朱棒曾记秦"寺工"印与珍秦斋所藏秦丞相吕不韦戈内部"寺工"戳记尺寸大小正合，字形亦同，当为铸造铜戈前戳印陶模所用。由于秦寺工造作的兵器数量巨大，为避免在每件兵器上凿刻"寺工"铭文这样的重复劳动，秦人采取了以印章戳盖陶模的做法，大大节约了时间成本。陕西省出土的西汉"樊氏"印（图9.2.9），也应当是制范时所用。这种用法在后世也有用在瓷器上的，其用印痕迹资料的识别、拓印方法与印陶相似。

二、錾戳

錾戳与徐缓压抑不同，它是将玺印以较强力量进行砸击，使印文内容出现在另一金属体上。战国时，楚国便出现了"郢爯""陈爯"等带铭金版，这是錾戳印较早的例子，其印戳用青铜制成。（图9.2.10、图9.2.11）这些金版上通常都用铜印钤成方格，每格印二字，少数为一字，个别还有作

―――――――――

21　萧春源：《珍秦斋藏金·秦铜器篇》，澳门基金会，2006。

图 9.2.5
铜范铭文拓本及"十四年十一月工师铭"传世印章

图 9.2.6
春秋"鄌"戈铭文拓片

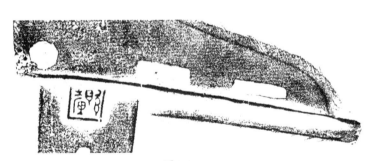

图 9.2.7
"吹釐"戈铭文拓片

图 9.2.8
"鄄侯朕"戈铭文拓片

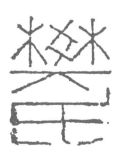

图 9.2.9
西汉"樊氏"印

图 9.2.10
"郢再"戳印

图 9.2.11
"陈再"金版

圆形的，现存金版所錾戳文字以"郢再"最多，"陈再"次之，"郢爰"和单"郢"字较为少见。关于金版的记载，最早见于《太平御览》卷八百十引《晋永和起居注》曰"庐江太守路永表言，于谷城北，见水岸边紫赤光，得金一枚，文如印齿"。从其特点看，很有可能就是"郢再"一类金版。比较明确的记载首先见于宋代沈括《梦溪笔谈》卷二十一："寿州八公山侧土中及溪涧之间，往往得小金饼，上有篆文'刘主'字，世传淮南王药金也。得之者至多，天下谓之印子金是也。""刘主"经后世研究，应为"郢再"误读。战国、秦、汉时期的金器、银器、马蹄金、麟趾金上，也常见錾戳文字与符号。1995—1996年，在山东长清双乳山发掘的一号西汉初年济北侯国最后一位诸侯王墓中发现了20枚金饼，大部分凹面有刻画文字或符号，有的并戳画有印文，多为"王"字，少数有"齐""齐王"等字。1999年西安北郊谭家乡汉代窖藏出土219枚金饼，其中大部分有戳记和戳印文字，就属于戳印系列，"从全部金饼实物看，打戳记现象较为普遍，总计占到182枚。戳记有近似'V''U''T''S'形等四种"。海昏侯墓出土的许多金饼（图9.2.12）上都带有"V"形戳记引发广泛关注，于西安北郊谭家乡出土的西汉金饼也带有"V"形戳记和"六"字戳记。

　　唐宋之后，在一些金银器皿上也出现了不少印戳錾现的文字，如南宋陈二郎十两金铤（图9.2.13），四角戳印"十分金"，中腰戳印"十分金"和"陈二郎"。黄石市博物馆藏南宋银铤（图9.2.14）上戳记："京销铤银""朝天门里""董六郎"。"京销铤银"是指南宋都城临安府金银交引铺销铸的铤状白银。"南海一号"沉船考古发掘报告发表了8件带有戳印文字的金叶子（图9.2.15），其戳印铭文分别为"王帅教置，霸南街东""韩五郎金""韩四郎金，十分金及十分赤金"三种。至明清时期，出于商业贸易的需要，这种应用更为普遍。清梁廷枏《夷氛闻记》记"夷船出口止准带光面洋银，其内地戳印等银，照纹银例，一体严禁"，据研究，天启通宝及崇祯通宝等背有加盖戳印"VOC"，上面多加一个"C"字，指代联合东印度公司，英国称它为荷兰东印度公司。16—19世纪世界贸易东西方大宗贸易多以银钱为主，最多是南美洲各地使用之西班牙银币，如到东方来贸易常被戳印不同字号或象形文字，为的是证明银两为真品无误。

　　直至近现代，在金属制品如金银戒指、耳环、金银锭上錾戳商家名号、金属成色的行为仍然存在。（图9.2.16）这些文字或代表工匠，或代表工场，或代表物主。錾戳法与金属器皿、金属制币等方面所用的冷锻出纹饰的方法有密切联系。与印陶相似，这种用印痕迹资料的识别采用的也是拓印方法，也可以辅以摄影表达。

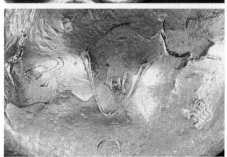

图 9.2.12
海昏侯墓出土的金饼

图 9.2.13
南宋陈二郎十两金铤

图 9.2.14
黄石市博物馆藏南宋银铤

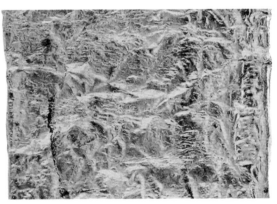

图 9.2.15
"南海一号"沉船考古发现的金叶子

图 9.2.16
现代金制品錾戳

图 9.3.1
中亚神人操蛇纹镂空平面印

图 9.3.2
中亚鹰纹镂空平面印

图 9.3.3
中亚几何放射纹镂空平面印

第三节　烙印

　　烙印是指借助火将金属器物加热到一定的高温后，将其印文、图形等内容烙记在另一种物质的材料上。这种方法起源很早，但施用的范围不如抑印广泛。

　　目前在印度河流域、古代巴克特里亚－马尔基亚娜地区、古代伊朗地区等地发现的一些印章（图9.3.1—图9.3.3），应当明确为烙印。其印的特点是印面成图案，笔画比较深、峻，且图案之间有用于烙制时散热的镂孔。至于中国的烙印是否受到它们的影响，或是有着地区之间的相互影响，仍待进一步研究。

　　目前中国发现的与烙印相关的实物可追溯至东周时期，燕国、三晋、齐国、秦国、楚国等地都有发现，其中大部分是间接资料，即用于烙印的印的本体。部分烙木、烙漆等所用印章有实物出土，在棺椁、木器、漆器上也留下了用印的痕迹，从多方面证实了古玺印的用途。

　　根据烙印对象的不同，可以将烙印分为烙竹木、烙漆和烙皮革三大类。

一、烙竹木

　　烙竹木就是用加热了的金属玺印抑盖在竹子或木头上，使金属玺印的文字显现的一种烙印方法，多用于当时对木材的管理、征用、贸易税收等。在竹木材质上烙以印记的做法一直延续到现代。烙竹木印，起源于春秋时期，战国至汉皆有，印的形状不一，用法与烙马印相似。

　　这种烙竹木印最早发现在东周时期的大型墓葬中，特别在楚国墓葬中出现了数例，而且墓葬级别都比较高。一些木椁上烙有文字印记，所烙内容大抵有记事、记墓主及记木材来源等若干类。如湖南楚国墓木椁上所见烙印痕迹（图9.3.4），又如湖北江陵楚墓漆棺上所见的"於王既正"烙印遗痕（图9.3.5）。

　　除了印记遗存，这种烙竹木的玺印实物也有所发现，如山东出土的战国时期齐国的"左桁正木"玺（这种古玺文字在印陶文字间也有发现，不止出现在竹木上）（图9.3.6）、"左桁敱（廪）木"玺（图9.3.7）、"右桁错木"玺（图9.3.8），三晋地区出土的"女（汝）木府"印（图9.3.9）、"平匋"印（图9.3.10），还有传世的西汉"柜司空"印（图9.3.11）。研究烙竹木印，既可以研究烙竹木印遗痕的摄影、拓扑显现，也可以直接研究存世的烙印本身。

图 9.3.4
湖南楚国墓木椁烙印痕迹"沅阳府"

图 9.3.5
江陵战国楚墓漆棺上的烙印"於王既正"

图 9.3.6
战国齐"左桁正木"烙木印

图 9.3.7
战国齐"左桁斁（廪）木"烙木印

图 9.3.8
战国齐"右桁错木"烙木印

图 9.3.9
战国三晋"女（汝）木府"烙木印

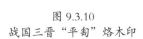

图 9.3.10
战国三晋"平匋"烙木印

图 9.3.11
西汉"柜司空"印

二、烙漆

烙漆印文常常用来记载市府的名称、简单的地名、工匠的名称以及数字等。具体的用印烙漆方法有两种：第一种方法是先将印烙在漆器内里的竹木质胎骨上，再进行髹漆处理，使漆汁覆盖在印文之上，形成一层保护膜，这层膜透明，可见印文；另一种方法是在完成的漆器上进行烙印处理，这样，印文便显现在漆汁之上。

烙漆印遗痕最早发现于战国时期的漆器上，在秦朝和两汉时期的漆器上比较多见。例如在湖南出土漆器上见到的文字烙印（图9.3.12）。

漆器上的烙印肉眼容易辨识，但是不易拓取，一般只能依靠照片或摹本来反映它的面貌。我们还可以参照漆器上的印文内容，从存世的古玺印中指认某些印章可能属于烙漆印。

三、烙皮革

从东周时代起，烙皮革用印便已存世。烙马印，最早见于战国，间断沿用至今，印面巨大，厚重，背有纳柄的空鋬，将其烧红后烙马。这种印章所见最多的是烙马匹用印。以往的研究者，对于古代遗存下来的一些战国和汉代时期印面面积较大、内容往往涉及车马之制的印章的用途多不得其解。至清末罗振玉指认汉"灵丘骑马"印（图9.3.13）属于烙马印之后，学者们才开始对这些巨型玺印进行深入研究，发现其中部分属于烙马印。

这种烙马印的使用方法是以烧红的玺印灼烙在马的表皮上，用以表示马的品质、属主或数量等。这个做法一直沿用到现在，无论是部队的战马、交通用的牛马，还是表演比赛用的马匹上，都有表明其身份、所有者身份等信息的相关烙印。

古代的烙革印无论是烙在牲畜皮上还是人的身上，印记本身都很难保存下来，但是我们可以从出土的几方东周时期、汉代乃至五代的烙马印中得到证明。

最为雄奇、瑰玮的烙马印当属战国时期燕国的"日庚都萃车马"玺（图9.3.14）；还见许雄志所藏汉代"许牛"烙牛印（图9.3.15）；以及西北大学所藏五代铁质"汗赭"烙马印（图9.3.16）。

周晓陆曾经指出，两汉时期的"曲革"印（图9.3.17），亦是具有这种性质的烙印，它可能是烙在人的身上，即用于私家武装——部曲的管理。两汉、魏晋时期，存在着私人部曲制度，亦即常说的豪强家族武装，不受中央及地方政府辖控。史书有相关记载，如《三国志·魏书》"孙权已没，大臣未附，吴名宗大族，皆有部曲"，《南齐书·张瓌传》"瓌宅中常有父时旧

图 9.3.12
战国楚漆器烙印（摹本）

图 9.3.13
汉代"灵丘骑马"烙马印（摹本）

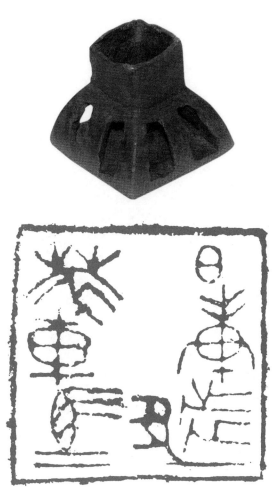

图 9.3.14
战国燕 "日庚都萃车马" 烙马印

图 9.3.15
汉代 "许牛" 烙牛印

部曲数百"等。这些部曲的兵卒身份低微，无人身自由，形同奴隶，作为豪强财产的一部分存在于世。因此，当时的部曲统帅有可能在这些兵卒、家丁的身上（如腿部、臂部、肩胛部）烙以印记。近来有收藏家出示西汉时期长柄形、中空纳銎、长方印面"沈丁"青铜印（图9.3.18），又一次证明了此类用途。

图 9.3.16
五代"汗赭"烙马印

图 9.3.17
汉代"曲革"烙印

图 9.3.18
沈丁

第十章

从铃色到印泥

商周时期人们为防止公文书信信息泄露，就在简牍上加泥封缄，于泥上盖印，这种用于加盖的泥块称作"泥封"（亦有称为"封泥"）。西汉时，中央政府对泥封的用色、泥质又有统一的规定。不晚于东周时期，就有在绢帛之上用玺印钤色的现象存在。随着简牍书写方式被纸张替代，印章钤色便取代泥封的基本功能，成为一种普遍的用印现象。在本章节里，笔者将从钤色文献记载、实物资料来阐述印章钤色由古至今的变化发展。

第一节　印章的钤色述略

钤色是指印章的印面蘸上某种颜色，并将其内容钤印到另一种物质材料的表面，这是现代世界各国经常采用的使用印章的方式。现代人习惯认为在纸质文书、书画上钤红色印文才是钤印，实际上钤色的载体可以是一切物质材料，比如绢帛、竹木、金属、皮革、肉类（图10.1.1）等。一切物质材料上所加的各色戳记，甚至食品上的色点戳记等都属于印章钤色的范畴。在中国历史上，钤印的颜色也有黑色、紫色、蓝色等，不同颜色有时代表不同的使用意义。虽然所钤颜色多样，但绝大部分为朱红色，至于朱砂红色调色料质地，也很多样，有水质、蜜质、油质、朱砂和化学颜料等。

一、有关钤色的文献记载

中国玺印的钤色的使用起源，一向为印史研究者所重视，因为钤色是当今中国乃至国际上最常见的印章使用方法，完全有必要溯源。早先研究者从实物资料遗存分析，认为可能从隋唐开始使用钤色。根据相关文献记载，《魏书·卢同传》记"肃宗（北魏孝明帝，516—528年在位）世，……人多窃冒军功。同阅吏部勋书，……乃表言：……总集吏部、中兵二局勋簿。……若名级相应者，……令本曹尚书以朱印印之；明造两通，……仰本军印记其上，然后印缝，各上所司，统将、都督并皆印记，然后列上行台"。《北齐书·陆法和传》载"梁元帝（552—554年在位）以法和为都督、郢州刺史，封江乘县公。法和不称臣，其启文朱印名上，自称司徒"。诸多类似记载可将钤色历史上推至南北朝时期。

自先秦时期起逐渐形成了"五行五色"的色彩观念，即五正色（青、赤、黄、白、黑），间色为正色以外的色彩。先秦时期正色以野鸡羽毛作为染色标准，赤色又是最好的正色，上好的朱砂正好符合这个标准，因此被古人视为正朱色。以正色为尊、间色为卑的思想体现了严格的等级制度。《辽

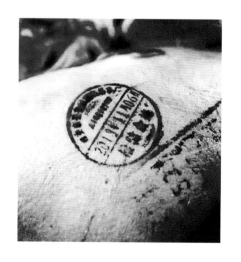

图 10.1.1
肉类钤色

图 10.1.2
有关朱砂的说明：由左向右依次为朱砂色、
银朱色、黄丹色、赤石色

图 10.1.3
长沙左家塘战国墓出土的钤朱织锦

图 10.1.4
卫国公印

图 10.1.5
永兴郡印

史》中也有类似钤色等级的记载："契丹枢密院、契丹诸行军部署、汉人枢密院、中书省、汉人诸行宫都部署印，并银铸。文不过六字以上，以银朱为色。南北王以下内外百司印，并铜铸，以黄丹为色，诸税务以赤石为色。"以最接近正色为尊，银朱色为深红接近朱砂色，黄丹色红中带黄，赤石色的黄红更淡，等等。（图10.1.2）

钤印色彩也大有讲究，明代徐官《古今印史》中记："予尝见宋儒简札中间有墨者，元人则有用青者。考之，皆制中不忍用朱，故易之耳。观此可见古人敬谨之至，一举手而不敢忘父母也。"因而皇帝和家人服丧期间，人们钤印不得用红色，宋代用墨色，元代用青色。此外，明清之际遇皇帝驾崩或皇后薨逝时，百官需服国丧，公印必须钤盖蓝色。

二、考古发现与传世的钤色实例

根据目前考古发现与传世的印章钤色的实物资料来看，大体可将其分为考古出土，传世文书，书画钤色，流派艺术印谱、印屏、印扇等钤色四类。

（一）考古出土

湖南战国楚国墓葬出土的绢帛和湖北江陵马山战国楚国一号墓出土的丝织品上，曾出现多处朱红色玺印钤盖痕迹，（图10.1.3）这是中国玺印钤色用法的较早实例，将钤色出现时间提前到了战国。同时，也解决了存世的某些战国小玺、阳文玺的用法问题，这些玺印难以抑盖出清晰细微的陶文或泥封，但通过蘸盖印色可以明晰地显现出来。战国以来出现小玺印钤色于绢帛等有机物上，而这些丝织品极其容易腐朽，以至于存世极难。

1982年在陕西汉阴县涧池镇出土了北朝晚期"卫国公印"（图10.1.4），这种方形阳文的印制只能用于钤色，这样就将印章用朱色钤盖的历史上推至南北朝时期。南北朝之后应当是中国印章普遍使用朱色钤盖了。

（二）传世文书

普遍使用印泥钤印之法出现在泥封行用之后，印章钤印到绢帛纸物上，增加了印章的使用方法。传世文书上的钤色文本大致包括传世经卷、图书典籍、古代印谱、诏令文告、往来书信等类。

关于诏令文告中的钤色，最早记载是《北齐书·陆法和传》中梁元帝盖朱印于启文上。敦煌出土的经卷《杂阿毗昙心论》上卷尾钤朱文大印"永兴郡印"（图10.1.5），各家对于这枚印章的断代，有着不同的见解。罗福颐《古玺印考略》中认为是南齐时期印；李之檀在《敦煌写经永兴郡佛印考》中认为是北周时期印；沈乐平在《敦煌遗书印鉴丛考》中认为"其为北周印的可能性似乎大于南齐印"；元石在《"永兴郡印"考辨》中认为"永兴郡印"绝不是"南齐的官印"，是隋初公印；周晓陆在《隋式公印例说》中进一步指认其为隋代公印。关于在图书典籍上钤盖印，传起源于唐代李泌所用"端居室"印（图10.1.6），考古出土曾见北宋"文房之印"（图10.1.7），这些都是用于钤色的实物。

陆游诗"庭中下乾鹊，门外传远书。小印红屈蟠，两端黄蜡涂"是对书信封缄方式的描述。往来书信有公文、私书之分，公文传递又有实封和通封两种。通封即不密封，会在封皮上贴信件概要。实封于封口处折纸重封并在两折角处钤印，存世有宋代"实封朱记"印（图10.1.8），朱记则表示用朱红色印油、印泥钤盖的印章。部分私书也有重封现象，于封口处钤印，"谨封"（图10.1.9）最为常见，亦有"平安家书""平安家信""望风怀想""鸿雁归时好寄书""千里共明""中有尺素"等。

宋代以后，研究者们将各代各类玺印钤盖成集谱（又称为"打本"，单枚的又称为某印的"印蜕"），印刷术又将各种各样的印谱化身千万。现存的原打本及原刻本印谱多见于明代。明隆庆六年（1572年）顾从德以家藏古代铜玉玺印，辑成《顾氏集古印谱》六卷，为存世最早的用原印钤朱的古谱。

清代又有曾国藩任帮办团练大臣镇压太平军时为表决心，草拟"格杀勿论"告示钤"钦命帮办团练大臣曾"的紫花大印，太平天国诏书上钤盖有天王金印及木刻"旨准"皆为朱色等实例。

（三）书画钤色

书画上钤印的人无外乎画家本人和鉴赏家，画家本人钤色以表绘画者身份，鉴赏家钤色以示由其收藏或鉴别。唐代张彦远《历代名画记》记载："前代御府，自晋宋至周隋，收聚图画皆未行印记，但备列当时鉴识艺人押署。"可以得知晋宋至周隋用签名作为鉴定记录，尚未开始用印，也说明唐代可能开始在书画之上有钤印。徐浩《古迹记》："（唐）太宗皇帝肇开帝业，大购图书，宝于内库，钟繇、张芝、芝弟昶、王羲之父子书四百卷，及汉、魏、晋、宋、齐、梁杂迹三百卷，贞观十三年十二月，装成部帙，以'贞观'字印印缝，命起居郎臣褚遂良排署如后。"唐太宗广收汉魏六朝书画藏于御府，加盖"贞观"（图10.1.10）；又有韦述《叙书录》记："出御府金帛，重为购赏，由是人间古本，纷然毕进。"由御府至民间，鉴藏书画用印之风逐渐兴起。后五代辽金宋代亦是久盛不衰，宋徽宗设"宣和七玺"收藏印（图10.1.11），金章宗御府也设类似的七印制度（图10.1.12）。除御府收藏外，宋代私人书画收藏盛行，也出现了诸多收藏大家族，如苏易简家族一门四代。自元以后"诗书画印"融为一体表现在画幅之上，钤印又具备了平衡画面、均衡色彩、表现作者审美取向和彰显作者个性等功能。（图10.1.13）

书画所用印泥以朱砂和朱磦最为常见，此外还能在红色对联纸上见白色印泥（图10.1.14），瓷青纸上见金色印泥痕迹（图10.1.15），唐代就有在收

图 10.1.6
端居室

图 10.1.7
文房之印

图 10.1.8
实封朱记

图 10.1.9
谨封

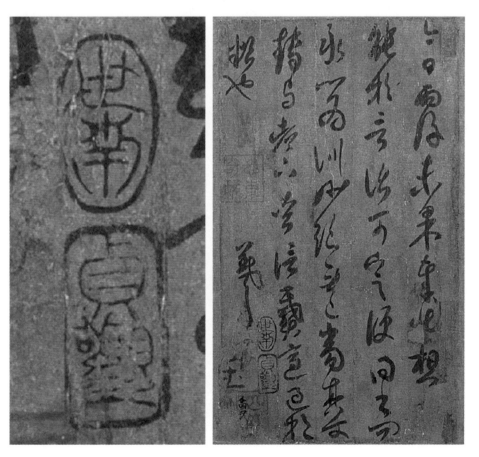

图 10.1.10
唐代御府藏加盖"贞观"

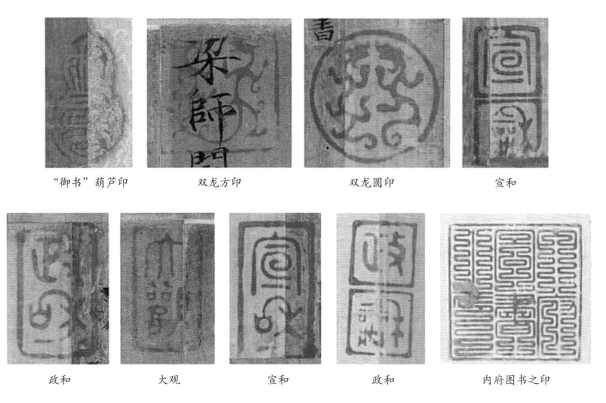

"御书"葫芦印　　　双龙方印　　　双龙圆印　　　宣和

政和　　　大观　　　宣和　　　政和　　　内府图书之印

图 10.1.11a
"宣和七玺"收藏印

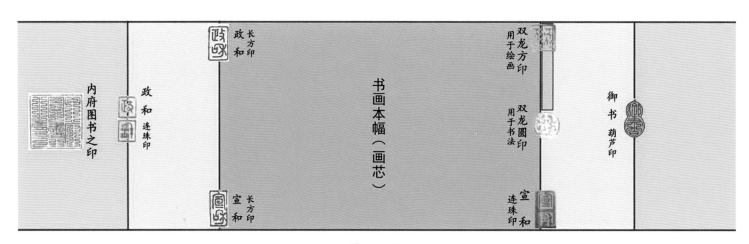

图 10.1.11b
"宣和七玺"收藏印钤盖位置

"秘府"葫芦印　　　　　明昌　　　　　明昌宝玩

御府宝绘　　　　内殿珍玩　　　　群玉中秘　　　　明昌御题

图 10.1.12
金章宗"明昌七玺"

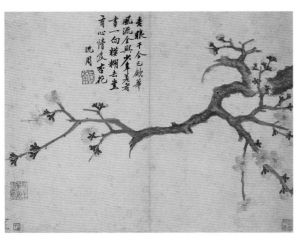

图 10.1.13
明代沈周《卧游图》（局部）

图 10.1.14
陆润庠对联中白色印

图 10.1.15
洪钧行书中金色印

藏的字画上钤盖黑色印（图10.1.10），不同纸色钤盖不同色彩的印泥，使得印面更清晰可见。

（四）流派艺术印谱、印屏、印扇等钤色

宋元时期已有辑录篆刻家作品的艺术印章印谱，北宋张耒所作《杨克一图书序》中提到杨克一"为人篆印玺，多传其工，有自远求之者数为予言"，说明杨氏所作的《图书谱》可能是辑录他本人作品的一部印谱。而元代相传有画家钱选自辑的《钱氏印谱》、吴叡的《吴孟思印谱》等，至于赵孟頫所摹刻古印而辑成的《印史》，本身也是艺术家进行的摹古创作。到了明代，艺术印章的辑谱更是如雨后春笋般流行，其中较著名的如苏宣的《苏氏印略》、吴迥的《晓采居印印》等。特别是程原、程朴父子征集摹刻的《雪渔印谱》，从五千余方何震作品中精选一千余方进行摹刻，成为一派一人风格的专谱，这对后世影响极大。对于艺术印章与古代历史印章的印谱情况，详见本卷第十一章。

现当代由于宣传和展示的需要，在篆刻艺术界出现了条幅手卷式的印章表达模式，较小篇幅的斗方左右的，有时也称为"印屏"（图10.1.16）；此外，在中国式的折扇和团扇的扇面上，也出现了印章，尤其是流派艺术印章抑印的情况。（图10.1.17、图10.1.18）这些，不仅丰富了中国传统印章艺术的表达形式，也从一个侧面证实了印章已成为一种独立的艺术形式，最终完成了和中国水墨画、中国书法鼎足而立的中国文人艺术样式。

三、印泥成熟之前的主要钤色方法

《印林清话》谓："古人用铜章，必用水印。水印者，以水调朱，涂之使厚，宋人印迹，往往而然。南宋以后，渐用蜜印，以蜜调朱，使之浓附。及至元代，始用油朱调艾，即今日印泥之滥觞也。"由此见得，元代印泥已经成熟，开始使用油调印泥，而成熟以前主要用水印和蜜印进行钤色。

1. 水印，即水调印泥，南北朝时期的文献中就出现了"朱印"和"骑线印"的记载，当时就采用印章蘸墨色或调朱的方式钤色。调朱是最原始的制印泥方式，先将朱砂石细致打磨后提取朱砂细粉，再将白及加水煎煮成白及水，白及水具有很好的黏固性，冷却后和朱砂细粉一起搅拌均匀，这也就成了水印。水印较湿润，具有较强的流动性和渗透性，但容易造成印文模糊、厚薄不均的现象。于是，人们经过不断探索又发明了蜜印。

2. 蜜印，即蜜调印泥，用蜂蜜代替白及水加入朱砂粉均匀搅拌制成，蜂蜜相较于白及水有更好的凝固性，效果比水印更好，迅速代替了水印广为使用。《篆刻入门》记："当时色颇鲜明，然蜜不耐久，久必致满纸皆红，甚至模糊一片矣。"故而蜜印又逐渐为油印取代。

图 10.1.16
印屏

图 10.1.17
折扇

图 10.1.18
团扇

3. 油调印泥最晚至元代已成熟，但而后明清时期仍然有使用水印和蜜印钤色，《格古要论》中就有记载："用蜜调朱，最善纸素，虽久色愈鲜明，今内府用宝以蜜，两说合参，信乎蜜调、水调皆可。若制以油朱，则不适于用，近人罕知。"大致是因为明清时期虽以石章较为盛行，亦有用铜印，而若铜印长期使用油调印，则偏酸性的印油在空气中易同金属发生氧化反应，印章颜色会发黑。

第二节　印泥

一、中国印泥的基本定义和制作方法

中国印泥的基本定义，《大辞海》写道："印泥，亦称'印色'。供图章印用的涂料。色泽深红……古人封缄用泥，打上印章，犹如现在的火漆，亦称'印泥'。"根据《大辞海》，印泥起源于泥封所用的胶泥，但书中片面定义印泥色彩为"色泽深红"并不妥当，印泥虽以红色居多但不限于红色，关于印泥用色前文有提及，这里不再赘述。

印泥制作的主要材料有油、砂、艾绒，《绘事琐言》记载"欲合印色者，先制油次制艾次制沙，三者备而色成矣"。印泥制作的每一流程，都是富有智慧的创造。

1. 印泥用油主要有四种：茶油、蓖麻油、香油和菜油。以菜油最好，蓖麻油长期使用会起黑色，芝麻油容易浮于表面胜过朱色而显得淡薄，茶油印色时久而易泛黄。制油方法上不同文献的记载又有不同，《天府广记》记"煎熬宝色法"主要是蓖麻子、皂角、金毛狗脊、白及、白矾、密陀僧、黄丹、茴香、藿香、地莲衣、甘松、零陵香等。《印章集说》中"煎油法"选料有蓖麻油、芝麻油、藜芦、猪牙皂、大附子、干姜、白蜡、藤黄、桃仁、土子等。制油法上存在明显区别可能是受到地区取材的影响，不难想象，不同方法治印呈现效果可能也会存在差异。

2. 印泥中用砂，以朱砂最好，然后是银砂。以朱砂为例，朱砂化学性质稳定，不易褪色。将挑选、研细、去除杂质的朱砂放置于药碾中磨成细粉，然后放在乳钵中加一些火酒，研乳到没有声音时，加水再休乳片刻，静置后，浮在最上面一层为朱磦，颜色偏黄，剩余的皆为朱砂，晒干后即可使用。数公斤的朱砂只能磨出一两朱磦，因而朱磦贵于朱砂。

3. 印泥中的艾绒由艾叶经漂洗、剥皮、分拣、晒干后反复搓擦，搓至绒

内不留黑而成，呈黄色。再将艾绒投入硼砂溶液中洗涤去杂质，后晒干加酒精溶解叶绿素，晒干。一般来说，艾绒越长，印泥品质越佳。普通印泥中艾绒长度不足三厘米，长时间使用艾绒将被打断，印面也容易起毛。而高品质印泥中的艾绒长度皆大于五厘米，具有韧性，使用期限也会更长。

印泥合印色时，三种原料的比例不同，制成的印泥效果又有不同。《摹印传灯》《红术轩紫泥法》《篆刻入门》等书籍中均有记载，方法各异。《摹印传灯》指出："制砂一两，制油三钱，先取砂与油，如前入花磁乳钵内，乳之至油不浮，砂不沉，则油结而复散，散而复结，至油与砂融而为一；然后以艾入乳钵内细细乳之，复至艾、砂、油俱至匀、至净；复以竹片搅之至千百次，愈多愈妙，始盛入盒内封固；挂檐下三十日取下，拆去封皮，三日一晒，一日一搅，至明年再加朱砂五钱，照前法制之。"《红术轩紫泥法》说道："制砂一两制油二钱四分先入乳钵照前乳砂法，顺乳至油不浮砂不沉。再加制艾绒五分，仍前顺乳，三百匝为度。"《篆刻入门》又指出："大约每砂一两，配油三钱或三钱五分，而艾则仅须四五分已足，万不宜多置也。"综合古人的配方用量，大致为朱砂一两、油二钱四分到三钱五分，艾绒一分至四分。精准的比例，视油的浓稠、朱砂的粗细、艾绒的长度而定。另外，其他颜色印泥制作方法也与制作朱色印泥无异，紫者用紫粉，红者用丹砂，青者用石青，绿者用石绿，黑者用青烟。将朱色料换成其他颜料即可。

二、近现代印泥的主要产地和特色

自清代康雍乾三代开始，印泥出现大规模的作坊生产，除清宫造办处专产皇家使用的印泥外，民间的印泥作坊因地域不同又各有特色。汪镐京《红术轩紫泥法》所载，高品质印泥有"八宝十珍"之特点。"八宝"，是印泥的八项保藏和使用方法；"十珍"，是印泥的十种优点。

印泥发展至今，以福建漳州产"八宝印泥"、浙江杭州产"西泠印泥"、江苏苏州产"姜思序堂印泥"、上海产"鲁盦印泥"与"潜泉印泥"、北京产"荣宝斋印泥"等品质较佳。

（一）八宝印泥

漳州八宝印泥的创始人是魏长安，其喜书画、篆刻。魏长安早年是药材商人，研究"八宝药膏"来治疗外伤，药膏中加入了八味珍贵药材，因为成本太高导致产品滞销，于是他开始思考在"八宝药膏"基础上加入艾绒、银朱粉、蓖麻油等材料研制印泥。"八宝"有传是珍珠、玛瑙、琥珀、珊瑚、红宝石、金箔、银箔、朱砂，也有的说"八宝"是麝香、珍珠、猴枣、玛瑙、珊瑚、金箔、冰片、琥珀。近代印泥专家张鲁盦对八宝印泥的配方进

图 10.2.1
漳州八宝印泥，朱磦色

行实验分析，认为红宝石难以研磨，并且成粉状后呈白色，银箔容易氧化发黑，不可能用于印泥制作，并且八宝印泥中未发现有琥珀、玛瑙的成分。

魏氏八宝印泥制作工艺极其复杂，前后多达三十余道工序。制油时，要准备蓖麻油十斤、麻子油八两、香油二两，再加入药材白及片五钱、苍术二钱、川附子一钱、肉果研末二两、干姜二钱、川椒二钱、狗脊一钱、皂角五钱、斑蝥七个、水蛭五钱、白矾五钱、土子一钱、桃仁五钱、密陀僧五钱、香草子研末一两、肉桂一两、蛤粉二钱、麝香二钱。将油和药材装入砂坛炖煮二十余日，而后滤渣装入器皿中蒸发水分，曝晒三年荫存两年。艾绒要采用颜色雪白、有韧性的。选砂时也用上品镜面砂，再经研和多次漂制。最后，要与准备的印料配合，经手工捶打千百次直至艾与砂相结合，质细腻，放入坛子中，再经日晒一月，并用牙箸经常翻动，放置荫凉处一年方可用。此法制作的八宝印泥（图10.2.1）具有色泽鲜艳纯正、印迹清晰有光泽、容易上章、耐火防水、久放不干、永保原色的特点。

（二）西泠印泥

西泠印泥主要产于杭州，清光绪二十九年（1903年），由西泠印社创始人丁辅之、王福庵、叶为铭合作研制。民国时期，西泠印社社员韩登安以及韩君佐夫妇等人对印泥研制进行了不断的改进，出品了朱磦印泥、丹顶朱砂印泥。20世纪70年代以后曹勤等人进入西泠印社学习，西泠印泥在继承中发展出了古法宣和、宫廷等印泥，运用了传统技法，具有凹凸立体感、色泽古雅、质地细腻、丰富沉着、日久不变的特点，适合用于打印谱。近年来，古法纯手工宫廷印泥制法，将黄金入泥，更是独一无二。另外，鲁盦印泥、潜泉印泥由西泠印社社员所制，所以统称为西泠印泥。

1. 潜泉印泥

潜泉印泥创办人吴隐为西泠印社发起人之一，1940年在吴昌硕、丁辅之等人的鼓励下，吴隐返沪建西泠印社上海分社，并生产销售潜泉印泥。早年吴昌硕曾托吴隐为其制作一款有别于市场上的其他颜色的印泥。吴隐选用胭脂红、西洋红掺入朱砂、油料，调制出苍劲沉稳的独特颜色，名为"美丽朱砂印泥"（图10.2.2）。潜泉印泥具有配方严格，质地细腻、浓厚，色泽沉着、显明，时间愈久光色愈鲜，冬不凝冻、夏不透油，印在纸上富有立体感等优点，故享誉全国，远销日本。后潜泉印泥又制作"特制珍品朱砂印泥""精制上品朱磦印泥"，比"美丽朱砂印泥"更优质。

2. 鲁盦印泥

鲁盦印泥产地位于上海，其制作技艺被列入国家级非物质文化遗产名录。最早由张鲁盦所创制，张鲁盦为西泠印社早期成员，善书画、篆刻，因对市售印泥质量不满，决定自制印泥。陈巨来于《安持人物琐忆——记张鲁

图 10.2.2
潜泉印泥"美丽朱砂印泥"

庵》中写道："及来沪后，发奋以每两印泥十六元之巨价，邮寄漳州魏店购进廿四两之多，寄来后，乃以四两嘱人分析其油分，四两分析其颜料，四两分析其艾绒成分，四两分析其加药成分，八两自存。至是，鲁庵印泥乃告成功矣，较之上海西泠印社所制，高超十倍也。后张告余云：油分乃蓖麻油也，非古人所云之菜油，颜料以朱磦为主，朱砂、西洋红只二三成而已，故能细而薄，薄而丽也。艾绒非用漳州特产不可，药料则惟冰片而已，油须加工熬煮者云云。张自云所制者，终做不到如漳州之薄润，殆尚有秘诀未得也。"由此可知，鲁盦印泥师法漳州八宝印泥，以朱砂、艾绒、蓖麻油为基本原材料，艾绒要漳州产的，印泥中药材只加冰片。另外，油要用伏油，必须是要经过大伏天曝晒三年的蓖麻油。原料要求"三净"，即朱研细漂净，艾搓洗干净，油加工纯净。孔云白所著《篆刻入门》记古人制印泥通常把朱料、蓖麻油和艾绒按照100∶30∶4比例和色，鲁盦印泥的制作也基本遵循这一法则。先加约四分之一的油，调和朱砂和蓖麻油，用瓷杵缓缓研磨，朱料和油渐渐混合，如干的面团状；接着把剩余四分之三的蓖麻油全部倒入，继续研磨，使朱砂和油完全融合，变成奶油状。此时可以把称量好的艾绒加入油朱之中，不断捣打，让艾绒充分吸收油朱，直到泥质细腻柔糯，色泽艳丽，调制好的印泥仍需用盖子密封静置一周以上才可使用。鲁盦印泥有五十余种配方，油、朱、艾比例要根据使用地区环境和不同载体进行调整。

张鲁盦在逝世前，将鲁盦印泥配方和技术传给了高式熊。后来因为种种原因，此技术濒临失传，近年来上海市静安区成立鲁盦印泥传习所来传延鲁盦印泥技术。

（三）姜思序堂印泥

姜思序堂位于苏州，据传是在1628至1644年间由苏州姜姓画家创办的店铺，因售卖精制国画颜料而著名。自清末，苏州姜思序堂开始制造销售印泥，所制印泥颜色鲜艳明亮，为苏浙沪一带民间印泥佳品。（图10.2.3）

（四）荣宝斋印泥

荣宝斋是经营文房四宝的老字号店铺，位于北京市和平门外琉璃厂西街，其印泥采用朱砂、朱磦、艾绒、蓖麻油、麝香、冰片等原料调和而成。曾经在琉璃厂最知名的印泥制作人是徐正庵，所制印泥称为"十珍印泥"，但制作技艺已经失传。现琉璃厂以销售各地印泥为主，仅有部分店铺仍然自制自销印泥，以荣宝斋印泥品种最多，品质最高。（图10.2.4）

图 10.2.3
姜思序堂印泥

图 10.2.4
荣宝斋印泥

第三节　现代其他钤色

现代的钤色方式除了印泥，还有印油钤色。印油一般由色料、树脂、溶剂、助剂组成。色料可分成颜料和染料两种。颜料又包括无机颜料和有机颜料。无机颜料包括铁蓝、铬黄、钴绿等；有机颜料，如金光红、耐晒黄、酞菁蓝等染料一般能溶于不同溶剂，多用于纤维染色。

印油种类多样，按照色料可以分为燃料型印油、颜料型印油；按照溶剂类型可以分成油型印油、醇型印油、水型印油；按照盖印材质可以分成纺织物专用印油、玩具专用印油、食物专用印油、橡胶印油、玻璃专用印油、金属专用印油；按照印油功能可以分成普通印油、防伪印油、隐形印油；按印章的种类可以分成原子印油、光敏印油、印台印油等。

第十一章

印谱与印学研究著作

第一节 印谱概述

印章以不同的方式作用于不同的载体，会产生各种各样的印痕：以印章压抑泥丸，会产生具有封缄作用的泥封；以印章抑盖陶坯，会产生具有标识意义的陶文；用印章抑盖陶质模范，可以铸造出带印痕的金属器具；将印章烧红后烙于漆木皮革或动物表皮上，会产生各种烙印痕迹；将印章蘸墨或朱砂钤盖于纸张、绢帛，会在纸张或绢帛上形成墨蜕或朱蜕（图11.1.1、图11.1.2）。这些印痕是印面内容在各种载体上的反映，特别是很多古代印章的实物已经湮灭在历史的长河中，我们唯有通过这些印痕才能窥探它们当时的面貌。

至迟不晚于北宋，人们在钤朱用印的基础上发明了印谱。所谓印谱，是指以钤朱、墨拓、摹刻或雕版印刷等方式，将多枚印章汇编成册。由于它们的形式多为图谱一类，所以被称作印谱。此外，清代晚期以后，陆续出现了著录泥封资料（以拓片为主）的谱录，由于这些泥封都是印章抑盖封泥的结果，所以我们也将其纳入广义的印谱研究的范畴。自宋代以来的玺印收藏家、篆刻家，都纷纷以印谱的形式对古代或当时的印章进行著录，这一传统至今仍然流行。见诸印谱著录的历史印章，其总数恐怕已经超出四万枚之巨；至于元明以来的流派印章，见诸谱录的当然就更多了。印谱实际上是印章这一三维事物在二维平面上的反映，且多是原大尺寸的真实反映，可以看作对印面内容的一种复制。从这个意义上讲，印谱的产生对于印章文化的保存和传播，起到了至关重要的作用。

根据不同的分类原则，印谱有不同的分类方式。以印谱的成书方式而言，可分为原钤印谱与非原钤印谱，原钤印谱是指以印章实物直接在纸上钤朱，然后装订成册；非原钤印谱是指以摹刻、印刷（包括木印、石印、珂罗版、铅印、现代彩印）等方式制作而成的印谱。（图11.1.3—图11.1.6）因为利用印章实物钤朱对印章本身或多或少有所损耗，所以原钤印谱的量往往比较少，而且原钤印谱本身又是各类摹刻、印刷印谱的母本，所以其收藏价值往往高于非原钤印谱。以印谱所收录印章的分类而言，约可分为古玺印印谱（或称集古印谱）、流派印谱和综合类印谱三大类，古玺印印谱主要收录古代的历史印章，如著名的明代晚期《顾氏集古印谱》；流派印谱主要收录古今的流派印章，如《齐白石印谱》；综合类印谱则兼收历史印章与流派印，如汪关所辑的《宝印斋印式》。另外，还有一些专收某一门类的专题性印谱，如专录玉印的《新见古代玉印选》、专录秦印的《文雅堂辑秦印》、专

图 11.1.1
北魏延昌三年（514 年）写经上的黑色钤印

图 11.1.2
唐代告身文书上的钤印

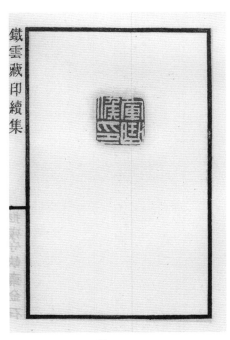

图 11.1.3
清《铁云藏印续集》（原钤本）

图 11.1.4
明《顾氏集古印谱》（木刻本）

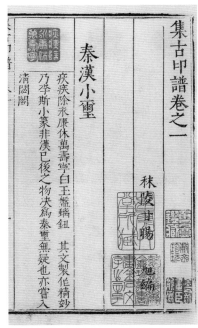

图 11.1.5
明《集古印正》（摹刻印谱）

图 11.1.6
日本大谷大学《中国古印图录》（珂罗版）

录公印的《秦汉南北朝官印征存》等。

元代吾丘衍《学古编》附录《世存古今图印谱式》中记载有宋徽宗《宣和印谱》、王厚之《复斋印谱》、姜夔《集古印谱》等宋代印谱。在明代以后的印谱中，特别是明代晚期《顾氏集古印谱》以后出现的印谱序言中，时常能见到一些追溯前代印谱的论述，但这些资料都比较零散。近代以来最早系统地对古代印谱进行整理研究的，当属日本的太田孝太郎。太田孝太郎是日本盛冈人，号梦盦、枫园，他对中国古代印章、印谱收藏和研究贡献突出。1937年出版的《古铜印谱举隅》，收录了自明代晚期《范氏集古印谱》至民国二十三年（1934年）《契斋古印存》之间105种中国古印印谱。1969年，太田孝太郎的《古铜印谱举隅补遗》由日本印学家、篆刻家小林斗盦整理出版，并续以《再补》三篇，共收录古玺印谱152种，从明代晚期《顾氏集古印谱》（顾氏原钤本）到昭和四十年（1965年）出版的园田湖城《平盦藏古玺印》皆有收录。两书共收录中国古印印谱257种，其中还包括数十种由日本人编辑而成的印谱。1933年，罗福颐作《印谱考》，考述了自宋代《宣和印谱》《印格》以下，讫至民国二十一年（1932年）《待时轩印存》的多种印谱，并尽可能地对各印谱的作者、卷次、收印数量进行说明，代表了20世纪国人对于印谱史研究的最高水平。同时，在20世纪出版的一些印学著作中，也不乏专辟章节介绍印谱和印学研究史的，如周晓陆《古代玺印》即专辟《中国古代玺印谱录与著述》一节。近来随着金石收藏和研究的逐渐升温，以及各种印谱出版的频繁，对于印谱史的研究又渐渐被学界所重视：如陈进对太田孝太郎的《古铜印谱举隅》《古铜印谱举隅补遗》进行了整理，合并成《古铜印谱举隅》[1]。2011年，陈振濂《中国印谱史图典》[2]不仅对中国古代印谱的历史进行了研究和梳理，并且附上了近500部印谱、2600张左右的图片，可谓印谱研究的集大成者。本章的写作主要参考以上几种论著，所用插图除特别说明外，皆引自陈振濂《中国印谱史图典》。

1　太田孝太郎：《古铜印谱举隅》，陈进整理，天津人民美术出版社，2017。
2　陈振濂：《中国印谱史图典》，西泠印社出版社，2011。

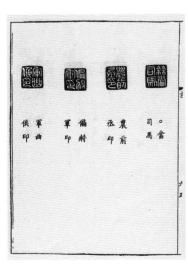

图 11.2.1
宣和集古印史

图 11.2.2
《啸堂集古录》所录印章

第二节　印谱的萌芽期——两宋时期

自南北朝后期以来，钤朱成为最主要的用印方式。在北魏延昌二年（513年）所写的《华严经》、延昌三年（514年）所写的《成实论》等经卷末尾，都钤盖有黑色阳文印记。在隋唐时期的公文、经卷和度牒上，屡屡能见到阳文大印的钤朱痕迹。隋唐以后钤朱用印的普遍，为印谱的产生提供了可能。《旧唐书·韦述传》记载韦述家藏有钱谱、玺谱；[3]《旧唐书·经籍志》记载有僧约贞撰《玉玺谱》一卷、徐令信撰《玉玺正录》一卷。[4]由于这些玺谱早已亡佚，对于它们的记载也仅此只言片语，这些所谓的"玺谱"究竟是只录释文，还是以钤拓或摹刻的方式表现印面，我们都无从得知。

较为可信的、最早的印谱是杨克一的《集古印格》（又名《图书谱》），约成书于北宋崇宁、大观年间。其舅父张耒的《柯山集》中有题《杨克一图书序》："图书之名，予不知其所起，盖古所谓玺，用以为信者。克一既好之，其父补之爱之尤笃，能悉取古今印法，尽录其变，谓之《图书谱》。自秦汉以来，变制异状，皆能言其故；为人篆印玺，多传其工……"由张耒的序言可知，《集古印格》收集的古代玺印已达到一定规模。在《集古印格》之后，又有传为徽宗宣和年宣敕编的《宣和印谱》。但此谱在宋元两代皆无记载，到明代始有人提及，其后又湮没无闻，其是否真实存在尚有疑问。[5]但由于《宣和印谱》的崇高地位，到了明清时期，甚至出现了像明代万历二十四年（1596年）来行学《宣和集古印史》（图11.2.1）这样的追摹之作。

除了上述两种印谱，见诸文献记载的宋代印谱还有王厚之《汉晋印章图谱》四卷、姜夔《集古印谱》四卷、颜叔夏《印古式》三卷，但都已不存。所幸南宋王俅《啸堂集古录》（图11.2.2）中收录了三十七面印蜕，其中还包括一枚六面印。虽然《啸堂集古录》本身是一部金石学集录，而非印谱，古代印章只是其"集古"的一个门类，而且《啸堂集古录》对于印章的著录，并不是以原印钤朱而成，而是与书中所著录的金文一样，采取雕版印刷而成，但它确实是我们现在能见到的最早的、有意识地对印章进行著录的谱录了。另外，据南宋陈振孙《直斋书录解题》，北宋黄伯思的《博古图说》

3　刘昫：《旧唐书》，中华书局，1975，第 3184 页。

4　僧约贞：《玉玺谱》，《新唐书·艺文志》又作"纪僧真《玉玺谱》"。刘昫：《旧唐书》，中华书局，1975，第 2009 页。

5　龙乐恒：《宋有〈宣和印谱〉质疑》，载《西泠印社国际印学研讨会论文集》，西泠印社，1998，第 416-428 页。

中著录了"印章十七品"。

以上多部印谱出现在宋代，自有其原因。赵宋王朝施行文人治国的方针，使中国古代的传统文化在两宋时代达到一个巅峰。文人士大夫对于金石收藏和文字考据的偏好，掀起了宋代金石学的热潮，出现了欧阳修《集古录》、刘敞《先秦古器记》、薛尚功《历代钟鼎彝器款识法帖》、王俅《啸堂集古录》和宋徽宗敕编的《宣和博古图》等一系列金石学著作。作为金石研究的对象之一，古代印章被金石学家们所重视和收录。自北宋以后，文人用印逐渐兴起，如欧阳修有"六一居士"印，苏轼有"赵郡苏氏""东坡居士""子瞻"等印，黄庭坚有"山谷道人"印，米芾有"襄阳米芾""米元章""米芾"等印。特别值得一提的是，黄庭坚曾以一枚"元晖"古印赠送米芾之子米友仁，并嘱咐以"元晖"为米友仁之字。文人之间以古印相赠，可见当时对于古代印章的好尚之风。文人用印与治印的流行，使得人们将古代的印章作为师法和审美参考的对象，也成为印谱刊行与流传的动力。

金石学的兴起和文人士大夫对于印章的青睐，这是印谱出现在宋代的文化背景，下面我们从技术层面来分析印谱在宋代兴起的原因。前面已经提到，就印谱的制作方式而言，有原钤和印刷两大类。以印章蘸朱砂钤盖于纸张，自北朝末期已经流行，隋唐以后成为常态。到了宋代，钤朱用印更加普遍——不仅在各类文书上钤盖印章，不少文人还在自己创作或收藏的书画上钤盖印章。钤朱技术的成熟化，为原钤印谱的产生提供了可能。当然，我们今天所见到的最早的原钤印谱是明代隆庆六年顾从德所辑的六册本《顾氏集古印谱》，宋代是否出现了原钤印谱我们尚不能确定。从《啸堂集古录》《宣和博古图》来看，当时的印谱很可能都是雕版印刷而成的。而雕版印刷术是一项发明于唐代，至唐代晚期才开始普遍使用的印刷技术。在经历了晚唐五代的发展以后，雕版印刷术到了北宋更趋成熟，这是雕版摹刻印谱的技术前提。另一方面，北宋各类图谱的流行，也为印谱的出现作了铺垫，除前面提到的《宣和博古图》等金石学图谱外，还出现了画谱、书谱、棋谱等。正是基于这样的文化背景和技术基础，宋代出现了多部印谱，掀开了中国古代印谱史的第一幕。

> ## 第三节　印谱的定型期——元明时期

　　如果说宋代的印谱是作为金石学著作的一个种类而出现的，人们尚未深刻认识到印章相对于金文、石刻等文字载体的特殊性，那么到了元代以后，随着印学研究的兴起，印谱逐渐从金石学著作中独立出来，其文化、历史和艺术价值越来越被人们所发现和重视。特别是到了明代以后，已经形成了一套独立的编排和分类体系，我们今天所见到的各种类型的古代印谱，在明代晚期都已基本形成，所以陈振濂等人曾提出元明两代是中国古代印谱的定型时期[6]。

　　元代对于印谱、印章研究的首要贡献，当属元人对于印学研究的开创，其中首屈一指的就是吾丘衍。在成书于大德四年（1300年）的《学古编》中，吾丘衍讨论了印章起源、印章文字、印钮、印谱，甚至印油制作、印章清晰度等诸多问题，特别是其中的印学名篇《三十五举》，还提到了诸如"白文印必逼于边，不可有空，空便不古"等关于印章章法的问题。基于吾丘衍在印学研究上的开创之功，他被后世奉作古代印学的奠基人。

　　元代之所以会出现像《学古编》这样的印学著作，除了金石学的进一步发展，另一个非常重要的原因就是文人治印的兴起。印谱中所汇集的古代印章，无疑是文人篆刻的最佳师法对象。比如赵孟頫就曾摹刻古印340方而成《印史》，并在序言中感叹当时印风不古，提出了应当师法汉魏古印的想法。就印章创作而言，吾丘衍、赵孟頫不约而同地提出了一个"师古"的审美倾向。出于师古的需要，印谱更加为人们所重视。除金石学家编纂的印谱外，还出现了一些由当时的书画篆刻家、鉴藏家编纂的印谱。如画家钱选的《钱氏印谱》、吴福孙的《古印史》、泰不华的《复古编》十卷、吴叡的《吴孟思印谱》、申屠致远的《集古印章》、叶森的《汉唐篆刻图书韵释》以及吾丘衍的《古印式》等。元代最具规模的印谱是元代后期杨遵的《杨氏集古印谱》，该谱成书于元统元年（1333年），共摹刻古印731方，并附有钮式和释文。惜原谱已佚，仅有序言一篇保存在明代晚期顾从德所编的《顾氏集古印谱》中。

　　到了明代，印谱得到进一步发展，主要表现在三个方面：一是从内容上看，明代印谱出现了古玺印印谱与流派艺术类印谱的分野；二是从成谱方式来看，在雕版印刷印谱之外，又出现了原钤印谱，以及印人摹刻后钤印而成

6　陈振濂：《中国印谱史图典》，西泠印社出版社，2011。

的摹刻印谱，基本涵盖了古代印谱的成书方式；三是明代印谱的数量较大，保存至今的也不乏其例，今天我们能够见到的最早的印谱，就是明代隆庆六年顾从德所辑的原钤印谱《顾氏集古印谱》。由于明代以后的印谱数量较多，下面仅对其中较为重要的进行介绍，1949年以后有不少明清印谱经过整理后重新出版，各谱的新近出版情况，也尽量一并附上。

下面按印谱的收印类型和成谱方式，分类介绍明代比较重要的一些印谱：

一、原钤本古玺印印谱

原钤本印谱，首推顾从德所编《顾氏集古印谱》。该谱书名下题字为"太原王常延年编，武陵顾从德汝修校"，故称《顾氏集古印谱》（图11.3.1）。成书于隆庆六年，共六卷，收铜印1600余方，玉印150余方，为存世最早的原钤印谱。

其后又有数种原钤古玺印谱：

杨元祥辑《杨氏集古印章》（二卷），万历十五年（1587年）。前有杨氏万历丁亥（1587年）小楷序，印谱内页（图11.3.2）题名"集古印章"，依四声排序，每页收印六枚，小楷书释文及质地钮式。

范大澈藏印，其子范汝桐辑《范氏集古印谱》（十卷）（图11.3.3），万历二十五年（1597年）。卷一收录公印583方，卷二至卷十收录私印3059方，十卷共收印3642方。

郭宗昌辑《松谈阁印史》（五卷），万历四十三年（1615年），依四声排序，小楷书释文及质地钮式。有张鲁盦旧藏本，又有太田孝太郎藏万历四十六年（1618年）二卷本，收录公印60枚，私印203枚。后附王季安《清华阁藏印史》，收录公印32枚，私印63枚。

俞彦辑《俞氏爱园印薮玉章》（四卷），崇祯十四年（1641年），上卷为公印，下卷为私印。收录印多伪。

二、木刻本古玺印印谱

因为《顾氏集古印谱》原钤本仅二十部，为满足坊间的需要，顾从德、罗王常又于万历三年（1575年）在原钤本的基础上进行增补后以枣木刊行。由于罗王常序言名为"印薮序"，为有别于三年前的原钤本，因此一般将此木刻本称作《印薮》，但其书口题字仍为"集古印谱"。（图11.3.4）《印薮》为红印本，共六卷，收录铜印3300余方，玉印220余方，共计3500余方，比原钤本多出1700余方。《印薮》每部末尾有"每部价银一两五钱，恐有赝本，用古玉玦印记"。由于印量较大且售价不高，加之坊间翻刻，据说

图 11.3.1
明《顾氏集古印谱》（原钤本）

图 11.3.2
杨氏集古印章

图 11.3.3
明《范氏集古印谱》（张鲁盦藏原钤本）

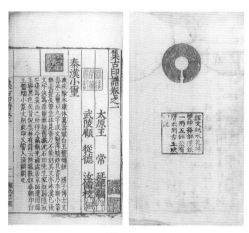

图 11.3.4
明《顾氏集古印谱》（木刻本），又名《印薮》

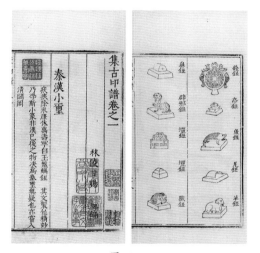

图 11.3.5
集古印正

图 11.3.6
集古印范

曾达到了"家至户到，人手一编"的地步。《印薮》刊行后不久，即出现了像张学礼等《考古正文印薮》、甘旸《集古印正》等多部摹刻印谱。

三、明人摹刻古印钤成印谱

枣木雕版印刷印谱失真较为严重，难以满足人们师古、鉴古的要求，而古玺印实物又较为珍贵难得，不能多次钤拓。为解决这一矛盾，明代不少印人开始摹刻古印，并将所摹古印钤拓成谱。

目前见到最早的摹刻古印印谱，是张学礼、胡文焕、徐延年、刘汝立、吴良止等人共同选辑、成书于明万历二十年（1592年）的《考古正文印薮》。在编纂的过程中，张学礼延请吴丘隅、董玉溪、何震、吴岭南等印坛名家悉心摹刻古印达二十年之久。《考古正文印薮》共五卷，卷一为公印，末附虎符；卷二至卷五为私印，依四声韵排列，每印下附释文、质地、钮式及考释。

自《考古正文印薮》开摹刻古玺印谱先河以后，明晚期又出现了多部摹刻古玺印谱：

甘旸摹《集古印正》（五册）（图11.3.5），万历二十四年（1596年）。体例依顾氏《印薮》。

来行学摹《宣和集古印史》（八册），万历二十四年。每印下附释文、质地、钮式和考证。

程远摹，项梦原校正《古今印则》（五册），万历三十年（1602年）。

陈巨昌摹《古印选》（四册），万历三十三年（1605年）。

陆鑨辑《片玉堂集古印章》（八册），万历三十五年（1607年），蓝印版。

潘云杰编辑《集古印范》（十册）（图11.3.6），万历三十五年，蓝印版。

梁袠篆，汪道会等校《印隽》（四册），万历三十八年（1610年）。

余藻编，吴彬校，商梅订《石鼓斋印鼎》（五册），崇祯元年（1628年）。

四、流派艺术印印谱

在本书中卷中已经介绍到，明代是中国古代艺术类印章蓬勃发展的一个时期。明代的流派印印谱，较重要的有以下几种：

吴迥篆《晓采居印印》（二册）（图11.3.7），万历四十二年（1614年）。

吴忠篆《鸿栖馆印选》，万历四十三年。

苏宣篆《苏氏印略》（二册），万历四十五年。

吴迥篆《珍善斋印印》（二册），万历四十六年。

邵潜篆《皇明印史》（四册）（图11.3.8），天启元年（1621年），辑录邵氏所刻明代刘基以降名人印。

何震篆，程原选，程朴摹刻《忍草堂印选》，天启六年（1626年），摹刻何震所刻印。

张灏辑《学山堂印谱》（图11.3.9），初印本为崇祯四年（1631年）六册本，又有崇祯七年（1634年）十卷本。辑录归文休、王修之、王开度、钱显之、何震、苏宣等多家篆刻，为明代流派印印谱之集大成者。

程云衢篆《印商》，崇祯七年。

范孟嘉篆《韵斋印品》（二册），崇祯九年（1636年）。

五、综合类印谱

金光先摹辑《金一甫印选》（二册）（图11.3.10），万历四十年（1612年），摹刻钤印本，辑录秦汉六朝古印及宋元明米芾、文彭等流派艺术印。

汪关辑《宝印斋印式》（二卷），万历四十二年原钤本，上卷收汪关所藏古印61枚，下卷辑录汪关自刻印。上海书画出版社1980年曾出版方去疾整理编辑的《汪关印谱》。

以上分类介绍了明代的印谱情况，从中不难发现，明代印谱的繁荣与明代文人篆刻的兴起关系密切。一方面，由于篆刻的勃兴，师法古印、师法前人成为印人在艺术锤炼过程中的必经之路，使得明代印谱大量涌现。不少印人参与到印谱的编辑、摹刻等工作中，又促进了印谱制作水平的提高。另一方面，由于印谱的流行和普及，又推动了文人篆刻的发展，并且出现了不少篆刻家自辑的篆刻印谱。

文人篆刻兴起的同时，金石学的传统在明代得到进一步发展，乃至出现了像武陵顾从德、句章范大澈这样藏印过千枚的古玺印收藏家，以及《印薮》《范氏集古印谱》这样收印过三千枚的印谱巨制。从技术史而言，明代的印油制作已非常成熟，为原钤印谱和摹刻印谱的流行提供了技术支撑。另一个有趣的现象是，明代印谱的编纂大多集中在江南地区，这与明代晚期江南地区经济的富庶、文化的繁荣也不无关系。

正是基于上述文化、技术和经济上的原因，在经历了元代的发展以后，明代印谱已经不再仅仅作为金石学著录的一个门类而存在，其自身已经取得独立，尤其是艺术上的独立。以《顾氏集古印谱》《印薮》《考古正文印薮》《学山堂印谱》等为代表，明代印谱出现了古代印谱的诸多类型，奠定了古代印谱的编排体例，所以我们说元明两代是中国古代印谱的定型期。

图 11.3.7
晓采居印印

图 11.3.8
皇明印史

图 11.3.9
学山堂印谱

图 11.3.10
金一甫印选

第四节　印谱的全盛期——清代至民国时期

印谱的全盛期大致可分为四个阶段。

一、清早期（顺治、康熙、雍正）

顺治四年（1647年），海阳胡正言自辑《印存初集》二册，开清代印人自辑印谱之先。康熙六年（1667年），周亮工辑成《赖古堂印谱》三册（初辑本，共钤拓二十五部），收录流派印章500余方，从当时各家所藏的近千方印中精选，再加以周氏自藏自刻印汇集而成。同年又再辑《赖古堂印谱》四册本，比初辑本多出近千方。周亮工本人即是文人篆刻家，在编辑印谱之外，还编纂了著名的篆刻名人录《印人传》，在书画方面又有《赖古堂书画跋》等著作。由于周亮工选印和主持钤拓的水平很高，《赖古堂印谱》（图11.4.1）成为自明末张灏《学山堂印谱》后又一部备受关注的重要印谱。在《赖古堂印谱》之后，清早期另有数种流派印印谱：

许容《谷园印谱》（图11.4.2），康熙二十五年（1686年）。

徐易《凤凰村印谱》，康熙二十六年（1687年）。

童昌龄《史印》，康熙二十九年（1690年）。

孙拔《长啸斋摹古小技》，康熙三十六年（1697年）。

李继烈辑，吴熙篆《金石红文》（六册），康熙四十年（1701年）。

张在戊、张在辛、张在乙辑《相印轩藏印谱》（四册），康熙四十三年（1704年）。

周廷佐《文雄堂印谱》（二册），康熙四十五年（1706年）。

童昌龄《韵言篆略》，康熙四十七年（1708年）。

高凤翰《六印山房印记》，康熙五十三年（1714年），与乾隆二年（1737年）《西亭十二客印纪》合为一册。

曾景凤《修汲堂印谱》，雍正元年（1723年）。

徐真木《观妙斋集印》，雍正七年（1729年）。

另有数种摹辑古玺印和流派艺术类印章的综合类印谱：

程大年摹《立雪斋印谱》（四册），康熙四十一年（1702年）。卷一为《集仿古官印》，摹刻古公印；卷二至卷四为自篆印。

金一畴《珍珠船印谱》（四册）（图11.4.3），雍正八年（1730年）。收录自汉至当时印章，汉印以"汉铜印"列于卷首。

清早期的印谱主要是流派艺术类印谱，专门的集古印谱尚未见到，仅在上述综合类印谱中见到收录古玺印的情况，如桐乡金一畴所辑《珍珠船印

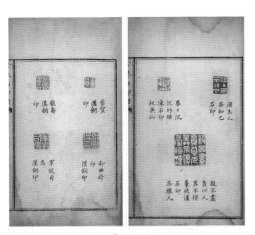

图 11.4.3
珍珠船印谱

图 11.4.4
赵凡夫先生印谱

图 11.4.5
清《飞鸿堂印谱》（初集）

谱》中收录"部曲将印"等汉印、浚水王继预所摹《藏易山房印海》中收录"驸马都尉"等印。

二、清中期（乾隆、嘉庆）

受到乾嘉金石学风的影响，到了清代中期，印章的收藏与创作大为盛行。乾隆十年（1745年），章宗闳将家藏赵宧光所摹秦汉印章二千余枚辑成《赵凡夫先生印谱》（六册）（图11.4.4）。次年，又有释湛福《墨雨堂印余》（二册）、王玉如《澄怀堂印谱》（五册）等流派印谱。

乾隆十四年（1749年），新安汪启淑将所藏吴青震篆刻辑成《春晖堂印始》。汪启淑一生所辑印谱达二十八种之多，是古代编辑印谱最多的一位。在流派印方面，他所辑的印谱更多，较著名的有《锦囊印林》（乾隆十九年即1754年）、《临学山堂印谱》（乾隆二十四年即1759年）、《退斋印类》（乾隆三十二年即1767年，十册）、《飞鸿堂印谱》（乾隆四十一年即1776年，二十册）、《静乐居印娱》（乾隆四十三年即1778年）、《悔堂印外》（乾隆五十三年即1788年，四册）、《安拙窝印寄》（乾隆五十四年即1789年，八册）。其中成书于乾隆四十一年的《飞鸿堂印谱》（图11.4.5）共五集，四十卷二十册，汇集各家篆刻达4000方，远超过此前的《学山堂印谱》和《赖古堂印谱》，是古代流派印印谱中集印最多的。在古玺印方面，汪氏先后辑有《汉铜印丛》（乾隆十七年即1752年）、《飞鸿堂秦汉印存》（乾隆二十五年即1760年）、《汉铜印原》（乾隆三十四年即1769年）（图11.4.6），这三种印谱都在十册以上。此外，汪氏还辑有《切菴集古印存》（乾隆二十五年，十六册）（图11.4.7）等兼收流派印与古玺印的综合性印谱。

除上面提到的外，清中期较重要的还有以下印谱。

古玺印印谱：

徐坚摹辑《西京职官印录》（四册）（图11.4.8），乾隆十九年。由徐坚摹刻西汉公印（其中有东汉六朝风格公印）后钤印成谱，按职官分类，每印下附考释。此谱摹刻、钤盖极精，近乎原钤谱。

汪启淑《古铜印丛》（四册），乾隆三十一年（1766年）。

夏一驹《夏氏半阁拾古印遗》（四册），乾隆三十八年（1773年），原钤本。

朱枫《印征》（图11.4.9），乾隆四十六年（1781年），原钤本，每印下附释文、质地、钮式、著录情况和考证。

郑支宗摹辑《柿叶斋两汉印萃》（四册），乾隆五十八年（1793年）。

黄学圮摹辑《历朝史印》（六册），嘉庆二年（1797年）。

查礼《铜鼓书堂藏印》（四册），嘉庆四年（1799年），原钤本。

图 11.4.6
汉铜印原

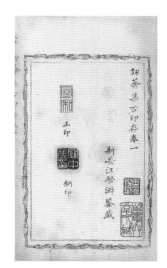

图 11.4.7
讱荪集古印存

图 11.4.8
西京职官印录

图 11.4.9
印征

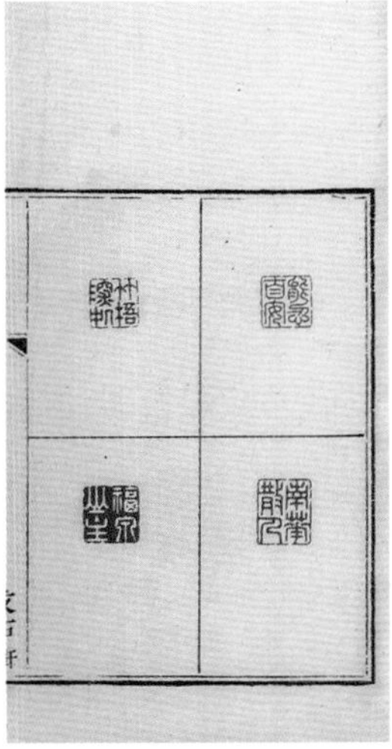

图 11.4.10
友石轩印谱

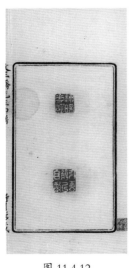

图 11.4.11
松园印谱

图 11.4.12
文三桥先生印谱

金榦《松崖藏印》（四册），嘉庆二十一年（1816年），原钤本。

流派印印谱：

吴青震刻，汪启淑辑《斯翼堂印谱》（四册），乾隆十四年。

王睿章《醉爱居印赏》（三册），乾隆十四年。

沈凤《谦斋印谱》，乾隆十八年（1753年）。

赵璧《古今印谱》，乾隆十九年。

钱浦云《友石轩印谱》（二册）（图11.4.10），乾隆二十七年（1762年）。

陆秉乾《瑶草堂图章谱》，乾隆二十七年。

释续行《墨花禅印稿》（三册），乾隆三十年（1765年）。

陈鍊篆，张维霭校《秋水园印谱》（四册），乾隆三十五年（1770年）。

赵冠儒《琴鹤堂藏印》（四册），乾隆三十六年（1771年）。

陈目耕《存几希斋印存》（四册），乾隆四十三年。

李宜开《师古堂印谱》（五册），乾隆四十七年（1782年）。

贾永《松园印谱》（四册）（图11.4.11），乾隆四十八年（1783年）。

郭启翼《松雪堂印萃》（八册），乾隆五十年（1785年）。

钱世征《含翠轩印存》（四册），乾隆五十三年。

杨式金《云渥堂印谱》，嘉庆六年（1801年）。

黄易《黄小松印存》，嘉庆七年（1802年）。

汪一橒《六息斋印草》（四册），嘉庆十一年（1806年）。

何震刻，李仙舟辑《七十二候印谱》（二册），嘉庆十二年（1807年）。

综合类印谱：

巴慰祖《四香堂摹印》（三册），乾隆三十九年（1774年）。

此外，这一时期还出现了一些伪谱，最著名的如严筠轩在乾隆四十四年（1779年）所辑《文三桥先生印谱》（图11.4.12）。

三、清代晚期

这一时期所辑的印谱数量较多，尤其是出现了一些极有影响力的名谱。清代晚期所辑古玺印印谱绝大部分为原钤印谱，自道光二十年（1840年）以后，几乎每年都有古玺印印谱辑成，特别是出现了《十钟山房印举》这样辑录印章超过万枚的特大型印谱。流派印印谱多为浙派印人所辑，较重要的有丁敬、蒋仁、奚冈、黄易、陈鸿寿、金农、赵之谦、徐三庚、吴让之等名家印谱。

较重要的古玺印谱：

郭承勋《古铜印选》（二册），道光五年（1825年）。

潘季彤《听帆楼古铜印汇》（四册），道光十二年（1832年）。

张廷济《古印缀存》，道光十四年（1834年）。

张廷济《清仪阁古印偶存》，有道光八年（1828年）及十五年（1835年）两种，皆六册。

吴式芬《双虞壶斋印存》（八册）（图11.4.13），道光二十年。上海书店1987年影印。

李阳《秦汉三十体印证》（四册），道光二十年。

胡之森摹《青琅玕馆摹古印谱》（五册），道光二十二年（1842年）。

瞿世瑛《清吟阁集古印隅》（六册），道光年间成谱。

陈介祺《簠斋印集》（十二册），咸丰二年（1852年）。人民美术出版社2012年影印《簠斋古印集》（《中国印谱全书》系列）。

谢春生《秦汉印存》（二十六册），咸丰六年（1856年）。

王书常《汉铜印谱》（二册），咸丰六年。

凌坛《采柏园古印泽存》（二册），咸丰七年（1857年）。

瞿镛《铁琴铜剑楼集古印谱》（八册），咸丰八年（1858年）。

胡远《汉铜印粹》（四册），咸丰十年（1860年）。

吴云《二百兰亭斋古铜印存》（图11.4.14），有同治元年（1862年）初钤本及光绪以后钤本。西泠印社1983年影印。

何昆玉《吉金斋古铜印谱》（八册）（图11.4.15），同治九年（1870年）。同年又有六册原钤本。上海书店1989年影印。

陈介祺《十钟山房印举》（图11.4.16），分三十举，辑录陈介祺、吴式芬、吴云、吴大澂、李璋煜等人藏印。初钤本成书于同治十一年（1872年），五十册。后于光绪九年再次钤拓，在初钤本的基础上有所增益，达一百九十余册，共收印一万多方，为收印最多的古玺印印谱。2011年人民美术出版社曾影印出版（《中国印谱全书》系列）。2020年山东人民出版社曾据一百九十一册本影印，印制极精。

姚觐元《汉印偶存》（二册），光绪元年（1875年）。

陈承裘《澂秋馆汉印存》，光绪四年（1878年），有四册本、八册本和十册本三种。上海书店1988年影印。

蒋石秀辑《望益斋印得》（二册），光绪五年（1879年）。

杨守敬《杨氏家藏铜印谱》（二册），光绪六年（1880年）。

高庆龄《齐鲁古印攈》（五册），光绪七年（1881年）。上海书店1989年影印。

吴云《两罍轩印考漫存》（四册）（图11.4.17），光绪七年。上海书店出版社2000年影印。

丁丙《当归草堂汉铜印存》（四册），光绪十年（1884年）。

图 11.4.13
双虞壶斋印存

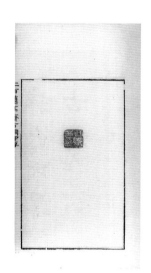

图 11.4.14
二百兰亭斋古铜印存

图 11.4.15
吉金斋古铜印谱

图 11.4.16
《十钟山房印举》（一百九十一册本，嘉德 2019 年春拍图录）

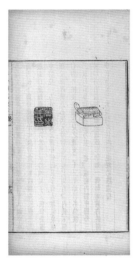

图 11.4.17
两罍轩印考漫存

图 11.4.18
十六金符斋印存

汪剑秋《剑室铜印谱》（四册），光绪十一年（1885年）。

陈俊贤《爱古楼印鉴》（二册），光绪十一年。

周铣诒、周銮诒《共墨斋藏古玺印谱》（十册），又名《共墨斋汉印谱》，光绪十二年（1886年）。上海书店1991年影印。

吴大澂《十六金符斋印存》（二十六册）（图11.4.18），光绪十四年（1888年）。上海书店1989年影印。

王石经、田镕叡、高鸿裁、刘嘉颖辑《古印偶存》（八册），光绪十六年（1890年）。

赵允中《印揭》（六册），光绪十七年（1891年）。

郭裕之《续齐鲁古印攈》（十六册）（图11.4.19），光绪十八年（1892年）。上海书店1989年影印。

龚心钊《瞻麓斋古印征》（八册），光绪十九年（1893年）。

徐士恺《观自得斋印集》（十六册），光绪二十年（1894年）。

吴隐《周秦古玺》（二册），光绪二十一年（1895年）。人民美术出版社2012年影印（《中国印谱全书》系列）。

刘仲山《撷华斋古印谱》（六册），光绪二十一年。

王瓘《赏古斋秦汉印存》（四册），光绪二十四年（1898年）。

丁丙《师让庵汉铜印存》（四册），光绪二十七年（1901年）。

刘鹗《铁云藏印初集》（十册）、《铁云藏印续集》（八册），光绪二十九年。西泠印社1990年曾印有《铁云藏印选》。

较重要的流派印印谱：

陈鸿寿《种榆仙馆摹印》、《种榆仙馆印谱》（四册）（图11.4.20），道光元年（1821年）。

王宇春《三砚斋金石编》（六册），道光六年（1826年）。

黄学圯《楚桥印稿》（四册），道光六年。

程芝华摹《古蜗篆居印述》（四册），道光七年（1827年）。摹辑程邃、汪肇漋、巴慰祖、胡唐刻印。

顾湘、顾浩辑《小石山房印谱》（十二册），道光八年。

古香堂《印章留影》（十二册），道光十七年（1837年）。

黄鹓《求是斋印稿》（四册），道光十八年（1838年）。

张泾《听秋山馆印谱》（四册），道光二十七年（1847年）。

程椿《寿岩印谱》（十二册），道光二十八年（1848年）。

何绍基《颐素斋印谱》（二册），咸丰元年（1851年）。

张学宗《华黍斋集印》（四册），咸丰二年。

曹鼎元《养竹山房印稿》（六册），同治元年。

钱松、胡震刻印，严根复辑《钱叔盖胡鼻山两家刻印》（十册），同治三年（1864年）。

何昆玉《乐石斋印谱》，同治五年（1866年）。

徐三庚《金罍山民印存》（二册）（图11.4.21），同治十三年（1874年）。

吴让之刻，李培桢辑《晋铜鼓斋印存》（四册），光绪二年（1876年）。

丁丙辑《西泠四家印选》（十二册），光绪十一年。

丁丙辑《西泠四家印谱》（四册）（图11.4.22），光绪十一年。

吴昌硕刻，吴隐辑《缶庐印集》（四册），光绪十五年（1889年）。

丁丙辑《泉唐丁氏八千卷楼印存》（八册），光绪十六年。

赵穆《双清阁印存》（二册），光绪十八年。

张廷济遗印，沈镜臣辑《清仪阁印存》，光绪二十年。

赵穆《百将百美合璧印谱》（八册），光绪二十年。

吴让之刻《听雨草堂印集》（四册），光绪二十一年。

赵之谦刻，徐士恺辑《观自得斋印集》（二册），光绪二十二年（1896年）。

赵叔孺辑《二弩精舍印赏》（八册）（图11.4.23），又名《二弩精舍藏印》，光绪二十二年。

叶为铭《列仙印玩》（四册），光绪二十五年（1899年）。

吴昌硕刻，吴隐辑《缶庐印二集》（四册），光绪二十六年（1900年）。

严信厚《七家印谱汇存》（十四册），光绪二十八年（1902年）。辑录丁敬、蒋仁、奚冈、黄易、陈鸿寿、金农、郑燮七家篆刻，并附秦汉古铜印144方，名曰《古铜印谱》。

四、清末至民国时期（1904—1949年）

光绪三十年（1904年），浙派篆刻家丁辅之、王福庵、吴隐、叶为铭召集同人在杭州孤山创立西泠印社，这是印学史上的标志性事件。作为"保存金石、研究印学"的中流砥柱，西泠印社自创建当年就辑出了一些印谱。且其印谱出版传统直到今天仍在延续，后来成立的西泠印社出版社又是改革开放以后印谱出版的重镇。除西泠印社以外，民国时期在印谱编辑出版方面较有影响的还有黄山印社、宣和印社、有正书局等。这时期所辑的印谱仍以原钤印谱为主，但出现了一些石印本和珂罗版影印本。民国时期出现的新的一轮金石篆刻浪潮，使得印谱的需求变得巨大。在原钤印谱数量太少而摹刻印谱难免失真的情况下，这些石印本和珂罗本应运而生。

图 11.4.19
续齐鲁古印摄

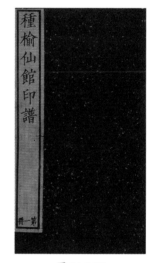

图 11.4.20
种榆仙馆印谱

图 11.4.21
金罍山民印存

图 11.4.22
西泠四家印谱

图 11.4.23
二弩精舍印赏

图 11.4.24
封泥考略

古玺印（含封泥）印谱：

吴式芬、陈介祺《封泥考略》（十册）（图11.4.24），光绪三十年，这是第一部著录和考释封泥的著作。中国书店1990年影印。

端方《匋斋藏印初集》《匋斋藏印二集》《匋斋藏印三集》《匋斋藏印四集》（十六册），宣统元年（1909年）。宣统三年（1911年），有正书局曾影印《匋斋藏印》（有四册和十六册两种）。2016年，福建人民出版社据有正书局四册本重排影印出版，并在目录部分附以释文。

吴隐《遁盦秦汉印存》（二十四册），又名《遁盦秦汉印选初集》，宣统二年（1910年）。1914年又有八册重辑本。

孙文楷《稽庵古印笺》（四册），宣统二年。

周肇祥《娑罗花树馆藏印》（四册），1914年。

秦遇赓《匪石居秦汉官私印存》（四册），1915年。

丁辅之《秦汉丁氏印选》（二册），1916年。

罗振玉《雪堂藏印》有两册本与三册本，2019年由钟洲据二册、三册本重编，施谢捷释义，平湖玺印篆刻博物馆印行。

罗振玉《隋唐以来官印集存》（三册），1916年。

罗振玉《赫连泉馆古印存》《赫连泉馆古印续存》（二册），1916年。上海书店1988年影印。

吴隐《秦汉百寿印谱》（二册），1917年。

有正书局《历代古印大观》（八册），1917年，印刷本。

陈汉第《伏庐藏印》（六册）（图11.4.25），1919年。1926年又辑成《伏庐藏印续集》。1940年又辑成《伏庐选藏玺印汇存》（三册）。另外又有1946年宣和印社所辑《伏庐钵印》（十一册）。2019年，钟妙明、余逸成又将《伏庐选藏玺印汇存》整理出版（西泠印社出版社）。

黄吉园《秦汉古铜印存》（五册），1920年。

罗振玉《贞松堂唐宋以来官印集存》，1923年。

罗福颐《待时轩仿古印草》（二册）（摹刻），1923年。安徽人民出版社2018年影印。

刘公鲁《畏斋藏玺》，1924年。

孙汝梅《读雪斋印谱》，涵芬楼影印本，商务印书馆1924年出版。同年商务印书馆另出版有程从龙《程荔江印谱》。

周庆云《梦坡室金玉印痕》（九册），1924年。

陈宝琛《澂秋馆印存》（十册）（图11.4.26），1925年。次年，又有《澂秋馆藏古封泥》五册本。上海书店出版社1988年影印。

罗振玉《西夏官印集存》，1925年。

故宫博物院《金薤留珍》（二十四册）（图11.4.27），1926年。2019

年，钟妙明等人又将其整理，由西泠印社出版社出版。

马衡《毓庆宫藏汉铜印》（二册），1927年。

张厚谷《碧葭精舍印存》（八册），1928年。

黄浚《尊古斋古玺集林》（一集六册），1928年。1937年辑成二集，六册。

黄宾虹《宾虹草堂藏古玺印》《宾虹草堂藏古玺印二集》，1929年，皆为八册。

刘体智《善斋玺印录》（十六册），1930年。

吴幼潜《封泥汇编》，1931年。上海古籍出版社1984年影印。

方介堪摹辑《古玉印汇》，1932年。上海书画出版社2013年影印，西泠印社出版社2019年影印。

王献唐《两汉印帚》（三册），1933年。

林树臣《玺印集林》（四册），1938年。上海书店出版社1991年影印。

张鲁盦《秦汉小私印选》（二册），1944年。

高络园《乐只室古玺印存》（十一册），1944年。上海书店出版社1989年影印《乐只室印谱》。

吴朴堂摹刻，宣和印社刊本《小铢汇存》（四册），1945年。

流派印印谱中最重要的当属《丁丑劫余印存》（图11.4.28），由丁辅之、高络园、葛昌楹、俞序文四人于丁丑吴淞战役后将所藏之印章汇辑而成。此谱内汇辑明代文徵明、文彭以下至清末二百七十三家印人的一千九百余方印章，堪称是一部以作品形式呈现的明清篆刻史。2020年，由林章松、戴丛洁、张武装整理，西泠印社出版社影印。

其他较重要的流派印印谱：

丁辅之辑《泉唐丁氏八家印谱》（八册），光绪三十年。同年丁氏又辑有《西泠八家印选》（图11.4.29）四册本和三十册本。1926年又有重辑四册本《西泠八家印选》，上海古籍出版社1991年影印。

西泠印社《吴让之印存》（十册），光绪三十年。西泠印社出版社1998年影印。

叶为铭辑《铁华盦印集》（六册），光绪三十年。

丁辅之辑《杭郡印辑》（八册），光绪三十一年（1905年）。

陈豫钟刻，西泠印社辑《求是斋印谱》（二册），光绪三十四年（1908年）。

钱松刻，西泠印社辑《铁庐印谱》（四册），宣统元年。

王福庵藏印，西泠印社辑《福庵藏印》（十六册），宣统元年。

赵之谦刻，西泠印社辑《二金蝶堂印谱》（四册），宣统元年。又有宣统二年林钧所辑八册本。（图11.4.30）重庆出版社2008年影印。

图 11.4.25
伏庐藏印

图 11.4.26
澂秋馆印存

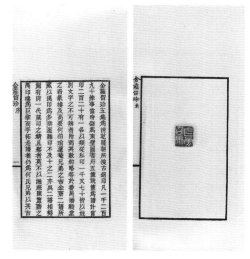

图 11.4.27
《金薤留珍》序及印谱内页

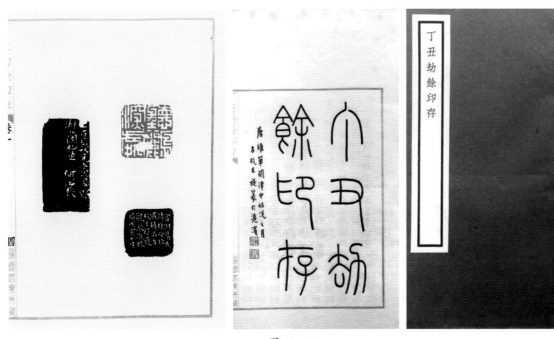

图 11.4.28
丁丑劫余印存

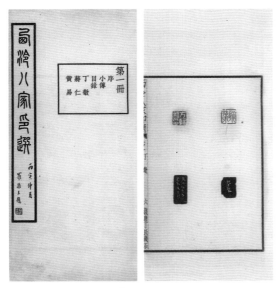

图 11.4.29
西泠八家印选

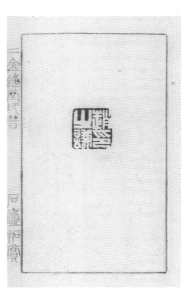

图 11.4.30
清《二金蝶堂印谱》（八册本）

丁敬刻，西泠印社潜泉印丛辑本《龙泓山人印谱》（八册），宣统二年。

奚冈刻，潜泉印丛辑本《蒙泉外史印谱》（二册），宣统三年。

黄易刻，潜泉印丛辑本《秋景盦主印谱》（四册），宣统三年。

蒋仁刻，潜泉印丛辑本《吉罗居士印谱》（二册），宣统三年。

邓石如刻，有正书局出版《邓石如印存》（二册），宣统三年，后由人民美术出版社2011年影印。宣统三年，有正书局还出版有赵之谦《赵㧑叔手刻印存》、吴昌硕《吴仓石印谱》、赵之琛《赵次闲印存》、杨澥《杨龙石印存》等，皆为印刷本。

徐三庚刻，潜泉印丛辑本《金罍道人印存》（三册），1912年。

吴昌硕刻，吴隐辑《缶庐印存初集》（四册）（图11.4.31），光绪十五年初刊。至1914年，又有《缶庐印存四集》。人民美术出版社2011年影印《缶庐印存初集》。

赵之谦刻，丁辅之辑《悲盦印剩》（三册），1914年。

邓石如刻，西泠印社辑《完白山人印谱》（二册）（图11.4.32），1916年。中州古籍出版社2016年影印。

赵之谦刻，西泠印社辑《赵㧑叔印存》（八册），1917年（初集、二集各四册）。

有正书局《丁黄印存合册》（四册），1917年，印刷本。人民美术出版社2012年重印。

西泠印社辑《董巴胡王会刻印谱》（四册），1917年。

齐璜辑刻《白石印草》（五册），1921年。1972年陈凡又辑《白石印谱》（上海书局）。

王石经辑《甄古斋印谱》，涵芬楼影印本，商务印书馆，1923年初版，1924年再版。

葛昌楹、葛昌枌辑《传朴堂藏印菁华》（十二册），1925年。同年葛昌楹辑有《宋元明犀象玺印留真》（六册）。

赵之谦、吴昌硕刻，葛昌楹辑《吴赵印存》（十册）（图11.4.33），1931年。

黄牧甫刻，黄少牧辑《黟山人黄牧甫印存》（四册）（图11.4.34），1935年。人民美术出版社2013年影印。

王福庵刻，宣和印社辑本《麋研斋印存》（二十册）（图11.4.35），1936年。中州古籍出版社2016年影印。2020年，江琨据《麋研斋印存》及续辑等汇编成《麋研斋印存全集》，于西泠印社出版社出版。

黄牧甫刻，张鲁盦辑《黄牧甫印存》（二册），1937年。西泠印社1982年重印。

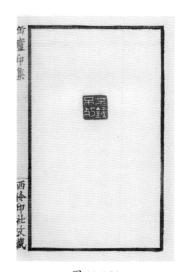

图 11.4.31
缶庐印存初集

张鲁盦辑《鲁盦印选》（六册），1939年。同年又辑成徐三庚篆刻《金罍印撷》（四册）。次年辑成赵次闲篆刻《退庵印寄》（四册）。

赵古泥刻，庞士龙辑《赵古泥印存》（四册），1941年。西泠印社出版社2000年重印。

钱君匋《钱君匋印存》（二册），1944年。吉林美术出版社2006年重印。

高式熊《西泠印社同人印传》（二册），1948年。朵云轩1994年重印。

唐醉石《醉石山农印稿》，1948年。

陈巨来刻，杨朋之辑《盍斋藏印》（二册），1948年。2019年，谷卿、冯松又在中国书店整理出版《安持自拓盍斋藏印》。

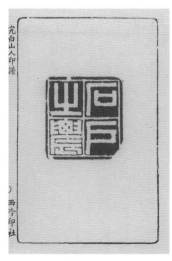

图 11.4.32
完白山人印谱

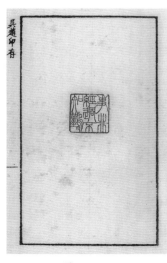

图 11.4.33
吴赵印存

图 11.4.34
黟山人黄牧甫印存

图 11.4.35
麋研斋印存

第五节 新中国成立后出版的印谱

一、新中国成立后至改革开放之前的印谱出版情况

新中国成立后至改革开放以前的印谱，以流派印印谱为主，很少有新的古玺印印谱辑出。在流派印印谱中，出现了一些带有鲜明时代特征的印谱。如为了庆祝新中国成立而辑的《新中国成立十周年印谱》，为纪念长征而辑的《长征印谱》，为歌颂毛主席而辑的《毛主席诗词印谱》等。其中最有趣的当属方去疾、吴朴堂、单孝天等人所辑的《养猪印谱》，生动地反映了20世纪60年代农业生产的面貌。（图11.5.1—图11.5.3）

本期所辑的印谱，较重要的有：

吴昌硕刻，宣和印社辑《苦铁印选》（四册），1950年。

乔大壮刻，秦彦冲辑《乔大壮印蜕》（二册），1950年。

韩登安《西泠印社胜迹留痕》，1954年。

中国金石篆刻研究社筹备会编《鲁迅笔名印谱》，1956年。

张鲁盦等刻《新中国成立十周年印谱》，1959年。

方去疾、吴朴堂、单孝天辑《养猪印谱》，1960年。

赵之谦刻，钱君匋辑《豫堂藏印甲集》（二册），1960年。

方介堪、张鲁盦、王个簃、来楚生、叶潞渊、沙孟海《七一纪念印谱》（二册），1961年。

张鲁盦、方去疾《大办农业印谱》，1961年。

钱君匋《长征印谱》，1961年。

西泠印社《西泠印社六十周年纪念印集》（图11.5.4），1963年。

沙孟海刻，秦彦冲辑《兰沙馆印式》，1963年。

齐璜刻，中国美术家协会辑拓《白石印集》（四册），1963年。

马公愚、王个簃、钱君匋、叶潞渊、吴朴堂、方去疾等《西湖胜迹印集》，1963年。

韩登安《毛主席诗词印谱》，1963年。

二、改革开放以后的印谱出版情况

改革开放以后，特别是近20年来，印谱的编辑和出版重新迎来一波热潮。对于民国或民国以前辑成的印谱，改革开放后又有不少进行了重新整理和影印出版的，我们在前面介绍明清、民国印谱时已经顺带说明了，下面主

图 11.5.1
新中国成立十周年印谱

图 11.5.2
长征印谱

要介绍改革开放后新辑成的印谱。

（一）综合类印谱

康殷、任兆凤《印典》，国际文化出版公司，1994年。

沈沉《中国篆刻全集》（五卷），黑龙江美术出版社，2000年。

黄惇《中国历代印风系列》（二十一卷），重庆出版社，2011年。辑录从先秦古玺至民国流派印近3万方，为目前收印最多的一套印谱。

人民美术出版社《中国印谱全书》（十八册），人民美术出版社，2010—2013年。

谭文选、林旭娜《金石篆刻学典籍丛刊：篆刻学编》（二十八册），安徽人民出版社，2017年。

（二）古玺印印谱

第一类是各博物馆、研究机构（大学）藏印集，较早的如《上海博物馆藏印选》《故宫博物院藏古玺印选》《吉林大学藏古玺印选》等。第二类是某一地区或某一时段内新出土印章的辑谱，其中最为重要的当属周晓陆的《二十世纪出土玺印集成》。第三类是按材质、时代、题材等因素所辑的专题性印谱，如故宫博物院所辑的《古玺汇编》（先秦古玺）、施谢捷所辑的《新见古代玉印选》等。第四类是私人藏印的辑谱，近十年来，由于金石收藏的复兴，私人藏印辑谱蔚然成风。其中的代表人物当属杨广泰，他的文雅堂和平湖玺印篆刻博物馆所编辑、发行的印谱种数已过三十种，这在整个印谱史上都是首屈一指的。第五类是辑录古代封泥的图谱，以任红雨的《中国封泥大系》所收封泥品类最为全面。此外，日本也大量收藏了中国古代印章，所以我们对日本近几十年来出版的印谱也择要进行介绍，以方便读者了解国外收藏中国古代印章的情况。

1. 各博物馆、研究机构（大学）的藏印印谱

上海书画出版社《上海博物馆藏印选》，上海书画出版社，1979年。

王人聪《香港中文大学文物馆藏印集》，香港中文大学文物馆，1980年。

罗福颐《故宫博物院藏古玺印选》，文物出版社，1982年。

吉林大学历史系文物陈列室《吉林大学藏古玺印选》，文物出版社，1987年。

张光远《故宫历代铜印特展图录》，台北"故宫博物院"，1987年。

王人聪《香港中文大学文物馆藏印续集一》，香港中文大学文物馆，1996年。

天津市艺术博物馆《天津市艺术博物馆藏古玺印选》，文物出版社，1997年。

钱浚、吴慧虞《常熟博物馆藏印集》，人民美术出版社，1997年。

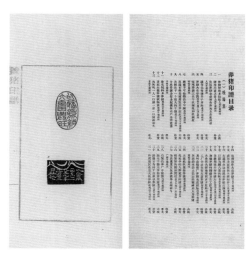

图 11.5.3
养猪印谱

图 11.5.4
西泠印社六十周年纪念印集

王人聪《香港中文大学文物馆藏印续集二》，香港中文大学文物馆，1999年。

王人聪《香港中文大学文物馆藏印续集三》，香港中文大学文物馆，2001年。

南京市博物馆《南京市博物馆藏印选》，上海书店出版社，2005年。

游国庆《印象深刻——院藏玺印展》，台北"故宫博物院"，2007年。

浙江省博物馆《浙江省博物馆典藏大系·方寸乾坤》，浙江古籍出版社，2009年。

苏州博物馆《苏州博物馆藏玺印》，文物出版社，2010年。

故宫博物院《故宫收藏·你应该知道的200件官印》，紫禁城出版社，2010年。

天津博物馆《天津博物馆藏玺印》，文物出版社，2013年。

许静洪、许云华《陕北历史文化博物馆藏玺印封泥选》，西泠印社出版社，2018年。

2. 辑录某一时段或某一地区出土古代印章的印谱

黑龙江省文物考古工作队《黑龙江古代官印集》，黑龙江人民出版社，1981年。

张英、任万举、罗显清《吉林出土古代官印》，文物出版社，1992年。

赖非《山东新出土古钵印》，齐鲁书社，1998年。

王绵厚、郭守信《辽海印信图录》，辽海出版社，2000年。

陈松长《湖南古代玺印》，上海辞书出版社，2004年。

伏海翔《陕西新出土古代玺印》，上海书店出版社，2005年。

广州市文化局《考古发现的南越玺印与陶文》，澳门民政总署文化康体部，2005年。

周晓陆《二十世纪出土玺印集成》，中华书局，2010年。分上、中、下三卷，辑录1949至2000年出土的古代印章、封泥和陶文共6000余枚。

西安市文物保护考古所《西安文物精华——印章》，世界图书出版西安公司，2011年。

肖明华《云南古代官印集释》，文物出版社，2015年。

3. 辑录某一时代、材质、题材的专题性印谱

故宫博物院《古玺汇编》，文物出版社，1981年。

罗福颐等《西夏官印汇考》，宁夏人民出版社，1982年。

罗福颐《秦汉南北朝官印征存》，文物出版社，1987年。

景爱《金代官印集》，文物出版社，1991年。

杨广泰《宋元古印辑存》，文物出版社，1995年。

高文、高成刚《巴蜀铜印》，上海书店出版社，1998年。

周晓陆《元押：中国古代篆刻艺术奇葩》，江苏美术出版社，2001年。

孙慰祖《唐宋元私印押记集存》，上海书店出版社，2001年。

韩天衡、孙慰祖《古玉印集存》，上海书店出版社，2002年。

徐启宪、李文善、郭福祥《明清帝后宝玺》，紫禁城出版社，2008年。

孙慰祖、孔品屏《隋唐官印研究》，上海书画出版社，2014年。

施谢捷《新见古代玉印选》，艺文书院，2016年。

韩回之《他山之玉：域外高古印特集》，西泠印社出版社，2016年。

徐畅《古玺印图典》，天津人民美术出版社，2016年。

孙慰祖、赵军、杨国梅《两宋印章的渊源与走向》，西泠印社出版社，2017年。

施谢捷《新见古代玉印选续》，艺文书院，2017年。

萧春源、施谢捷《神秘的远古文明——巴蜀印章专题展图录》，澳门书法篆刻协会，2018年。

吴佳伟《滚筒印章——文明的起源》，印珠收藏研究学会内部资料，2019年。

4. 私人藏印的辑谱

杨广泰《中国古玺印新编》，原钤本（八册），1996年。

杨广泰《战国古玺印集》，原钤本（四册），1998年。

集古斋《古代钵印辑存》，（香港）集古斋出版社，1998年。

萧春源《珍秦斋藏印·秦印篇》，澳门基金会，2000年。

萧春源《珍秦斋藏印·战国篇》，澳门基金会，2001年。

杨广泰《历代玺印集存》，文雅堂，2002年。

杨广泰《秋林馆藏印》，文雅堂，2002年。

萧春源《方寸乾坤——珍秦斋藏历代玺印精品集》，人民美术出版社，2004年。

萧春源《珍秦斋藏印·汉魏晋唐宋元篇》，澳门民政总署文化康体部，2005年。

许雄志《鉴印山房藏古玺印菁华》，河南美术出版社，2006年。

程训义《中国古印：程训义古玺印集存》，河北美术出版社，2007年。

孙家潭《大风堂古印举》，西泠印社出版社，2009年。

王臻《铁斋藏古玺印》，中国文化艺术出版社，2010年。

周晓陆《酒余亭陶泥合刊》，艺文书院，2012年。

赵熊《风过耳堂秦印辑录》，中国书店，2012年。

黄玉希《禾德堂印留》，艺文书院，2012年。

李广《汉唐阁藏古玺印谱》，艺文书院，2012年。

周建亚《甘露堂藏战国箴言玺》，文物出版社，2013年。

吴砚君《盛世玺印录》，艺文书院，2013年。辑录多家私人收藏。

施谢捷《虚无有斋摹辑汉印》（摹本），艺文书院，2014年。

周建设、周海斌《玺泉堂古印存》，原钤本（二册），2014年。

张小东《戎壹轩藏秦印珍品展》，西泠印社出版社，2015年。

张小东《戎壹轩秦印汇》，原钤本（八册），文雅堂，2015年。

黄惇《风斋藏南宋瓷印》，西泠印社出版社，2015年。

西泠印社美术馆《汉印之美专题展》，西泠印社出版社，2015年。

石峰《古代肖形印专题展》，西泠印社出版社，2015年。

吴砚君《倚石山房藏战国古钵》，原钤本（四册），文雅堂，2016年。

杨广泰《文雅堂辑秦印》，原钤本（二册），文雅堂，2016年。

许雄志《鉴印山房藏战国秦汉官印百品》，原钤本（二册），文雅堂，2016年。

李凤龙《不远复斋古玺印辑存》，平湖玺印篆刻博物馆，原钤本（四册），2017年。

许雄志《鉴印山房新获古玺印选》，河南美术出版社，2017年。

吴砚君《盛世玺印录·续壹》《盛世玺印录·续贰》，文化艺术出版社，2017年。辑录多家私人收藏。

张小东《戎壹轩藏三晋古玺》，西泠印社出版社，2017年。

施谢捷、王凯、王俊亚《洛泉轩集古玺印选萃》，艺文书院，2017年。

陈瑞江《新见汉印集萃》，山东美术出版社，2017年。

沈春明《金篆斋藏古玺印辑存》，原钤本（八册，附彩色图版一册），平湖玺印篆刻博物馆，2018年。

吴砚君《倚石山房藏战国古玺》，西泠印社出版社，2019年。

5. 封泥谱录

严一萍《封泥考略汇编》，艺文印书馆，1982年。

吴幼潜《封泥汇编》，上海古籍书店，1984年。

孙慰祖《古封泥集成》，上海书店出版社，1994年。

周晓陆、路东之《秦封泥集》，三秦出版社，2000年。

文雅堂《相家巷出土秦封泥百品》，原拓本（二册），文雅堂辑拓，2000年。

文雅堂《原拓新出土秦封泥》，原拓本（十四册），文雅堂，2001年。

路东之《古陶文明博物馆新获瓦当封泥掇英》，原拓本，古陶文明博物馆、文雅堂辑拓，2001年。

孙慰祖《上海博物馆藏品研究大系·中国古代封泥》，上海人民出版社，2002年。

路东之《古陶文明博物馆藏战国封泥》，原拓本（二册），古陶文明博物馆、文雅堂，2003年。

文雅堂《刘家寨出土汉封泥》，原拓本，文雅堂，2004年。

刘创新《临淄新出汉封泥集》，西泠印社出版社，2005年。

文雅堂《秦封泥集》，原拓本（二册），文雅堂，2007年。

傅嘉仪《秦封泥汇考》，上海书店出版社，2007年。

马骥《近墨斋封泥缘》，原拓本（二册），文雅堂，2008年。

王玉清、傅春喜《新出汝南郡秦汉封泥集》，上海书店出版社，2009年。

杨广泰《新出封泥汇编》（线装，一函四册），西泠印社出版社，2010年。

西泠印社、中国印学博物馆《青泥遗珍：新出战国秦汉封泥特展图录》（辑录文雅堂所藏封泥），西泠印社出版社，2010年。

许雄志《鉴印山房藏古封泥菁华》，河南美术出版社，2011年。

西泠印社美术馆《古代封泥精品展》（辑录文雅堂等所藏新出土封泥），西泠印社出版社，2015年。

马骥《新出新莽封泥选》，西泠印社·中国印学博物馆，2017年。

任红雨《中国封泥大系》，西泠印社出版社，2018年。

许雄志《鉴印山房藏古封泥选粹》，原拓本（五册），2019年。

焦新帅《乾堂藏古封泥辑存》，原拓本（二册），平湖玺印篆刻博物馆，2020年。

其中，任红雨的《中国封泥大系》基本涵盖了此前谱录中见到的封泥品种，而且还增补了不少新见的封泥品种，可谓封泥谱录的集大成者。

近几十年来，日本古玺印收藏家所辑的中国古玺印谱种数也达到数十种之多，著录古玺印和封泥总数近万枚。其中较重要的有：

加藤慈雨楼《平盦考藏古玺印选》，临川书店，1980年。

加藤慈雨楼《汉魏六朝蕃夷印谱》《汉魏晋蕃夷印汇例》，丹波屋，1986年。

藤井齐成会《有邻馆古印存》，同朋舍，平成四年（1992年）。

现代艺术中心《秦汉古印存》，原钤本，当铭藤子发行，1996年。

菅原石庐《中国玺印集粹》，二玄社，平成九年（1997年）。

东京国立博物馆《中国的封泥》，二玄社，1998年。

小林斗盦《篆刻全集》（十册），二玄社，2001年。

谷村憙斋藏印，邹涛编辑《缵述堂古铜印存》，光画馆，2002年。

菅原石庐《鸭雄绿斋藏中国古玺印精选》，アートライフ社，2004年。

平出秀俊《新出相家巷秦封泥》，艺文书院，2004年。

加藤一雄《甄古斋藏古玺印》，原钤本，平成十八年（2006年）。

远藤彊《封泥大观》，扶桑印社，平成十九年（2007年）。

古河市篆刻美术馆《求古斋コレクシヨン中国古铜印の美》，古河市篆刻美术馆，2012年。

师村妙石《响盦古玺印存》，文雅堂原钤本（四册），2015年。

宁乐美术馆编，久米雅雄监修《宁乐美术馆的印章》，思文阁，2017年。

尾崎苍石《匋钦室藏古印存》，平湖玺印篆刻博物馆原钤本（八册，附印钮等彩图一册），2019年。同年又有西泠印社出版社出版的彩印本。

（三）流派印印谱

由于40多年来所辑的流派印印谱较多，这里只简单介绍正式出版物中比较重要的。这些印谱既有辑录前代篆刻家作品的，也有辑录当代篆刻家作品的。由于当代篆刻家的谱录较多，囿于篇幅我们不能详细介绍，而且许多篆刻家的佳作、佳谱仍在不断涌现，所以我们只对已经逝世的篆刻家的印谱进行择要介绍：

金煜《金禹民印存》，湖南美术出版社，1983年。

钱君匋、吴颐人等《矛盾印谱》，湖南美术出版社，1986年。

方介堪《方介堪印选》，上海书店，1986年。

徐文彬、黄晓东《齐白石印汇》，巴蜀书社，1988年。

上海书画出版社《去疾印稿》，上海书画出版社，1989年。

戴山青《齐白石印影》，荣宝斋，1991年。

李早《王福庵印存》，西泠印社，2000年。

李早《陈巨来印存》，西泠印社，2000年。

傅嘉仪《印道人印存》，黄山书社，2002年。

西泠印社《西泠印社藏印选》，西泠印社出版社，2010年。

李早《西泠八家印谱》，西泠印社，2010年。

方介堪刻，徐无闻、徐立整理《方介堪自选印谱》，中华书局，2015年。

西泠印社《西泠四家印谱》，西泠印社出版社，2018年。

黄牧甫刻，广东省立中山图书馆编《广东省立中山图书馆藏黄牧甫印谱九种》，西泠印社出版社，2018年。

陈豫钟、陈鸿寿刻，戴丛洁、徐志霖、张武装辑《陈豫钟与陈曼生交游考述（附〈二陈印则〉原色印谱）》，西泠印社出版社，2018年。

吴让之、赵之谦、胡匊邻、吴昌硕刻，方约辑《晚清四大家印谱》，上海书画出版社，2019年。

第六节　印学研究著作及工具书

　　为方便读者检阅，现将40余年来出版的各类印章著作和常用工具书暂列如下。由于笔者水平及视野所限，还有不少学术价值极高的论著为我们所遗漏，对此深表歉意并诚挚望读者补充赐教。

一、印学史、印学综合研究类

　　罗福颐《古玺印概论》，文物出版社，1981年。

　　王献唐《五镫精舍印话》，齐鲁书社，1985年。

　　沙孟海《印学史》，西泠印社出版社，1987年。

　　刘江《篆刻艺术》，浙江美术学院出版社，1988年。

　　陈松长《玺印鉴赏》，漓江出版社，1993年。

　　吴颐人《篆刻五十讲》，上海人民出版社，1994年。

　　曹锦炎《古玺通论》，上海书画出版社，1995年。

　　刘一闻《印章》，上海古籍出版社，1995年。

　　王廷洽《中国印章史》，华东师范大学出版社，1996年。

　　王志敏、闪淑华《中国的印章与篆刻》，商务印书馆，1997年。

　　孙慰祖《印章》，上海人民美术出版社，1998年。

　　小鹿（周晓陆）《古代玺印》，中国书店，1998年。

　　尚辉《玺印》，贵州人民出版社，1998年。

　　韩天衡《历代印学论文选》，西泠印社出版社，1999年。

　　孙慰祖《孙慰祖论印文稿》，上海书店出版社，1999年。

　　陈根远《印章鉴藏》，万卷出版公司，2001年。

　　叶其峰《古玺印通论》，紫禁城出版社，2003年。

　　孙慰祖《可斋论印新稿》，上海辞书出版社，2003年。

　　孙慰祖《可斋论印三集》，上海辞书出版社，2007年。

　　罗福颐《古玺印考略》（修订本），紫禁城出版社，2010年。

　　黄孟《中国文物小丛书·玺印》，甘肃文化出版社，2014年。

　　孙慰祖《可斋论印四集》，吉林美术出版社，2016年。

　　黄惇《中国古代印论史》（修订版），上海书画出版社，2019年。

　　周晓陆《考古印史》，中华书局，2020年。

二、专题性印学著作

（一）先秦古玺研究

林素清《先秦古玺文字研究》，台湾大学中文研究所硕士论文，1976年。

庄新兴《战国玺印分域编》，上海书店出版社，2001年。

施谢捷《古玺汇考》，安徽大学博士学位论文，2006年。

陈光田《战国玺印分域研究》，岳麓书社，2009年。

田炜《古玺探研》，华东师范大学出版社，2010年。

吴振武《〈古玺文编〉校订》，人民美术出版社，2010年。

肖毅《古玺文分域研究》，崇文书局，2018年。

（二）秦汉南北朝印章研究

罗福颐《秦汉南北朝官印征存》，文物出版社，1987年。

王人聪、叶其峰《秦汉魏晋南北朝官印研究》，香港中文大学文物馆，1990年。

孙慰祖《两汉官印汇考》，上海书画出版社，1993年。

方小壮《汉印》，上海书画出版社，2003年。

赵平安《秦西汉印章研究》，上海古籍出版社，2012年。

（三）隋唐宋元明清印章研究

罗福颐《西夏官印汇考》，宁夏人民出版社，1982年。

赵姝《辽代官印汇考》，辽宁大学出版社，2010年。

孙慰祖、孔品屏《隋唐官印研究》，上海书画出版社，2014年。

朱琪《新出明代文人印章辑存与研究》，西泠印社出版社，2020年。

（四）流派印研究

林乾良《西泠八家研究（一）·丁敬》，西泠印社，1993年。

孙慰祖《陈鸿寿篆刻》，上海书店出版社，2007年。

韩天衡、张炜羽《中国篆刻流派创新史》，上海书画出版社，2011年。

张郁明《清代徽宗印风》，重庆出版社，2011年。

朱琪《真水无香：蒋仁与清代浙派篆刻研究》，浙江人民美术出版社，2018年。

朱琪《蓬莱松风：黄易与乾嘉金石学》，上海古籍出版社，2020年。

三、玺印文字工具书

（一）先秦古玺文字

故宫博物院《古玺文编》，文物出版社，1981年。由于《古玺文编》成书较早，其中有一些未释、误释的文字，吴振武对此做过校订工作。见吴振武《古玺文编校订》，人民美术出版社，2011年。

何琳仪《战国古文字典》，中华书局，1998年。

汤余惠《战国文字编》，福建人民出版社，2015年。

徐在国、程燕、张振谦《战国文字字形表》，上海古籍出版社，2017年。

（二）秦汉印章文字

许雄志《秦印文字汇编》，河南美术出版社，2001年。

徐谷甫《鸟虫篆全书》，上海辞书出版社，2008年。

罗福颐《增订汉印文字征》，故宫出版社，2010年。

王辉《秦文字编》，中华书局，2015年。

佐野荣辉、蓑毛政雄编，王忻译《汉印文字汇编》，西泠印社出版社，2020年。

赵平安、李婧、石小力《秦汉印章封泥文字编》，中西书局，2020年。

下卷图片索引

续表

续表

图　序	图　名	页　码
图 1.2.33	泰宁石，鼠钮	034
图 1.2.34	寿山水晶冻石，松鼠钮	034
图 1.2.35	琥珀，蟾蜍钮	034
图 1.2.36	紫铜，象钮	034
图 1.2.37	寿山来沽寮石，凤凰钮	035
图 1.2.38	铜质，鱼钮	035
图 1.2.39	翡翠，甲虫钮	035
图 1.2.40	寿山高山红石，菊花钮	036
图 1.2.41	寿山白芙蓉石，莲鹭钮	036
图 1.2.42	寿山朱砂冻石，人物驯象钮	036
图 1.2.43	铜质，亭钮	037
图 1.2.44	银质，法器钮	037
图 1.2.45	铜质，古泉钮	037
图 1.2.46	青金石，博古钮	037
图 1.2.47	殷墟出土"四神"纹印，大理石质，龙钮， 尺寸 4.5 cm×5.4 cm	038
图 1.2.48	陕西渭南澄城西周墓出土龙钮玉玺	038
图 1.2.49	印体镶嵌	039
图 1.2.50	田黄石，无背景薄意中的植物形象	039
图 1.2.51	寿山水坑石，无背景薄意中的动物形象	039
图 1.2.52	寿山朱砂红石，浮雕，八仙图	041
图 1.2.53	田黄石，高仕图	041
图 1.2.54	寿山花芙蓉石，双兔浮雕	041
图 1.2.55	秦印"郝氏"，边款"毋思恣，罙（深）冥欲"，铜质， 鼻钮	042
图 1.2.56	观阳县印，背部凿"开皇十六年十月五日造"款识	042
图 1.2.57	北宋公印款识"元丰三年少府监铸"	042
图 1.2.58	"张同之印"款识	044
图 1.2.59	文彭款识	044
图 1.2.60	何震款识	044
图 1.2.61	丁敬款识	044
图 1.2.62	蒋仁款识	044
图 1.2.63	陈豫钟款识	045
图 1.2.64	钱叔盖款识	045
图 1.2.65	赵之谦款识	045
图 1.2.66	吴昌硕款识	046
图 1.2.67	黄士陵款识	046
图 1.2.68	赵古泥款识	047
图 1.2.69	易熹款识	047
图 1.2.70	齐白石款识	047

续表

续表

图　序	图　名	页　码
图 4.1.2	刘贺，螭钮	093
图 4.1.3	故宫博物院藏青玉质"文华殿宝"	093
图 4.1.4	白色蓝田玉印章	094
图 4.1.5	绿色蓝田玉印章	094
图 4.1.6	独山玉印章	095
图 4.1.7	独山玉印章	095
图 4.1.8	储秀宫精鉴玺，岫岩玉，交龙钮	095
图 4.1.9	储秀宫珍赏，岫岩玉，交龙钮	095
图 4.1.10	祁连玉印章	096
图 4.1.11	信宜玉印章	096
图 4.2.1	西汉"曹媒"白玛瑙印	097
图 4.2.2	东汉虎钮无字玛瑙印	097
图 4.2.3	缠丝玛瑙印	097
图 4.2.4	透明水晶印	097
图 4.2.5	紫水晶印章	098
图 4.2.6	黄水晶印章，狮钮	098
图 4.2.7	发晶印章	098
图 4.2.8	木变石印章，獬豸钮	098
图 4.2.9	红碧玺印章，雕螭龙	099
图 4.2.10	绿碧玺印章，狮钮	099
图 4.2.11	蓝碧玺印章，兽钮	099
图 4.2.12	黄碧玺印章	099
图 4.2.13	西瓜碧玺印章，雕貔貅	100
图 4.2.14	翡翠印章	100
图 4.2.15	翡翠印章	100
图 4.3.1	琥珀印章	101
图 4.3.2	江西省南昌市施家窑村东汉墓出土琥珀素面印章	101
图 4.3.3	广西合浦县凸鬼岭汽齿厂 25 号西汉墓出土半球形琥珀（蜜蜡）印章"陈夫印"	101
图 4.3.4	蜜蜡印章	102
图 4.3.5	煤根石印章	102
图 4.3.6	独孤信多面体煤精组印	102
图 4.3.7	白珊瑚印章	103
图 4.3.8	红珊瑚印章	103
图 4.4.1	端砚石印章，云钮	104
图 4.4.2	端砚石印章，仿生松	104
图 4.4.3	歙砚石印章	104
图 4.5.1	孔雀石印章	105
图 4.5.2	绿松石印章	106
图 4.5.3	绿松石印章	106

续表

续表

图　序	图　名	页　码
图 5.1.34	俏色高山石印章	124
图 5.1.35	和尚洞高山种印章	124
图 5.1.36	大洞种印章	125
图 5.1.37	油白洞种印章	125
图 5.1.38	大健洞种印章	125
图 5.1.39	世元洞种印章	125
图 5.1.40	水洞种印章	125
图 5.1.41	水洞种印章，狮钮	125
图 5.1.42	嫩嫩洞种印章	126
图 5.1.43	四股四种印章	126
图 5.1.44	新洞种印章	126
图 5.1.45	掘性高山种印章	126
图 5.1.46	小高山石印章	127
图 5.1.47	太极头石印章	127
图 5.1.48	水黄种印章	127
图 5.1.49	黄都成石印章	127
图 5.1.50	红都成石印章	128
图 5.1.51	琪源洞种印章	128
图 5.1.52	坤银洞种印章	128
图 5.1.53	元和洞种印章	128
图 5.1.54	掘性都成种印章	128
图 5.1.55	掘性都成种印章	128
图 5.1.56	芦荫石印章	129
图 5.1.57	芦荫石印章，仿竹根	129
图 5.1.58	尼姑楼石印章	129
图 5.1.59	尼姑楼石印章，凤钮	130
图 5.1.60	美醉寮石印章	130
图 5.1.61	蛇匏石印章	130
图 5.1.62	和鹿目田种印章	130
图 5.1.63	鹿目田种印章	130
图 5.1.64	鸽眼砂种印章	130
图 5.1.65	善伯洞石印章	131
图 5.1.66	善伯洞石印章	131
图 5.1.67	洞产碓下黄种印章	132
图 5.1.68	掘性碓下黄种印章	132
图 5.1.69	月尾紫种印章	132
图 5.1.70	月尾紫种印章	132
图 5.1.71	月尾绿种印章	132
图 5.1.72	回龙冈种印章	132

续表

续表

续表

续表

续表

续表

图　序	图　名	页　码
图 8.3.2	有机玻璃印章	201
图 9.1.1	万石	206
图 9.1.2	巨万石	206
图 9.1.3	右盐主官	206
图 9.1.4	沙盘抑印	207
图 9.1.5	两河流域萨比·阿布亚德遗址中出土的泥封	207
图 9.1.6	印有古埃及第一王朝法老 Aha 名字的泥封及摹本，大英博物馆藏	207
图 9.1.7a	文字印泥封	209
图 9.1.7b	图形印泥封	209
图 9.1.8	十六国前凉青铜错金银封泥筒	211
图 9.1.9a	陕西清涧出土的封泥筒盖上纹饰	211
图 9.1.9b	陕西清涧出土的小型封泥筒	211
图 9.1.10	木制泥封匣	212
图 9.1.11	木制泥封匣	212
图 9.1.12	金属泥封匣	213
图 9.1.13	斗检封	213
图 9.1.14	殷商单枚文字玺印印陶	213
图 9.1.15	列旬抑直，铜质，鼻钮	213
图 9.1.16	樟树吴城遗址出土的"臣"字戳印陶文	214
图 9.1.17	河南温县北平皋村出土的陶文拓片	214
图 9.1.18	战国齐戳印陶文	215
图 9.1.19	战国燕戳印陶文	215
图 9.1.20	秦代戳印陶文	215
图 9.1.21	秦代戳印陶文	215
图 9.1.22	汉代戳印陶文	215
图 9.1.23	汉代戳印陶文	215
图 9.1.24	汉代滚筒式连续抑印的文字玺印	216
图 9.1.25	北朝隶书风格戳印陶文	216
图 9.1.26	北朝楷书风格戳印陶文	216
图 9.1.27	"大亨"款紫砂壶	217
图 9.1.28	瓷器上的戳印文字"金玉满堂"	217
图 9.2.1	湖北随县安居桃花坡春秋墓出土的青铜"起右盘"铭文	218
图 9.2.2	秦公簋铭文拓片	219
图 9.2.3	能原镈铭文拓片	219
图 9.2.4	珍秦斋藏秦"寺工"戈	219
图 9.2.5	铜范铭文拓本及"十四年十一月工师铭"传世印章	220
图 9.2.6	春秋"鄘"戈铭文拓片	220
图 9.2.7	"吹釐"戈铭文拓片	220
图 9.2.8	"郾侯朕"戈铭文拓片	220

续表

续表

图　序	图　名	页　码
图 10.1.13	明代沈周《卧游图》（局部）	237
图 10.1.14	陆润庠对联中白色印	237
图 10.1.15	洪钧行书中金色印	237
图 10.1.16	印屏	238
图 10.1.17	折扇	238
图 10.1.18	团扇	238
图 10.2.1	漳州八宝印泥，朱磦色	241
图 10.2.2	潜泉印泥"美丽朱砂印泥"	241
图 10.2.3	姜思序堂印泥	242
图 10.2.4	荣宝斋印泥	242
图 11.1.1	北魏延昌三年（514年）写经上的黑色钤印	246
图 11.1.2	唐代告身文书上的钤印	246
图 11.1.3	清《铁云藏印续集》（原钤本）	247
图 11.1.4	明《顾氏集古印谱》（木刻本）	247
图 11.1.5	明《集古印正》（摹刻印谱）	247
图 11.1.6	日本大谷大学《中国古印图录》（珂罗版）	247
图 11.2.1	宣和集古印史	249
图 11.2.2	《啸堂集古录》所录印章	249
图 11.3.1	明《顾氏集古印谱》（原钤本）	252
图 11.3.2	杨氏集古印章	252
图 11.3.3	明《范氏集古印谱》（张鲁盦藏原钤本）	252
图 11.3.4	明《顾氏集古印谱》（木刻本），又名《印薮》	253
图 11.3.5	集古印正	253
图 11.3.6	集古印范	253
图 11.3.7	晓采居印印	255
图 11.3.8	皇明印史	255
图 11.3.9	学山堂印谱	255
图 11.3.10	金一甫印选	255
图 11.4.1	赖古堂印谱	256
图 11.4.2	谷园印谱	256
图 11.4.3	珍珠船印谱	257
图 11.4.4	赵凡夫先生印谱	257
图 11.4.5	清《飞鸿堂印谱》（初集）	257
图 11.4.6	汉铜印原	258
图 11.4.7	讱菴集古印存	258
图 11.4.8	西京职官印录	258
图 11.4.9	印征	258
图 11.4.10	友石轩印谱	259
图 11.4.11	松园印谱	259

续表

◎
出版后记

古老的中国玺印，特色极其鲜明，经历数千年发展，由实用型的古代器物，蝉蜕龙变演进为流派篆刻艺术印章，方寸之内，气象万千，在艺术方面达到了中国风格的极致。然而，与同为中国古典艺术高峰的"诗、书、画"相比，印章的历史以及生发出的篆刻艺术，在学术研究方面，还有着相当大的探究空间。

为了填补有关方面的空白，广西美术出版社资深编辑李钟全十多年前就拟定了"中国印章文化史"的选题。之后，他多方寻访这方面的专家，与众多篆刻名家、书法篆刻专业学者切磋交流，意图早日破题。但因为这个选题非一般艺术史论，定位为"玺印史书"，涉及艺术考古与传统艺术在现代诸多领域的内容，有能力承接编撰工作的作者不易寻觅，主编人选便迟迟未定。一次偶然的机会，通过广西艺术学院王锐教授的大力推荐，李钟全得以结识从事艺术考古研究的周晓陆教授。周晓陆教授是艺术考古领域的专家，是三所高校的博士生导师，兼擅诗书印，是一位博古通今的诗人学者。周教授研究玺印多年，撰写、出版了几部这方面的著作。有了主编的合适人选线索后，李钟全便亲赴西北请贤，延请周教授组织团队研究、撰写这个选题，周教授慨然应允。2014年，广西美术出版社正式立项，启动这个图书项目，并拨出研究经费支持作者团队的撰写工作。

周晓陆组织了多位教授、博士参与这个项目。从采集资料、调查研究，到撰写书稿、不断完善，有的章节用数十年的积稿反复勘对，有不少章节几易其稿，以学术标准精琢细磨，历经五个寒暑，终于完稿，书名确定为《中华印迹——中国印章功用和美学通史》。

参与撰写的作者具体分工如下：

周晓陆确定全书编写纲目；承担了全书《导读》，上、中、下三卷《引言》，下卷第九章、第十章的编撰工作；负责全书的统稿、审稿、修稿工作。

朱棒承担了上卷第一章、第二章、第三章、第五章，下卷第十一章的编撰工作；负责全书的统稿、审稿和部分修改工作。

崔璨承担了原始资料及初稿的理顺编序工作，承担上卷第四章的编撰以及全书的统稿、审稿工作，对下卷做了部分修改、完善。

付威承担了上卷第六章、第七章的编撰工作。

林泽洋承担了上卷第八章的编撰以及全书的后期统稿、审稿工作，对下卷做了部分修改、完善。

朱琪承担了中卷第一章的编撰以及中卷的统稿、审稿工作。

王锐承担了编撰队伍的串联组织工作，承担了中卷第二章的编撰工作，承担了下卷各篇的早期编撰工作。

孙志强承担了中卷第三章的编撰工作。

邝以明承担了中卷第四章的编撰工作。

邹典飞承担了中卷第五章的编撰工作。

张今承担了中卷第六章、第七章的编撰工作。

此外，我们要感谢平湖玺印篆刻博物馆的杨广泰先生、南京博物院的郭群先生为该项目提供了很多珍贵资料。感谢王安祺、蔡路遥、左悦、谈薇、李墁、冯馨婵、赵云婷等协助完成图片的核校、图注文字的整理工作。

广西美术出版社一向重视在继承弘扬中华优秀传统文化方面有重大价值的原创选题，前后三任社长——蓝小星、彭庆国、陈明都给予《中华印迹——中国印章功用和美学通史》大力支持，调集精兵强将做好这个项目：资深编辑李钟全是该项目负责人，负责项目总协调；梁秋芬参与图书策划、统筹全书编辑工作；钟志宏、卫颖涛担任责任编辑；张文昕担任美术编辑，负责装帧设计；肖丽新主任带领的校对团队把关编校质量；白桦主任带领的一品堂编辑部认真细致服务每一个出版环节；分管一品堂编辑部的邓欣副总编参与了该书组稿、编辑工作的全过程，为推进该项目排忧解难。

该项目2018年被列为"十三五"国家重点图书出版规划增补项目，2019年被列为2020年度国家出版基金项目，2020年被列为南京大学哲学社会科学项目。项目的学术研究价值、文化艺术价值得到了专家评委们的认可。这套书能顺利出版，是作者团队和编辑团队团结协作的结果。

相信这套书将是目前相关领域中研究系统较为缜密、涉及资料大体完备、具有一定前沿性理论建树的一部著作，是一部中国印章学的通论，也是相关功用、艺术、文化的通史，取得一定的学术上的开拓性成果。这部著作的出版，对于继承和发扬中华优秀传统文化，坚定文化自信，激发民族自豪感和国家荣誉感都极具现实意义。